京津冀职业技能发展蓝皮书

BEIJING TIANJIN HEBEI
VOCATIONAL SKILLS DEVELOPMENT

京津冀职业技能发展联盟 编

BEIJING
TIANJIN
HEBEI

天津出版传媒集团
天津教育出版社
TIANJIN EDUCATION PRESS

图书在版编目（C I P）数据

京津冀职业技能发展蓝皮书 / 京津冀职业技能发展联盟编. -- 天津 : 天津教育出版社, 2024. 11.
ISBN 978-7-5309-9366-8

Ⅰ.G719.21

中国国家版本馆CIP数据核字第2024L8Y547号

京津冀职业技能发展蓝皮书

JINGJINJI ZHIYE JI'NENG FAZHAN LANPISHU

出 版 人	黄　沛
编　　者	京津冀职业技能发展联盟
责任编辑	刘媛君
装帧设计	孙　艳
出版发行	天津出版传媒集团 天津教育出版社 天津市和平区西康路35号　邮政编码　300051 http://www.tjeph.com.cn
经　　销	新华书店
印　　刷	北京捷迅佳彩印刷有限公司
版　　次	2024年11月第1版
印　　次	2024年11月第1次印刷
规　　格	16开（787毫米×1092毫米）
字　　数	350千字
印　　张	17.5
定　　价	89.00元

序言 | Foreword

在全球经济格局不断重塑、科技进步日新月异的今天，人力资源的质量与配置成为推动经济社会发展的重要力量。作为中国经济发展的重要引擎和战略区域，京津冀地区凭借其独特的地理位置、雄厚的产业基础和丰富的资源禀赋，不仅承载着推动中国经济高质量发展的历史使命，而且肩负着区域协同发展、创新驱动发展、绿色发展等多重任务。在京津冀协同发展战略下，制造业向高端化、智能化、绿色化转型推进，现代服务业蓬勃发展，对高素质、高技能人才的需求也愈发迫切。提升职业技能水平，有助于增强劳动者的就业竞争力和岗位适应性，为产业升级提供坚实的人才保障。同时，通过加强职业技能培训，提升劳动者的技能水平，不仅能够增加就业机会，而且能够有效缓解因技能不匹配导致的结构性失业问题，助力优化人力资源配置，提高就业质量和社会稳定性。

职业技能发展在京津冀区域发展中发挥着不可替代的重要作用，职业技能不仅关乎个体的职业成长与能力提升，而且是促进区域经济结构、就业结构优化以及创新驱动发展战略落地的重要基石。基于此，我们精心编撰了《京津冀职业技能发展蓝皮书》，系统梳理了京津冀地区职业技能培训体系的现状，深入剖析了其在技术创新、产业升级背景下所展现出的鲜明特点和独特优势，同时探讨了区域间职业技能发展不平衡、技能人才培养与产业发展不匹配、校企合作机制不畅、培训内容与市场需求脱节等现实问题，并提出了针对性强、操作性高的解决方案与发展建议。我们期望《京津冀职业技能发展蓝皮书》的发布，能够为政府科学制定政策，引导职业技能发展方向提供有力支撑；为企业优化人力资源配置、实现转型升级提供策略参考；为学术界深化研究、推动理论与实践结合提供新路径。

研制《京津冀职业技能发展蓝皮书》的目的

蓝皮书的核心目标聚焦于梳理、分析、评估与推进四大维度，旨在为京津冀区域的职业技能发展描绘清晰路径。第一，全面总结发展成果。回顾改革开放以来京津冀地区在职业技能发展方面的政策演变历程和特征，分析重大政策举措和行动规划，系统梳理职业技能人才发展、技能培训、技能评价等方面的具体内容，展现近年来京津冀地区在技能人才队伍建设、评价体系构建、培训资源整合等方面取得的显著成效。第二，深入分析发展特点。蓝皮书紧密结合京津冀地区的产业结构特色、经济发展阶段及未来趋势，运用多样化方法，深入剖析职业技能发展的内在逻辑与外在驱动因素。同时，蓝皮书探讨了职业技能如何与区域主导产业深度融合，促进传统产业转型升级与新兴产业蓬勃发展；如何有效提升生产效率，增强企业核心竞争力；如何通过技能提升促进就业结构优化，助力区域经济高质量发展。这些分析不仅揭示了职业技能发展的普遍规律，也为其他地区提供了可借鉴的经验与启示。第三，客观评估发展面临的挑战。直面京津冀区域在职业技能发展过程中遇到的主要问题和挑战，如京津冀区域流动机制不健全、产教融合深度不够、技能人才信息共享平台不完善等，通过翔实的数据与案例，为政策制定者提供了清晰的问题画像与决策参考。第四，促进区域协同发展。蓝皮书着眼于京津冀协同发展战略大局，通过京津冀与其他经济圈职业技能发展的比较，结合京津冀职业技能发展的问题剖析，提出区域内人才、资源、信息等要素的自由流动和优化配置，促进三地经济社会的协调发展和职业技能协同推进的实践路径。

《京津冀职业技能发展蓝皮书》的内容

蓝皮书围绕京津冀职业技能的政策制度体系、现实需求、发展现状、主要问题、比较借鉴、行动路径六大方面进行系统性分析。

在政策制度体系方面，京津冀区域加大了对职业技能协同发展的财政投入，政策目标从单一地区的技能提升转变为区域协同发展的整体提升，逐渐形成了协同发展的共识，通过加强区域间的合作与交流，深入开展京津冀技能人才联合贯通培养，积极推动职业技能评价标准的统一和衔接，共同提升职业技能水平，促进人才流动和产业发展。

在技能人才需求方面，京津冀协同发展中的六条产业链对人才的规格和标准设定具有多样化、专业化、数字化、智能化和实践化的特点，更加注重人才的专业知识、技能、人工智能应用能力、大数据能力、实践经验、创新能力、团队协作精神等。

在职业技能发展现状方面，京津冀三地在技能人才培养方面建立了紧密的合作机制，成立了京津冀职业技能发展联盟，通过共享培训平台、就业信息、技能水平评价等资源，有助于提升劳动者整体素质，实现高质量稳定就业；京津冀职业技能协同培训也取得了显著进展，开展了多场高级技术经理人培训，区域职业技能大赛更具针对性和有效性；京津冀三地在职业技能评价领域的合作不断深入，协同推进职业技能评价体系建设，举办职业技能等级评价研讨会，取得了显著成效。

在职业技能发展问题方面，京津冀职业技能发展仍存在产教融合深度不够、区域流动机制不健全、技能人才信息共享平台不完善、联合培养力度有待提高等技能人才协同发展问题；职业技能培训政策协同与信息共享有待加强、协同长效机制不完善、培训体系需加强等培训协同问题；职业技能评价机构协同程度有待深化、社会培训评价组织区域有待扩展、评价结果互认需加强等职业技能评价协同问题。

京津冀区域与长三角、珠三角区域的职业技能发展相比，区域创新协同和产业协作更为明确，区域协同指数较高，在高等教育和科研资源等方面具有强大优势；但京津冀区域的中级和高级技能人才的薪酬、各类省属评价机构的总数（尤其是用人单位的总数）、在新兴产业领域的进展等方面仍有一定差距。

基于对京津冀职业技能发展的综合分析，蓝皮书提出实施职业技能提升行动、大力发展技工教育、支持技能人才高质量就业、推动技能人才创新创业、推行中国特色新型学徒制、建立健全产教融合和校企合作机制、开展大规模岗位练兵技能比武活动的建议。同时，蓝皮书建议持续推进德州市深度融入京津冀协同发展战略。

《京津冀职业技能发展蓝皮书》的特征

蓝皮书在编撰过程中，体现注重应用案例和数据的特点。

第一，数据翔实，分析深入。蓝皮书以翔实的数据为基础，运用多种分析方法和工具，对京津冀区域职业技能发展的政策制度体系、职业技能发展需求、职业技能发展现状、问题与路径等各个方面进行了深入剖析和比较研究，确保了结论的科学性和可靠性。

第二，视角广泛，内容丰富。蓝皮书不局限于技能人才队伍的建设，而是将视野拓展到了职业技能发展的全链条与全过程。从政策支持体系的完善与强化，到市场需求与人才供给的对接和匹配；从京津冀职业技能发展的现状，到长三角、珠三角职业技能发展的对比分析；从职业技能评价体系的构建与优化，到培训体系的改革与创新，蓝皮书均进行了详尽的阐述与分析。

第三，重点突出，特色鲜明。在全面分析的基础上，蓝皮书通过提炼与总结，重点突出了京津冀区域在技能人才政策、培训资源整合、评价体系创新等方面的特色做法与成果。这些特色不仅体现了京津冀区域在职业技能发展方面的独特性与创新性，而且为其他地区提供了可借鉴的经验与启示。同时，蓝皮书还通过案例分析与比较研究，进一步彰显了京津冀区域在推动职业技能协同发展方面的优势与潜力。

第四，前瞻性强，具有现实指导意义。蓝皮书在深入分析当前现状与趋势的基础上，展现出强烈的前瞻意识，它不仅仅是对过去的总结与反思，更是对未来的洞察与预见。通过与国内其他经济圈职业技能发展进行深入、全面地对比分析，不仅明确了京津冀地区在技能人才储备、培训体系构建、政策环境营造等方面的独特优势，而且剖析了其在新兴产业发展、资源整合效率、职业技能评价等方面存在的短板与不足。

第五，区域协同，共谋发展。蓝皮书认为京津冀区域在职业技能发展方面的紧密联系与相互依存关系，因此，特别强调了区域协同合作的重要性与必要性。研究提出加强区域内政策协调、人才流动、资源共享等方面的具体举措与建议，为推动京津冀区域职业技能协同发展提供了重要参考与指导，这不仅有助于提升区域整体竞争力与创新能力，而且有助于促进区域经济社会的可持续发展。

《京津冀职业技能发展蓝皮书》的结论

通过全面深入地剖析和研究，蓝皮书得出了以下四个主要结论。

第一，技能人才是推动京津冀区域经济社会发展的重要力量。作为创新驱动发展的核心要素，技能人才正日益成为推动京津冀地区经济社会高质量发展的中坚力量。在京津冀区域，随着产业结构的深度调整与转型升级的加速推进，新技术、新业态、新模式层出不穷，对技能人才的需求也呈现多元化、高端化、精细化的特点。加强技能人才队伍建设和管理，提高技能人才素质和能力水平，不断完善人才发展机制，优化人才成长环境，才能为区域发展提供源源不断的智力支持和人才保障。

第二，优化技能人才评价是提升京津冀区域竞争力的核心环节。当前，京津冀区域在技能人才评价方面仍存在标准不一、方式单一等问题，这制约了技能人才的有效识别、激励与发展。因此，优化技能人才评价体系，建立科学、公正、全面的评价标准与机制，对于提升区域竞争力具有重要意义，这包括完善技能人才分类评价制度，针对不同行业、不同领域、不同层次的技能人才制定差异化的评价标准；推动评价主体多元化，引入企业、行业协会、第三方机构等参与评价过程，确保评价的客观性和公信力；强化评价结果的应用，将评价结果作为技能人才选拔、使用、激励的重要依据，形成“以评促学、以评促用”的良好氛围。

第三，京津冀职业技能发展协同政策支持体系需进一步强化。政策是推动职业技能发展的重要保障，京津冀地区应继续加强政策支持体系的建设，制定和完善相关政策和法律法规，支持职业技能的培训、认证和发展，确保政策的协调性和一致性。京津冀区域还应积极促进各级政府、企业及教育机构之间的紧密合作，形成政府引导、企业参与、教育支撑的多方联动格局，为技能人才队伍建设和管理、评价体系创新、培训体系优化等方面提供有力保障和支持。

第四，区域协同是推动京津冀区域职业技能发展的关键。京津冀区域在职业技能发展方面具有很强的互补性和协同性，加强区域内人才流动、资源共享、政策协调等方面的合作和交流，是实现区域协同发展和共同进步的重要途径。加强区域内的协同合作，意味着要打破行政壁垒，促进人才在京津冀三地间的自由流动与优化配置，通过共享实训基地、师资资源、在线学习平台等，实现教育资源的均衡分配与高效利用，让优秀技能人才能够在更广阔的舞台上施展才华，推动产业升级与创新发展。

《京津冀职业技能发展蓝皮书》的编纂，是一项意义深远且影响广泛的系统工程，它不仅是对当前京津冀区域职业技能发展成果的一次全面梳理与总结，更是站在时代的高度，以敏锐的洞察力对未来职业技能教育发展趋势进行的一次前瞻性探讨与规划。我们坚信，在各级政府的坚强领导下，在企业的积极参与下，在社会各界的广泛支持下，京津冀区域将不断优化职业技能教育资源配置，深化产教融合与校企合作，创新技能人才培养模式，共同构建与区域经济社会发展相适应的现代职业教育体系，京津冀区域的职业技能发展必将迎来更加美好的明天！

本书由天津职业技术师范大学职业教育学院院长米靖教授做总主编，天津职业技术师范大学的多位老师参与撰写，具体分工如下：张慧撰写序言，刘婷撰写第一章第一、二、三、五节，钟建军撰写第二章，肖艳丽撰写第三章，白玉撰写第四章，刘颖撰写第五章第一节，陈怡馨撰写第五章第二节，郭达撰写第六章第一节至第七节，王珩安撰写第一章第四节和第六章第八节。同时，蓝皮书在京津冀职业技能发展联盟的大力支持下完成，联盟秘书长侯燕军担任副主编，于海峰、王京红、王建平、毕结礼、刘全顺、那淼、孙士猛、时俊卿、郝金亭、徐力、郭涛参与对蓝皮书的指导，为蓝皮书修改和完善付出了大量的心血和努力。

目录 | Contents

第一章　京津冀职业技能发展的政策制度体系

一　北京市职业技能发展政策的演变

（一）北京市职业技能发展政策的内容

回顾北京市职业技能发展政策（见表1-1）的演变历程，可以清晰地看到政府对职业教育的重视程度不断提高，政策措施也更加丰富和完善。政策的变化主要体现在提升技能人才培养质量，完善技能人才评价、激励机制等方面。

表1-1　近年来北京市技能人才发展政策汇总表

序号	政策名称	发布时间	出台部门
1	《关于全面加强新时代首都技能人才队伍建设的实施意见》	2018.12.29	中共北京市委 北京市人民政府
2	《北京市职业技能提升行动实施方案（2019—2021年）》	2019.9.27	北京市人民政府
3	《关于全面推进职业技能等级认定工作的通知》	2020.4.26	北京市人力资源和社会保障局
4	《北京市“十四五”时期高精尖产业发展规划》	2021.8.11	北京市人民政府
5	《关于推动职业教育高质量发展的实施方案》	2022.6.6	中共北京市委 北京市人民政府
6	《北京市全面推行中国特色企业新型学徒制加强技能人才培养实施方案》	2023.6.6	北京市人力资源和社会保障局

续表

序号	政策名称	发布时间	出台部门
7	《关于加强新时代首都高技能人才队伍建设的实施方案》	2023.7.19	北京市人民政府 北京市人力资源和社会保障局 北京市教育委员会 北京市经济和信息化局 北京市人民政府国有资产监督管理委员会 北京市总工会
8	《关于进一步推动首都高质量发展取得新突破的行动方案（2023—2025年）》	2023.7.22	中共北京市委办公厅 北京市人民政府办公厅
9	《2024年在职职工职业发展助推计划实施方案》	2024.3.18	北京市总工会办公室

1.职业技能发展定位的变化

改革开放以来，我国教育和经济发展迅速。我国高等教育规模位居世界第一，并建成世界上规模最大的职业教育体系；经济总量稳居世界第二。职业技能发展不仅是高质量发展职业教育的重要环节，也是高级技能人才成长的必然途径，更是当今社会实现经济转型升级的必要条件，在社会发展中具有举足轻重的作用。

（1）职业技能发展是职业教育高质量发展的重要体现

2022年6月6日，北京市发布的《关于推动职业教育高质量发展的实施方案》明确，不断提升职业教育服务经济社会发展和产业转型升级的能力。紧密围绕首都高精尖产业发展、超大城市运行管理、高品质民生需求对应用型人才的需要，持续优化职业学校的专业布局，不断提升职业教育人才培养与经济社会发展需求的匹配度，切实增强技术技能人才供给能力。

随着经济结构的不断调整和产业升级，北京市对高素质、高技能职业人才的需求日益增长。因此，职业教育高质量发展必须紧密结合职业技能的培养和发展，以满足社会对于技能型人才的需求。

（2）职业技能发展是提升劳动者素质、拓宽劳动者就业渠道的重要举措

党的二十大报告提出，强化就业优先政策，健全就业促进机制，促进高质量充分就业。近年来，我国出台了一系列稳岗位、提技能、防失业的政策措施，着力拓展就业空间，大力促进就业创业。其中，职业技能培训就是保持就业稳定、缓解结构性就业矛盾的关键举措。该举措旨在提高劳动者素质，拓宽就业渠道，促进劳动者就业和再就业。此外，在企业大力推行终身职业技能培训制度，面向职工、就业重点群体、建档立卡贫困劳动力等城乡各类劳动者开展大规模的职业技能培训，都是为了加快建设知识型、技能型、创新型劳动者大军。

（3）职业技能发展是适应经济转型升级的必然要求

北京市人民政府2021年发布的《北京市"十四五"时期高精尖产业发展规划》明确，到2025年，以高精尖产业为代表的实体经济根基更加稳固，基本形成以智能制造、产业互联网、医药健康等为新支柱的现代产业体系，将集成电路、智能网联汽车、区块链、创新药等打造成"北京智造""北京服务"的新名片，产业关键核心技术取得重大突破，国产化配套比重进一步提高，生产效率达到国际先进水平，绿色发展更加显著，京津冀产业协同发展和国际产能合作迈向更高层次。

因此，发展职业技能不仅关系到疏解非首都功能，而且关系到适应北京市的经济转型升级导致的高精尖产业对技术技能人才的迫切需求。

2.职业技能培训政策的变化

北京市技能培训政策在导向、内容、方式以及实施与保障等方面都发生了积极的变化，为技能人才队伍建设和经济社会发展提供了有力支持。

以下是关于北京市技能培训政策变化的三个主要方面。

（1）政策导向引领技能人才队伍建设

第一，加强高技能人才培养。北京市出台了多项政策，如《关于加强新时代首都高技能人才队伍建设的实施方案》等，旨在加大复合型、知识型、创新型高技能人才的培养力度。这些政策聚焦于智能制造、数字技能、城市运行保障和现代服务业等领域，针对生产服务面临的技术难题、技术瓶颈，对急需紧缺职业（工种）进行重点培养。

第二，推广企业新型学徒制。北京市全面推行中国特色企业新型学徒制，通过企校合作、工学交替的方式，联合培养企业所需的高技能人才。这一政策不仅提高了学徒的岗位工作能力，还加强了他们的专业知识学习和相关技能训练。

第三，强化专业技术人员继续教育。北京市重视专业技术人员的继续教育工作，发布了《关于开展专业技术人员公需科目培训的通知》，要求专业技术人员完成一定的学时培训，以更新知识、拓展技能。

（2）培训内容越来越多样化，培训方式越来越灵活

培训内容涵盖了国家职业技能标准、行业企业培训评价规范以及通用素质、专业理论、技能实训等多个方面。同时，加大了企业生产岗位技能、数字技能、绿色技能、安全生产技能以及职业道德、职业素养、工匠精神等内容的培训力度。

培训方式包括集中面授、网络教育、岗位指导等多种形式，特别是“互联网+”和职业培训包等新型培训手段的应用，使得培训更加便捷和高效。

（3）建立相应的政策实施与保障机制

第一，资金保障。北京市对符合条件的技能培训项目给予一定的资金补助和支持，以减轻企业和个人的经济负担。

第二，监管与评估。相关部门加强对技能培训项目的监管和评估工作，确保培训质量和效果。同时，还建立了完善的考核评价机制，向完成培训并考核合格的学员颁发相应的证书或授予相应的资格。

第三，激励机制。鼓励企业建立高技能人才继续教育与使用、晋升相衔接的激励机制，把高技能人才参加继续教育情况作为技能评定、考核评价、岗位聘用的重要依据。

3. 技能人才激励政策的变化

近年来，北京市技能人才激励政策在激励方式、政策支持力度和激励效果等方面都发生了积极的变化。这些政策不仅提高了技能人才的待遇和地位，还为他们提供了更广阔的发展空间和更多的机会，为首都经济社会的高质量发展注入了新的动力。

（1）激励方式多样化

北京市对技能人才的激励方式包括物质激励和精神激励两类。

第一，在物质激励方面，对于取得技能人员职业资格证书或职业技能等级证书的技能人才，北京市提供技能提升补贴。然而，需要注意的是，根据最新政策，2024年6月10日后取得相关证书的人员不再给予补贴。此前符合条件的技能人才可按照证书级别获得不同额度的补贴，初级（五级）、中级（四级）、高级（三级）证书分别对应1 000元、1 500元、2 000元的补贴。根据北京市《2024年在职职工职业发展助推计划实施方案》，如果在职人员获得职业技能证书，还会获得北京市工会的资金支持。

此外，针对取得技师（二级）或高级技师（一级）职业资格证书或技能等级证书的技能人才，北京市还提供了高额的培训补贴和企业奖励资金。例如，在怀柔区，取得技师（二级）证书的每人补贴4 000元，取得高级技师（一级）证书的每人补贴6 000元。

第二，在精神激励方面，北京市建立健全了多种评选表彰制度（如“北京市有突出贡献的高技能人才”“北京大工匠”等），通过评选和表彰来肯定技能人才的贡献，提高他们的社会地位和荣誉感。

此外，北京市还通过为技能人才提供广阔的职业发展空间和诸多的晋升机会，来鼓励他们在各自领域深耕细作、不断创新。

（2）政策支持力度加大

第一，资金保障。北京市政府通过合理安排就业补助资金、人才经费、教育经费等各类专项资金以及按规定统筹使用好失业保险基金，为技能人才激励政策的实施提供了坚实的资金保障。

第二，政策协同。北京市人力资源和社会保障局等相关部门加强协作，共同推动技能人才激励政策的落地实施。通过制定细化落实举措、加强政策宣传引导等方式，确保政策惠及广大技能人才。

（3）激励效果显著

第一，技能人才队伍壮大。随着激励政策的不断实施和完善，北京市技能人才队伍不断壮大，技能人才总量和高技能人才占比均有所提高。

第二，经济社会效益提升。技能人才的积极性和创造性得到充分激发，他们在各自领域发挥重要作用，推动了首都经济社会的高质量发展。

4.技能人才评价政策的变化

北京市技能人才评价政策近年来发生了一系列变化，这些变化旨在适应经济社会发展的需求，提高技能人才的评价质量和效率。以下是对北京市技能人才评价政策的变化的详细归纳。

（1）评价机制的改革

第一，从职业资格鉴定到职业技能等级认定。北京市积极开展技能人才多元评价机制改革，将过去的职业资格鉴定改为职业技能等级认定。这一改革以“谁用人、谁评价、谁发证、谁负责”为原则，鼓励院校、企业、社会化评价机构按照国家职业技能标准对劳动者开展技能等级认定。

截至2024年9月，北京市已经完成备案的评价机构有近300家，开展职业技能等级认定的职业有400余个。劳动者可以登录北京市人力资源和社会保障局官方网站，在线上查询评价机构信息，并选择想考证的职业参与报名。

第二，强调“产、学、评”深度融合。北京市发挥龙头企业、高精尖企业作用，强化行业企业在技能人才评价工作中的主体地位，推进“产、学、评”深度融合。

（2）评价体系的完善

第一，健全职业技能评价制度。对设有高级技师的职业（工种），建立“八级工”职业技能等级（岗位）序列，大力推进特级技师、首席技师评聘试点。以日常表现、工作能力、业绩贡献为导向，创新技能人才评价方式，支持对优秀技能人才进行直接认定或破格晋升职业技能等级。

第二，推行职业技能等级认定。支持具备条件的各级各类企业和用人单位自主开展技能人才评价，推动以技能人员为主体的大型企业全部纳入自主评价机构目录。全面推进社会化职业技能等级认定，加大社会培训评价组织征集遴选力度，打造一批具有“产业代表性、评价专业性、行业权威性、社会公认性”的技能评价品牌。

第三，完善职业技能竞赛体系。推行“赛展演会”结合的办赛模式，定期举办首都“金蓝领”百行百业职业技能大赛，推进京津冀联合办赛。对职业技能竞赛获奖选手核发职业技能等级证书。

案例1：北京养老护理职业技能大赛开赛，冠军将获“高级职称”

11月11日，“四季青杯”2023年北京市养老护理职业技能大赛开幕。今年大赛规格进一步升级，吸引了全市2万余名养老护理员参与。大赛冠军选手除了将获得5万元奖励，还将获得“高级职称”。

本次大赛由北京市民政局、北京市人力资源和社会保障局联合主办，北京养老行业协会承办，是本市养老服务领域参与人数最多、技能水平最高、影响力最广的职业技能大赛。开幕式上，5名身穿红色上衣的年轻人李宁、郭翠、赵娜、任静、孙宏鑫被安排坐在第一排正中。他们都是在往届全国民政行业职业技能竞赛中获得特等奖和一等奖的养老护理员。

5位“金牌护理员”中，不少人已经成长为养老机构的负责人。这一次，他们将作为裁判员参与养老护理职业技能大赛。“从一名参赛选手到一名裁判员，虽然身份转变了，但是初心没变。”第九届全国民政行业职业技能竞赛一等奖获得者、全国技术能手任静说，养老护理员是一份神圣的职业，期待参赛选手都能够取得好成绩。

按照“以赛促学、以赛促训、以赛促评、以赛促建”的原则，本次大赛旨在不断提升养老护理员专业化水平，推动建设一支知识型、技能型养老护理人才队伍，积极营造崇尚技能、尊重劳动、关爱养老服务人才的良好社会氛围。

本次大赛的竞赛内容包括理论知识和实操技能，总成绩中技能操作比赛成绩占比不低于70%[①]。由于当前北京市99%的老年人倾向于居家养老，本次大赛也更加侧重考察选手的居家照护技能。

本次大赛吸引了全市养老护理员全员参与，经过机构内部选拔、区级选拔赛，共有510名选手脱颖而出，进入市级比赛。从年龄分布来看，35岁以下的选手将近半数，并且不少选手都是养老护理相关专业“科班出身”。据统计，44%的选手都曾经在医疗或养老护理专业职业院校学习。

今年，大赛突破以往竞赛规格，首次升格为市级一类竞赛，分为初赛、复赛、决赛三个阶段，大赛决赛将于12月2日举行。本次大赛设个人一等奖1名，奖励现金5万元；二等奖4名，奖励现金3万元；三等奖5名，奖励现金1万元。

① 编者注：因本书涉及多方统计数据，为保证数据的准确性和完整性，不对百分号形式的数据的小数点后保留位数作统一。

和往届大赛不同，本次大赛经竞赛主办单位初审，市鉴定管理中心备案确认后，成绩合格的选手将按比例颁发养老护理员职业技能一至五级工等级认定证书。综合成绩排名前10名的选手，将分别获得养老护理员职业技能高级技师（一级）、技师（二级）等级认定证书，部分优秀选手还将代表北京市参加全国养老护理技能大赛。

"人才是养老服务领域最重要的支撑，也是推动养老服务高质量发展最重要的一环。"北京市民政局相关负责人介绍，北京市日前出台了《关于完善北京市养老服务体系的实施意见》，对养老服务人才培养提出了明确的要求，其他支持措施也将陆续出台。本次大赛，将有助于完善养老护理员职业技能评价体系，提升养老服务人才队伍专业化、职业化水平，吸引更多优秀的人才加入养老护理员队伍中来。

案例来源：京报网（2023年11月13日）

（3）激励机制的建立

第一，加大评选表彰力度。健全"北京市有突出贡献的高技能人才"、享受北京市政府技师特殊津贴人员、"北京大工匠"评选制度。加大高技能人才在首都劳动奖章、北京市劳动模范、北京市科学技术奖等相关表彰中的评选力度。

第二，健全激励机制。强化组织领导，建立由组织部门牵头抓总、人力资源和社会保障部门组织实施、有关部门各司其职、行业企业和社会各方广泛参与的高技能人才工作机制。加强资金保障，合理安排各类专项资金，用于高技能人才队伍建设。夯实工作基础，大力发展"互联网+职业技能培训"，推广数字化培训，建立劳动者终身职业技能培训电子档案。

（4）政策实施的成效

截至2024年9月，北京市技能人才总量为340万，占就业人员的比例为30.4%；高技能人才总量为115万人，占技能人才的比例为33.8%。虽然技能人才储备仍显薄弱，但政策调整已初显成效，未来将继续优化技能人才结构，提高技能人才的整体素质。

综上所述，北京市技能人才评价政策的变化主要体现在评价机制的改革、评价体系的完善、激励机制的建立以及政策实施的成效上，这些变化旨在构建更加科学、公正、高效的技能人才评价体系，为首都经济社会发展提供有力的人才保障。

（二）北京市职业技能发展政策的特征

北京市技能人才政策的特征可以归纳为以下五个方面。

1. 多维度激励与培养

多元化激励手段：北京市技能人才政策不仅关注物质激励，如技能提升补贴、培训补贴和企业奖励资金等，还注重精神激励，如评选表彰高技能人才，提高他们的社会地位，增强他们的荣誉感。

全面培养体系：政策强调从技能人才的培养、使用、评价到激励的全链条管理，通过构建完善的培养体系，确保技能人才在技能水平、职业素养和创新能力等方面得到全面提升。

2. 政策协同与资金保障

多部门协同：北京市人力资源和社会保障局、教育委员会、经济和信息化局等多个部门共同参与技能人才政策的制定和实施，形成合力，确保政策的有效落地。

资金保障有力：政府通过合理安排就业补助资金、人才经费、教育经费等各类专项资金以及按规定统筹使用好失业保险基金，为技能人才政策的实施提供坚实的资金保障。

3. 精准对接市场需求

市场需求导向：政策制定以市场需求为导向，强化政企社协同、产教训融合，确保培养的技能人才与首都经济社会发展需求相匹配。

聚焦关键领域：政策特别关注智能制造、数字技能、城市运行保障和现代服务业等关键领域，通过实施急需紧缺高技能人才培养工程，加强相关领域技能人才的培养和储备。

4. 注重创新与实效

创新培养模式：政策鼓励创新技能人才培养模式，如全面推行企业新型学徒制、探索校企共建企业学院或产业学院等，以提高技能人才培养的针对性和实效性。

强化效果评估：政策实施过程中注重效果评估，通过建立监测评估机制、选树优秀案例等方式，确保政策实施效果达到预期目标。

5. 强化社会氛围营造

广泛宣传引导：政策实施过程中注重宣传引导工作，通过大力宣传高技能人才在经济社会发展中的重要作用，弘扬劳模精神、劳动精神和工匠精神，营造尊重技能、崇尚技能的社会氛围。

健全服务体系：政策注重健全技能人才服务体系，如提供住房、教育、医疗等各方面保障服务，以吸引和留住优秀技能人才为首都发展贡献力量。

综上所述，北京市技能人才政策具有多维度激励与培养、政策协同与资金保障、精准对接市场需求、注重创新与实效以及强化社会氛围营造等特征。这些特征共同构成了北京市技能人才政策的独特优势，为首都经济社会发展提供了有力的人才支撑。

二 天津市职业技能发展政策的演变

（一）天津市职业技能发展政策的内容

1.职业技能培训政策的变化

天津市技能培训政策（见表1-2）近年来发生了一系列变化，这些变化旨在提升技能人才培养质量，完善技能人才评价激励机制，强化职业技能竞赛引领，加强高技能人才队伍建设。

表1-2　近年来天津市技能人才发展政策汇总表

序号	政策名称	发布时间	出台部门
1	《天津市中长期职业技能培训规划（2019—2025年）》	2019.2.26	天津市人民政府
2	《天津市职业技能提升行动实施方案（2019—2021年）》	2019.8.19	天津市人民政府
3	《关于深入实施人才引领战略加快天津高质量发展的意见》	2021.8.3	中共天津市委 天津市人民政府
4	《天津市技工教育发展“十四五”规划》	2022.12.8	天津市人力资源和社会保障局
5	《天津市职业技能培训规定》	2023.1.4	天津市人民政府
6	《天津市贯彻落实“十四五”职业技能培训规划实施方案》	2023.1.13	天津市教育委员会、天津市发展和改革委员会、天津市财政局
7	《关于探索现代职业教育体系建设改革新模式实施方案的通知》	2023.5.31	教育部 天津市人民政府
8	《天津市关于加强新时代高技能人才队伍建设的实施意见》	2023.8.29	中共天津市委人才工作领导小组
9	《关于进一步做好职业资格和职业技能等级与职称衔接对应工作的通知》	2024.1.8	天津市人力资源和社会保障局
10	《天津市企业新型学徒制实施办法》	2024.7.8	天津市人力资源和社会保障局 天津市财政局

天津市技能培训政策的变化主要表现在以下七个方面。

（1）政策制定与发布

政策文件：天津市人力资源和社会保障局等部门发布了多项与技能培训相关的政策文件，如《天津市贯彻落实“十四五”职业技能培训规划实施方案》《天津市企业新型学徒制实施办法》等，为技能培训提供了政策指导和支持。

政策目标：政策目标明确，旨在通过大规模职业技能培训，提升劳动者就业创业能力，缓解结构性就业矛盾，促进就业，推动高质量发展。

（2）技能提升补贴政策的变化

实施条件：根据国家工作要求，实施技能提升补贴政策的省（自治区、直辖市）需满足上年度失业保险基金滚存结余备付期限在1年以上的条件。天津市在2023年度因失业保险基金滚存结余备付期不足1年，不满足实施条件，因此，2024年不再实施技能提升补贴政策。

补贴对象与标准：在以往符合条件的年份里，技能提升补贴主要面向取得技能人员职业资格证书或职业技能等级证书的技能人才，补贴标准根据证书级别有所不同。然而，随着政策的调整，这一补贴在2024年已不再实施。

（3）新型学徒制的推广与实施

政策背景：为健全终身职业技能培训制度，全面推行新时代中国特色企业新型学徒制（以下简称“新型学徒制”），天津市出台了《天津市企业新型学徒制实施办法》，自2024年8月1日起施行。

实施内容：新型学徒制按照政府引导、企业为主、培训院校参加的原则，通过企校双制、工学一体等方式，组织企业开展高质量学徒培训。学徒主要从与企业签订1年以上劳动合同的技能岗位员工中产生，培养期一般为1至2年，特殊情况可延长到3年。培训内容涵盖专业知识、操作技能、安全生产规范等多个方面。

补贴政策：对完成新型学徒制培养、学徒取得证书的，按规定给予职业技能培训补贴。这一政策为技能人才的培养提供了有力的支持。

（4）高技能人才培训基地和技能大师工作室建设

项目支持：天津市拟遴选支持一批高技能人才培训基地和技能大师工作室建设项目（见表1-3、表1-4），以加快高技能人才队伍建设。这些项目将围绕全市战略性新兴产业、支柱产业和经济社会发展急需紧缺行业（领域）开展建设。

申报条件与流程：申报单位需满足一定条件，如具备培训管理、财务管理等规章制度，具备培训场所、设施设备等。申报流程包括提交申报材料、预审、报送纸质材料等步骤。

表1-3　天津市国家级高技能人才培训基地拟建设项目推荐名单

序号	申报单位	申报工种	分类	分档	资助金额
1	天津市电子信息技师学院	制图员 车工 信息通信网络运行管理员 电子设备装接工 电工	生产制造	已建项目	400万元
2	天津职业技术师范大学附属高级技术学校	制图员 钳工 电工 电气设备安装工 电子商务师	生产制造	已建项目	400万元
3	天津市劳动保障技师学院	电工 机床装调维修工 装配钳工 铣工 汽车维修工	生产制造	已建项目	400万元
4	天津市职业大学	车工（数控车床） 铣工（数控铣床） 制冷空调系统安装维修工 电工 电子设备装接工 网络与信息安全管理员	生产制造	新建项目	500万元

续表

序号	申报单位	申报工种	分类	分档	资助金额
5	中石化第四建设有限公司	焊工 电气设备安装工（工程电气设备安装调试工） 管工 机械设备安装工（工程安装钳工） 起重工 仪器仪表制造工（仪器仪表装调工）	生产制造	新建项目	500万元

表1-4　天津市国家级技能大师工作室推荐名单

序号	申报单位	领衔大师	职业技能等级	资助金额
1	天津职业技术师范大学	闫虎民	高级技师	50万元
2	核工业理化工程研究院	张世军	高级技师	50万元
3	海洋石油工程股份有限公司	刘海林	特级技师	50万元
4	天津大沽化工股份有限公司	张虎	高级技师	50万元
5	天津汽车模具股份有限公司	田立虎	高技技师	50万元

（5）加强职业技能培训市场化、社会化改革

推动职业技能培训市场化、社会化改革，充分发挥企业的培训主体作用，鼓励社会力量参与。

（6）完善技能人才评价激励机制

建立健全职业资格评价、职业技能等级认定和专项职业能力考核相衔接的技能人才评价制度。

（7）强化职业技能竞赛引领

通过举办职业技能竞赛等活动，推动技能人才队伍建设和技术创新。

综上所述，天津市技能培训政策在近年来发生了显著变化，通过实施新型学徒制、加强高技能人才培训基地和技能大师工作室建设、完善技能人才评价激励机制等措施，不断推动技能人才队伍的发展壮大和整体素质

的提升。

2. 职业技能激励政策的变化

近年来，天津市技能人才激励政策发生了一系列变化，这些变化旨在促进技能人才的成长和发展，提高技能人才的社会地位和待遇。以下是对天津市技能人才激励政策变化情况的详细归纳。

（1）技能提升补贴政策的变化

补贴政策的取消：天津市2023年度失业保险基金滚存结余备付期不足1年，因此，2024年不再实施技能提升补贴政策，即2024年核发（以证书上日期为准）的技能人员职业资格证书或职业技能等级证书，不再给予补贴。但2023年核发（以证书上日期为准）证书的，尚未申报享受技能提升补贴且符合补贴申报条件的技能人员，仍可申请享受补贴。

（2）职业技能竞赛奖励政策的加强

①出台新办法

天津市出台了《天津市职业技能竞赛管理办法》，旨在加强职业技能竞赛的统筹管理、规范实施以及促进高技能人才队伍的建设。根据该办法，对于参加世界技能大赛和全国技能大赛的天津市获奖选手及相关人员，将给予高额的奖励资助。

②提高奖励标准

对于世界技能大赛的金牌、银牌、铜牌及优胜奖获得者，将分别给予50万元、30万元、20万元、10万元的奖励。对于全国技能大赛的金牌、银牌、铜牌及优胜奖获得者，将分别给予20万元、12万元、10万元、3万元的奖励。

（3）职业技能培训政策的优化

①补贴政策的持续

天津市持续开展职业技能培训补贴政策，对符合条件的未就业人员、企业新招录员工参加定向就业培训的，按照一定标准给予补贴。此外，还针对企业新入职职工开展岗前定向培训、企业新型学徒制培训等，以促进技能人才的快速成长。

②培训内容的丰富

天津市每年发布《市场紧缺职业需求程度及培训补贴标准目录》，根据目录面向企业职工、院校学生、失业人员和农村富余劳动力等人群开展职业技能培训。培训内容涵盖多个行业和职业（工种），以满足不同群体的需求。

（4）技能人才评价体系的完善

①职业技能等级认定的推广

天津市鼓励企业、院校和社会化评价机构开展职业技能等级认定，以更加灵活多样的方式评价技能人才的能力和水平。同时，推动技能人才评价与企业用人需求紧密结合，提高评价的针对性和有效性。

②工程技术与技能人才贯通发展

天津市着力实现工程技术和技能人才贯通发展，打通工程技术领域高技能人才与专业技术人才职业发展通道。高技能人才可参评工程、农业技术、工艺美术等系列相应专业技术职称，专业技术人才也可参加相应等级职业技能评价，实现两类人才的融合发展。

综上所述，天津市技能人才激励政策在技能提升补贴、职业技能竞赛奖励、职业技能培训以及技能人才评价体系等方面均发生了积极的变化。这些变化旨在构建更加完善、科学、高效的技能人才激励体系，为天津市的经济社会发展提供有力的人才保障。

3. 职业技能评价政策的变化

天津市技能人才评价政策近年来发生了显著变化，这些变化主要体现在以下四个方面。

（1）评价机制的创新与优化

①注重实际操作技能和工作业绩

天津市在技能人才评价中，特别注重操作技能考核和实际工作业绩，而不仅仅是理论知识考试。这一转变使得评价更加贴近实际工作需求，提高了评价的实用性和准确性。这一政策导向旨在鼓励技能人才既掌握扎实的理论知识，又注重实际操作和应用能力，以适应产业发展的需要。

②鼓励用人单位自主评价

天津市鼓励和支持具有自主开展职业技能等级认定资格的用人单位，结合本单位实际，制定破格申报或认定相应职业技能等级的标准条件，经备案后实施。这一政策赋予了用人单位更大的自主权，使得技能人才评价更加符合企业实际需求，同时也激发了企业的用人活力。

（2）评价体系的完善与拓展

①职业资格与职称衔接对应

天津市人力资源和社会保障局印发的《关于进一步做好职业资格和职业技能等级与职称衔接对应工作的通知》明确，从2024年1月1日起，天津市的专业技术人员、高技能人才、新职业人才及国际专业人才等，可以凭相关职业资格、职业技能等级或专业技术等级证书，无需换证直接贯通衔接对应职称。这一政策创新性地将职称与职业资格、技能等级等进行了有效衔接，降低了社会用人成本，畅通了人才成长通道，同时，优化了营商环境。

具体而言，天津市将原有的职业资格与职称对应类型进行了扩展，新增了多类新兴职业和多个技术领域，如船员、执业兽医、数字技术工程师等，进一步激发了人才的创新创业活力。

②技能人才评价范围扩大

天津市扩大了技能人才评价的范围，将更多的人群和领域纳入评价体系。例如，高技能人才参加职称评价的范围扩大为工程技术、农业技术、工艺美术、文物博物、技工院校教师等8个职称系列，并对其学历、业绩成果等方面的评价内容进行了调整，以助力人才进一步发展。

（3）评价方式的多样化

天津市在技能人才评价中采用了多样化的评价方式，包括理论知识考试、技能操作考核、业绩评审、直接认定等。这些评价方式各有侧重，能够全面、客观地评价技能人才的能力和水平。

（4）社会培训评价组织的引入

天津市积极推动社会培训评价组织参与技能人才评价工作。截至2024年9月，天津市已经备案了多家社会培训评价组织，这些组织在职业技能等级认定中发挥了重要作用。通过引入社会培训评价组织，天津市进一步推动了技能人才评价的市场化和社会化。

综上所述，天津市技能人才评价政策在评价机制、评价体系、评价方式和评价组织等方面均发生了积极的变化。这些变化旨在构建更加科学、公正、高效的技能人才评价体系，为天津市的经济社会发展提供有力的人才保障。

（二）天津市职业技能发展政策的特征

天津市职业技能发展的政策特征主要体现在以下五个方面。

1.完善政策体系，加强法治化建设

立法保障：天津市在全国省级层面出台了首部职业技能培训政府规章——《天津市职业技能培训规定》，明确了职业技能培训的职责分工、内容方式、服务保障和相关法律责任，为职业技能培训提供了法治保障。此外，天津市还发布了新修订的《天津市职业教育条例》，进一步推动职业教育与职业技能培训的结合与发展。

配套政策：天津市制定了《职业培训监督管理暂行办法》《企业培训中心、企业公共实训基地管理办法》《职业技能等级认定工作管理办法》等10余项配套文件，形成责、权、利、罚相统一的管理运行系统。

2. 注重技能培训，构建终身职业技能培训体系

培训内容丰富：坚持“需求引导培训、补贴对应等级”的原则，面向企业职工、院校学生、失业人员、农村富余劳动力等重点就业群体开展职业技能培训。支持新入职职工、在岗职工参加岗前定向培训、企业新型学徒制培训、项目制培训、“师带徒”培训，贯穿技能人才职业发展全过程。

培训方式多样：采用线上线下相结合的方式，依托网络优势打破时间、空间限制，开展个性化职业技能培训。同时，发挥公共实训基地的示范作用，构建多层次、多类型的培训网络。

3. 强化竞赛引领，完善竞赛支持政策

竞赛品牌打造：着力打造具有天津特色的职业技能竞赛品牌“海河工匠杯”，通过广泛开展竞赛活动，选拔和培养优秀技能人才。

奖励政策激励：制定完善《天津市职业技能竞赛管理办法》，对获得世界技能大赛、全国技能大赛等赛事奖项的选手给予高额奖励资助，并依规晋升职业资格或技能等级。

4. 推动评价改革，激发企业用人活力

自主评价：鼓励企业依据自身生产实际和岗位特点，自主设置技能岗位评价标准，建立企业技能人才自主评价体系。截至2024年9月，全市共有备案开展职业技能等级认定的自主评价用人单位84家。

评价方式创新：健全以职业能力为导向、以工作业绩为重点、注重职业道德和知识水平的技能人才评价方式，推动技能人才评价与企业用人需求紧密结合。

5.促进人才流动，拓宽职业发展通道

贯通发展：实现工程技术和技能人才贯通发展，打通工程技术领域高技能人才与专业技术人才职业发展通道。高技能人才可参评工程、农业技术、工艺美术等系列相应专业技术职称，专业技术人才也可参加相应等级职业技能评价。

政策支持：出台多项政策支持技能人才向专业技术岗位流动，如提供培训补贴、职业资格认证等便利条件，进一步拓宽技能人才的发展空间。

综上所述，天津市职业技能发展的政策特征体现在政策体系的完善、技能培训的优化、竞赛引领的强化、评价改革的推动以及人才流动的促进等多个方面。这些政策特征共同构成了天津市职业技能发展的良好生态环境，为培养造就高素质技能人才队伍提供了有力保障。

三 河北省职业技能发展政策的演变

（一）河北省职业技能发展政策的内容

近年来河北省职业技能人才发展政策详见表1–5。

表1–5 近年来河北省技能人才发展政策汇总表

序号	政策名称	发布时间	出台部门
1	《关于推动职业教育高质量发展加快建设技能型人才强省的实施意见》	2021.11.9	中共河北省委 河北省人民政府
2	《河北省“十四五”职业技能培训规划》	2022.4.21	河北省人力资源和社会保障厅 河北省教育厅 河北省发展和改革委员会 河北省财政厅
3	《技能强省行动方案（2023—2027年）》	2023.3.24	河北省人民政府
4	《河北省关于开展2023年职业技能培训提质增效行动的通知》	2023.3.30	河北省人力资源和社会保障厅 河北省财政厅

续表

序号	政策名称	发布时间	出台部门
5	《关于做好2024年职业技能培训工作的通知》	2024.4.23	河北省就业工作领导小组

1.职业技能培训政策的变化

河北省职业技能培训政策在近年来发生了显著变化，主要体现在政策目标、培训内容、培训方式、资金支持和激励机制等多个方面。以下是对这些变化的详细归纳。

（1）政策目标更加明确和具体

量化指标设定：河北省明确设定了职业技能培训的量化指标，如《河北省“十四五”职业技能培训规划》中提出，到2025年，全省开展补贴性职业培训270万人次以上，新增取得职业资格证书或职业技能等级证书150万人次以上等具体目标。这些量化指标为政策实施提供了明确的方向和可衡量的标准。

技能人才队伍建设：政策注重加强创新型、应用型、技能型人才队伍的建设，力图通过培训提升劳动者的职业技能水平，为经济社会发展提供有力的人才支撑。

（2）培训内容更加多样化和更具针对性

聚焦重点产业和领域：河北省的职业技能培训政策紧密围绕重大战略实施和“六个现代化河北”建设需求，重点推动京津冀协同发展职业技能培训工程、“高精尖专特新”技能人才培养工程等，加强对信息技术、新能源、节能环保、智能制造等重点产业和领域的技能培训。

实施专项行动：实施康养产业技能人才赋能行动、冰雪技能人才领航行动、制造业技能根基培训行动等，针对不同行业和领域的需求，开展具有针对性的专项培训。

案例2：河北体院：打造冰雪人才培养基地　助力河北冰雪强省建设

脚踩雪板，身姿轻盈地从仿真雪道疾驰而下，河北体育学院冰雪运动系大二学生的旱滑表演获得大家阵阵掌声。10月16日上午，河北省首家冰雪人才培训基地在河北体育学院揭牌。

作为高水平冰雪人才培养基地，未来对提高我省冰雪人才培养质量，增强我省冬季竞技项目实力，提供了强有力的支撑。为我省完成2022年全省参与冰雪运动人次达到3 000万以上的目标，发挥了引领和示范带动效应。

河北省体育局李东奇副局长观看了学生的表演后说："河北体育学院一定要抓住机遇，充分发挥河北省冰雪人才培训基地的示范作用，努力把冰雪项目打造成特色项目，为河北省冰雪事业的发展贡献力量。"

以2022年北京市携手张家口市举办冬奥会为契机，2015年12月，经省教育厅批准，河北体育学院正式成立冰雪运动系，为我省培养冬奥急需应用人才、优化冰雪师资队伍、扩充实践基地及推动我省冰雪运动快速发展贡献力量。冰雪运动系共设运动训练、社会体育指导与管理、休闲体育三个专业。自冰雪运动系成立以来，该校在冰雪专业建设、师资队伍建设、人才培养模式等方面进行了有益探索，取得了可喜的成绩。

在建系之初，冰雪运动系本着合作共赢的原则，积极践行国内外联合办学、共同培养的理念，先后与崇礼区职教中心开办运动训练专业（冰雪运动方向）"3+2"五年制大专班，与张家口职教中心联合开办休闲体育专业（冰雪运动方向）"3+4"本科班；与哈尔滨体育学院、首都体育学院等院校签署联合办学协议；与必胜国际体育文化（北京）有限公司达成战略协议，积极引进芬兰、斯洛文尼亚、新西兰、日本等优质冰雪资源，建立交换生学习机制。

不断完善基础教学场地设施器材，加强校外实践教学基地建设。近年来，河北体育学院投资建设冰雪模拟训练中心（旱雪场）、室内仿真冰场与冰雪模拟实训室；与崇礼云顶滑雪场、崇礼太舞滑雪场、崇礼翠云山滑雪场、崇礼长城岭滑雪场、石家庄西部长青滑雪场等10余家冰雪产业公司签署合作协议，建设了一批稳固的教学训练基地，为全面开展实践教学提供了良好的资源保障。

河北体育学院党委书记申富平对记者说："我们一定要科学制订教学计划，实施科学实训；紧紧围绕冬奥竞技备战和加快提升冰雪运动竞技水平，凝聚全院力量，培养更多的优秀冰雪人才，为建设冰雪强省提供人才支撑。"

案例来源：长城网（2018年12月24日）

（3）培训方式更加灵活

线上线下相结合：利用互联网和信息技术手段，开展线上线下相结合的职业技能培训，打破时间和空间的限制，提高培训的便捷性和覆盖面。

校企合作和产教融合：加强校企合作和产教融合，推动学校教育与职业培训的有效衔接，实现资源共享和优势互补。

（4）资金支持和激励机制更加完善

加大资金投入：统筹利用就业补助资金、职业技能提升专项资金、失业保险基金等资金渠道，加大对职业技能培训的投入力度。

补贴和奖励政策：对参加职业技能培训的劳动者和企业给予补贴和奖励，提高劳动者和企业参与培训的积极性。同时，对培训效果显著的机构和个人给予表彰和奖励。

（5）政策实施和监督机制更加健全

制订培训方案：各地人力资源和社会保障部门根据年度培训目标任务，紧扣本地产业发展和劳动者需求，制订培训方案，明确培训内容和方式。

明确培训机构：优化流程，明确承担培训任务的机构，并加强对机构的监管和评估。

开展考核评价：加强培训后的考核评价工作，确保培训质量和效果。

综上所述，河北省职业技能培训政策在近年来发生了显著变化，这些变化体现了政策目标的明确性、培训内容的多样性和针对性、培训方式的灵活性和创新性、资金支持和激励机制的完善性以及政策实施和监督机制的健全性。这些变化为河北省职业技能培训的发展提供了有力保障。

2.职业技能激励政策的变化

河北省职业技能激励政策在近年来发生了一系列变化，这些变化旨在促进高技能人才的培养、提升劳动者技能素质、推动产业转型升级以及实现高质量就业。以下是对河北省职业技能激励政策变化的详细归纳。

（1）技能提升补贴政策的延续与优化

政策延续：根据《关于延续实施失业保险援企稳岗政策有关事项的通知》，河北省继续实施技能提升补贴政策，以鼓励企业参保职工和领取失业保险金人员提升职业技能。政策执行期限至2024年12月31日。

补贴标准与条件：每人每年享受补贴次数最多不超过三次，同一职业（工种）同一等级只能申请并享受一次补贴，且技能提升补贴和职业培训补贴不得重复享受。补贴的具体标准可能因职业技能等级和证书类型有所不同。

申领方式：符合条件的人员可登录“河北人社一体化公共服务平台”或使用“河北人社”APP进行申领。

（2）高技能人才培养与激励机制的加强

实施国家高技能人才振兴计划：河北省积极搭建高技能人才交流平台，通过政策引导和资源整合，推动高技能人才队伍建设。

健全激励机制：完善高技能人才在职工代表大会中的比例，支持其参与企业管理，并健全休假疗养制度。同时，通过政府表彰、行业企业奖励和社会奖励等多种方式，对高技能人才进行表彰和奖励。

政策倾斜：在省级劳动模范、省级先进工作者、河北省科学技术奖等相关表彰中，加大高技能人才的评选力度，并积极推荐其享受政府特殊津贴。

（3）职业技能培训体系的完善

培训目标与任务：根据《河北省“十四五”职业技能培训规划》等文件要求，河北省明确了职业技能培训的目标和任务，包括完成各类补贴性职业技能培训人次、新增取得职业资格证书或职业技能等级证书人次等任务。

培训内容与方式：针对康养产业、冰雪产业、制造业、数字经济等不同领域的需求，开展精准的职业技能培训。同时，注重培训方式的创新，如推广“互联网+”培训模式、使用职业培训券等。

资金保障与监管：统筹利用就业补助资金、职业技能提升专项资金、失业保险基金等开展职业技能培训，并加强资金使用监管和绩效评估。

（4）政策宣传与落实

政策宣传：通过官方网站、官方微博、短视频平台、报刊广播等多种渠道广泛宣传职业技能激励政策，提高政策知晓度和影响力。

政策落实：各级人社、财政、税务等部门加强沟通协调，形成上下联动、协同高效的工作格局，推动政策尽快落地见效。

综上所述，河北省职业技能激励政策在延续原有政策的基础上进行了优化和完善，通过加强高技能人才培养、完善职业技能培训体系、强化政策宣传与落实等措施，为提升劳动者技能素质、推动产业转型升级和实现高质量就业提供了有力支持。

3.职业技能评价政策的变化

河北省职业技能评价政策在近年来发生了一系列积极的变化，这些变化旨在促进技能人才队伍的建设，提高职业技能评价的规范性和科学性。以下是对河北省职业技能评价政策变化的详细归纳。

（1）政策目标更加明确

河北省职业技能评价政策明确了以提升劳动者技能素质、促进就业创业为目标，推动职业技能评价工作与经济社会发展需求相契合。政策注重评价的实用性和有效性，旨在通过职业技能评价促进技能人才的成长和职业发展。

（2）评价体系更加完善

评价标准与规范：河北省根据国家和省级职业技能标准，制定了完善的职业技能评价标准和规范。这些标准和规范涵盖了多个职业（工种）和领域，为职业技能评价提供了科学依据。

评价机构与人员：加强了对职业技能评价机构和人员的管理和培训，提高了评价机构的专业性和评价人员的素质。同时，鼓励和支持企业、职业院校等社会培训评价组织参与职业技能评价工作，形成了多元化的评价主体格局。

（3）评价方式更加灵活多样

多元化评价方式：河北省职业技能评价政策注重评价方式的灵活性和多样性，包括理论知识考试、技能操作考核、业绩评审、面试答辩等多种评价方式。这些评价方式可以根据不同职业（工种）和领域的特点进行选择和组合，确保评价的全面性和准确性。

信息化手段应用：积极推广使用信息化手段进行职业技能评价，如在线考试系统、电子证书等。这些信息化手段提高了评价工作的效率和便捷性，同时方便了劳动者使用和企业的管理。

（4）政策激励与支持力度加大

补贴政策：对于通过职业技能评价并取得相应职业资格证书或职业技能等级证书的劳动者，河北省给予一定的补贴和奖励。这些补贴和奖励政策旨在激励劳动者积极参与职业技能评价，提升自身技能素质。

高技能人才激励：对于取得高级工以上职业资格证书或职业技能等级证书的高技能人才，河北省在就业、创业、晋升等方面给予更多的政策支持和激励。这些措施有助于促进高技能人才的成长和职业发展，同时也为企业吸引和留住高技能人才提供了有力保障。

（5）政策宣传与落实力度加强

政策宣传：通过官方网站、官方微博、媒体等多种渠道加强对职业技能评价政策的宣传和推广，提高政策知晓度和影响力。同时，开展多种形式的宣传活动，如政策解读、案例分享等，帮助劳动者和企业更好地了解和使用政策。

政策落实：各级人力资源和社会保障部门加强了对职业技能评价政策落实情况的监督和检查，确保政策得到有效执行。同时，加强了对评价机构和人员的监管，确保评价工作的规范性和公正性。

综上所述，河北省职业技能评价政策在近年来发生了一系列积极的变化，这些变化旨在促进技能人才队伍的建设，提高职业技能评价的规范性和科学性。未来，随着经济社会的发展和职业技能评价工作的不断深入推进，河北省职业技能评价政策还将继续完善和优化。

（二）河北省职业技能发展政策的特征

河北省职业技能政策的特征主要体现在以下五个方面。

1. 政策目标明确，注重实效

河北省的职业技能政策明确以提升劳动者技能素质、促进就业创业为主要目标。政策制定过程中，紧密结合经济社会发展需求和产业转型升级要求，确保政策的针对性和实效性。通过实施一系列职业技能培训和评价措施，旨在提高劳动者的技能水平和就业竞争力，推动经济社会高质量发展。

2. 政策体系完善，覆盖广泛

河北省构建了较为完善的职业技能政策体系，涵盖了职业技能培训、评价、激励等多个方面。政策覆盖范围广泛，不仅面向企业职工、农民工等传统劳动者群体，而且针对高校毕业生、退役军人等重点群体制定了专门的政策措施。同时，政策还关注不同行业、不同领域的需求差异，确保政策能够精准对接产业发展需求。

3. 政策创新性强，措施多样

河北省在职业技能政策制定过程中注重创新性和多样性。一方面，政策鼓励和支持企业、职业院校等社会培训评价组织参与职业技能评价工作，形成了多元化的评价主体格局。另一方面，政策还积极探索和推广新型学徒制、产教融合等培训模式，以及“互联网+”培训、职业培训券等信息化手段，提高职业技能培训的针对性和实效性。

4. 政策激励力度大，支持措施多

河北省职业技能政策的激励和支持力度较大。一方面，政府通过提供补贴、奖励等方式鼓励劳动者积极参与职业技能培训和评价。另一方面，政策注重与就业、创业等政策的衔接，为取得职业资格证书或职业技能等级证书的劳动者提供更多的就业机会和创业支持。此外，政策还关注高技能人才的培养和引进工作，通过设立高技能人才培训基地、技能大师工作室等措施，为技能人才的成长和发展提供有力保障。

5. 政策宣传与落实并重

河北省在职业技能政策的宣传与落实方面双管齐下。一方面，通过官方网站、官方微博、媒体等多种渠道加强对职业技能政策的宣传和推广，提高政策知晓度和影响力。另一方面，各级人力资源和社会保障部门加强了对政策落实情况的监督和检查，确保政策得到有效执行。同时，注重收集企业和劳动者的反馈意见，不断优化和完善政策措施。

综上所述，河北省职业技能政策具有目标明确、体系完善、创新性强、激励力度大以及宣传与落实并重等特征。这为河北省技能人才队伍的建设和经济社会的高质量发展提供了有力支持。

四 德州市职业技能发展政策的演变

德州市在京津冀协同发展战略中同样扮演着重要角色，作为山东省唯一列入京津冀协同发展规划的城市，被赋予京津冀产业承接基地、科技成果转化基地、优质农产品供应基地、劳动力输送基地以及京津冀南部重要生态功能区"一区四基地"的功能定位。其在职业技能发展方面也有相应的政策体系予以推进、保障。

（一）德州市职业技能发展政策的内容

近年来德州市技能人才发展政策详见表1-6。

表1-6 近年来德州市技能人才发展政策汇总表

序号	政策文本内容	发布时间	出台部门
1	《德州市首席技师选拔管理办法》	2020.12	德州市人民政府办公室
2	《德州建设国家创新型城市实施方案（2022—2024年）》	2022.8	德州市人民政府办公室
3	《德州市校企合作"订单班""冠名班"补助实施细则》	2022.11	中共德州市委人才工作领导小组办公室
4	《关于加强全市工匠学院建设的意见》	2024.7	德州市产业工人队伍建设改革工作联席会议办公室
5	《德州市强化"四链"融合纵深推进产业工人队伍建设改革两年行动计划（2024—2025年）》	2024.7	德州市产业工人队伍建设改革工作联席会议办公室

1.职业技能培训政策的变化

（1）政策目标逐步拓展

相对而言，德州市早期的职业技能培训政策更加侧重于基础技能的普及和提升，而近年来，政策目标逐渐拓展，更加注重高技能人才的培养。例如，“金蓝领”培训和新型学徒制培训等政策的实施，重点就要聚焦于培养技师、高级技师等高技能人才。

随着产业结构的改革升级，德州市也及时调整职业技能培训政策，将新业态的从业人员纳入培训范围，通过“四链驱动”等策略，全力打造新业态、新模式从业人员技能培训体系。

（2）培训模式不断创新

德州市的职业技能培训政策在培训模式上不断创新，除了传统的课堂教学外，还积极推广“互联网+”职业技能培训平台，采用线上线下相结合的方式进行培训，提高了培训的灵活性和便捷性。

此外，德州市人民政府倡导全面推行“劳动者（企业）提单、政府列单、劳动者选单、机构接单、政府买单”五单式培训模式，这种模式更加注重培训的实际效果和市场需求。

（3）政策支持持续强化

在职业技能培训方面，德州市统筹专项资金支持培训工作，并对培训成绩突出的单位给予资金补贴和政策支持。为了确保培训质量，德州市还建立了完善的质量监测体系，对培训机构进行管理和监督，开展职业技能培训评价专项整治，提高培训的针对性和有效性。

（4）政策实施更加精准

德州市的职业技能培训政策更加注重需求导向，通过多渠道开展需求调查，建立职业技能培训职业（工种）目录优化调整机制，确保培训内容与市场需求紧密结合。在政策实施过程中，德州市注重高效化组织，通过招投标、公示等程序确定培训基地和培训计划，确保培训工作的顺利开展。

（5）政策效果显著提升

近年来，德州市的补贴性职业技能培训人数显著增加，通过一系列政策的实施，德州市的高技能人才数量也实现了快速增长，为经济社会发展提供了有力的人才保障。

2.职业技能激励政策的变化

（1）激励力度不断加大

近年来，德州市对职业技能竞赛获奖选手的奖励金额显著提升，对获得德州市职业技能大赛金牌、银牌、铜牌的选手，分别给予10 000元、8 000元、5 000元的奖励。这种高额奖励机制极大地激发了广大劳动者参与技能提升培训和竞赛的积极性。除了物质奖励外，德州市还通过授予荣誉称号的方式对优秀技能人才进行激励，对获得市级一类竞赛前2名和二类竞赛第1名的在职职工，由市人力资源和社会保障局授予“德州市技术能手”等荣誉称号。这些荣誉称号不仅是对个人技能的认可，而且为他们在职业发展中提供了更多机会和优势。

（2）激励范围逐渐扩大

德州市职业技能竞赛的项目逐年增多，涵盖了多个行业和职业领域。这不仅为劳动者提供了更多展示技能的平台，而且促进了各行业技能水平的提升和交流。激励政策不仅针对个人，还逐步拓展到企业、培训机构等多个层面。例如，对开展职业技能培训成绩突出的企业、院校、培训机构等给予资金补贴和政策支持，鼓励他们积极参与技能人才培养工作。

（3）激励方式愈发多样

德州市在职业技能激励方面采用了物质奖励与荣誉激励相结合的方式。既给予获奖者一定的奖金和奖品等物质奖励，又通过授予荣誉称号等方式进行精神激励，形成了全面的激励体系。除了直接的奖励措施外，德州市还通过政策支持和服务保障等方式为技能人才提供支撑。例如，提供职业发展规划、就业指导、创业扶持等服务，帮助他们更好地实现个人价值和社会价值。

（4）激励效果显著提升

随着激励政策的不断实施和完善，德州市的技能人才数量实现了显著增长。越来越多的劳动者通过参与技能培训和竞赛等活动提升了技能水平，并获得了相应的奖励和荣誉。激励政策的实施不仅促进了技能人才数量的增长，还推动了人才队伍整体技能水平的提升。劳动者在参与培训和竞赛的过程中不断学习、实践新知识、新技能，推动了行业技术的进步和创新。

3.职业技能评价政策的变化

（1）评价体系日趋完善

近年来，德州市在职业技能评价方面加强了体系建设，通过建立健全职业技能评价制度，完善评价标准、评价流程，确保职业技能评价的公正性、科学性和有效性。德州市积极引入第三方评价机构（如德州职业技术学院职业技能鉴定所等）参与职业技能评价工作，这些机构具备较高的专业性和权威性，能够提供更加客观、准确的评价结果。

（2）评价内容愈发细化

随着社会经济的发展和产业结构的调整，德州市的职业技能评价内容也在不断丰富和拓展。除了传统的职业技能评价外，还增加了对创新能力、团队协作能力、职业素养等方面的评价，以全面反映劳动者的综合素质。德州市在职业技能评价中注重评价标准的细化和量化，根据不同职业、不同岗位的特点和要求，制定相应的评价标准。这些标准既具有针对性，又具有可操作性，能够更好地指导职业技能评价工作的开展。

（3）评价方式更加多元

德州市在职业技能评价中积极探索新的评价方式和方法，通过采用项目式评价、模块化评价、过程性评价等方式，更好地适应不同职业、不同岗位的需求。

德州市充分利用现代信息技术手段，开展线上职业技能评价工作。通过建设线上评价平台、开发线上评价工具等方式，实现了线上评价与线下评价的有机结合，提高了评价工作的效率和便捷性。

（4）评价结果运用广泛

德州市注重职业技能评价结果的运用和转化，将评价结果作为劳动者求职、晋升、薪酬调整方面的重要依据。同时，加强与企业的合作与沟通，推动评价结果与企业用人需求的紧密结合。

为了鼓励劳动者积极参与职业技能评价和提升自身技能水平，德州市还制定了一系列激励政策。例如，对获得职业技能等级证书的劳动者给予一定的奖励和补贴；对在职业技能竞赛中表现突出的选手进行表彰和奖励等。这些激励政策的实施进一步激发了劳动者的积极性和创造力。

（5）宣传引导力度加强

德州市职业技能评价政策并非一成不变，而是根据社会经济发展和产业结构调整的需要进行动态优化。例如，随着新兴产业的发展和新兴职业的出现，德州市及时将相关职业纳入职业技能评价范围并制定相应的评价标准和流程。

为了确保职业技能评价政策的顺利实施和有效落实，德州市加强了政策宣传和引导工作。通过举办政策解读会、培训班等活动提高劳动者对职业技能评价政策的认知度和参与度，同时，加强与媒体的合作与沟通，扩大政策宣传的覆盖面和影响力。

（二）德州市职业技能发展政策的特征

1.政策体系不断完善

德州市政府高度重视职业技能发展，通过制定和完善相关政策体系，为职业技能培训、评价、激励等提供了有力保障。这些政策涵盖了从技能培训到技能评价，再到技能激励的全方位内容，形成了较为完整的职业技能发展政策体系。

2. 激励力度持续加大

德州市对在职业技能竞赛中表现突出的选手给予丰厚的物质奖励，如奖金、奖品等，以提高劳动者的积极性和参与度。除了物质奖励外，还通过授予荣誉称号等方式对优秀技能人才进行精神激励，如“德州市技术能手”等称号，提升技能人才的社会地位和荣誉感。

此外，对开展职业技能培训成绩突出的企业、院校、培训机构等给予政策扶持和资金补贴，鼓励其积极参与技能人才培养工作。

3. 评价体系科学规范

德州市职业技能评价体系注重科学性和规范性，根据不同职业、不同岗位的特点和要求制定相应的评价标准，确保评价结果的客观性和准确性。采用多种评价方式相结合的方法（如项目式评价、模块化评价、过程性评价等），以适应不同职业、不同岗位的需求。同时，积极引入第三方评价机构参与职业技能评价工作，提高评价的专业性和权威性。

4. 培训内容丰富多样

德州市职业技能培训内容紧贴市场需求和产业发展趋势，针对不同行业、不同岗位的需求开展有针对性的培训。培训内容涵盖了多个行业和职业领域，包括传统行业和新兴行业，为劳动者提供了多样化的选择。同时，德州市注重培训的实践性和操作性，通过模拟实操、案例分析等方式提高劳动者的技能水平和实际操作能力。

5. 产教融合深入推进

德州市积极推动校企合作，鼓励企业参与职业技能培训过程，共同确定培训计划和课程内容，实现资源共享和优势互补。德州市指导各县（市、区）对接本科高校、职业院校、科研机构、行业企业等规划建设市域产教联合体，推动产教融合向更深层次发展。此外，加强实训基地建设和管理，为劳动者提供优质的实训环境和条件，提高其技能水平和就业竞争力。

6.政策宣传引导加强

通过举办政策解读会、培训班等活动提高劳动者对职业技能发展政策的认知度和参与度。加强与媒体的合作与沟通，扩大政策宣传的覆盖面和影响力，营造全社会关注和支持职业技能发展的良好氛围。

五 京津冀职业技能协同发展政策的演变

京津冀地区是中国经济发展的重要引擎，职业教育在该地区的发展具有重要的战略意义。随着京津冀一体化战略的提出和实施，职业教育在该地区的发展面临着新的历史机遇和挑战。职业教育的政策演变与京津冀地区的经济社会发展密切相关，通过对政策演变进行研究，可以更好地把握职业教育发展的脉络和规律。

接下来将从政策层面出发，对京津冀地区职业教育发展政策的演变进行梳理和分析。从早期的政策制定到当前的政策实施，再到未来的政策展望，我们将深入挖掘政策背后的动因，探讨政策对职业教育发展的推动作用，以期为京津冀地区职业教育的高质量发展提供政策建议和决策支持。

（一）京津冀职业技能协同发展的政策内容

近年来京津冀技能人才发展政策详见表1-7。

表1-7 近年来京津冀技能人才发展政策汇总表

序号	政策名称	发布时间	出台部门
1	《京津冀人才一体化发展规划（2017—2030年）》	2017.7.7	京津冀三地人才工作领导小组联合发布

续表

序号	政策名称	发布时间	出台部门
2	《京津冀首届航空职业技能大赛实施方案》	2021.10.20	天津市人力资源和社会保障局 北京市人力资源和社会保障局 河北省人力资源和社会保障厅
3	《关于支持德州市深化融入京津冀协同发展的若干措施》	2022.6	山东省人民政府办公厅
4	《京津冀产业协同发展实施方案》	2023.5	工业和信息化部会同国家发展和改革委员会、科技部等有关部门以及京津冀三地政府
5	《关于成立京津冀职业教育改革示范园区的通知》	2024.2.8	北京市教育委员会 天津市教育委员会 河北省教育厅 河北省财政厅

京津冀职业技能协同发展政策的变化主要体现在以下七个方面。

1. 政策目标的协同与深化

在职业技能协同发展政策上，京津冀地区逐渐形成了协同发展的共识，旨在通过加强区域间的合作与交流，共同提升职业技能水平，促进人才流动和产业发展。政策目标从单一地区的技能提升转变为区域协同发展的整体提升，体现了京津冀协同发展战略的深入实施。

2. 政策框架的构建与完善

签署合作协议：北京市教育委员会、天津市教育委员会、河北省教育厅签署了《京津冀职业教育高质量协同发展合作框架协议》，明确了协同发展的方向和目标。

建立协同机制：通过成立京津冀职业教育改革示范园区、推动职业院校联合办学、跨校区建设等措施，构建了京津冀职业教育协同发展的机制。

3. 评价体系与标准的统一

评价标准与规范：京津冀地区积极推动职业技能评价标准的统一和衔接，确保评价结果在不同地区之间的互认。

评价机构与人员：加强了对职业技能评价机构和人员的管理、培训，提高了评价机构的专业性和评价人员的素质。

4. 培养模式的创新与拓展

联合贯通培养：深入开展京津冀技能人才联合贯通培养，拓展职业教育贯通融通新赛道，推动职业教育有机融入京津冀“五群六链”产业布局。

产教融合共同体：推动三地职业院校联合区域内行业龙头企业、高校院所、学会协会，组建高端装备制造、新能源、养老服务等京津冀产教融合共同体，支持京津冀职业院校联合头部企业进行专业设置，探索区域产业、行业、企业、职业与专业“五业联动”新模式。

5. 政策激励与支持的加强

财政支持：加大对职业技能协同发展的财政投入，支持职业院校建设、师资培训、实训基地建设等。

税收优惠：对参与职业技能协同发展的企业给予税收优惠政策，鼓励企业积极参与技能人才培养。

6. 政策宣传与落实的强化

政策宣传：通过多种渠道和方式加强对职业技能协同发展政策的宣传和推广，提高政策知晓度和影响力。

政策落实：各级人力资源和社会保障部门加强了对政策落实情况的监督和检查，确保政策得到有效执行。同时，注重收集企业和劳动者的反馈意见，不断优化和完善政策措施。

7. 具体实例与进展

京津冀职业教育改革示范园区：按照“改革先行、聚合创新、协同发展”的理念，构建央地互动、区域联动协同平台，推动京津冀职业教育协同发展迈向更高水平。

职业院校联合办学：推动三地职业院校联合办学、跨校区建设，实现资源共享和优势互补。例如，支持北京经济管理职业学院、北京财贸职业学院利用河北校区为京津冀培养急需技术技能人才。

技能人才联合贯通培养：构建中—高—本—硕衔接贯通的职业教育体系，布局职教本科专业，探索天津市高职院校与雄安三县职教中心“中高职贯通”的人才培养模式。

综上所述，京津冀职业技能协同发展政策在近年来发生了显著变化，通过构建协同机制、统一评价体系、创新培养模式、加强激励支持等措施，推动了京津冀地区职业技能水平的整体提升和职业技能培训的协同发展。

（二）京津冀职业技能协同发展政策的特征

京津冀职业技能协同发展政策的特征主要体现在以下七个方面。

1. 政策目标的协同性

京津冀职业技能协同发展政策的目标明确，旨在通过加强区域间的合作与交流，共同提升职业技能水平，促进人才流动和产业发展。这一政策目标体现了京津冀协同发展战略的深入实施，强调了区域间的协同与互补。

2. 政策体系的完善性

政策框架构建：在职业技能协同发展方面，京津冀地区逐步构建了完善的政策框架。北京市教育委员会、天津市教育委员会、河北省教育厅等机构联合发布了多项合作协议和通知，明确了协同发展的方向和目标。

政策细化与落实：政策不仅停留在宏观层面，还细化到具体的实施措施和操作步骤。例如，推动京津冀职业教育改革示范园区的建设，支持职业院校联合办学、跨校区建设等，都是政策细化和落实的具体体现。

3. 政策内容的多样性

京津冀职业技能协同发展的政策内容涵盖了多个方面，包括人才培养、资源共享、产教融合、评价体系构建等。这些政策内容相互关联、相互促进，共同构成了京津冀职业技能协同发展的政策体系。

4. 政策执行的协同性

协同平台建设：京津冀地区通过建设职业教育改革示范园区等协同平台，为职业技能协同发展提供了有力支撑。这些平台不仅促进了职业院校之间的合作与交流，还推动了区域间的资源共享和优势互补。

联合办学与贯通培养：政策鼓励京津冀三地职业院校开展联合办学和贯通培养，构建中—高—本—硕衔接贯通的职业教育体系。这有助于打破地域限制，实现教育资源的优化配置和高效利用。

5. 政策激励与支持

财政支持：京津冀地区对职业技能协同发展给予了财政支持，用于职业院校建设、师资培训、实训基地建设等方面。这有助于提升职业院校的办学水平和教育质量。

税收优惠：对参与职业技能协同发展的企业给予税收优惠政策，鼓励企业积极参与技能人才培养。这有助于形成政府、学校、企业共同参与的职业技能协同发展格局。

6. 政策的长远性与前瞻性

京津冀职业技能协同发展的政策不仅关注当前的发展需求，还注重未来的发展趋势和前景。例如，政策鼓励职业院校与行业龙头企业、高校院所等开展深度合作，共同探索产教融合的新模式和新路径。这有助于提升职业教育的针对性和实效性，为区域经济社会发展提供有力的人才支撑。

7.政策的开放性与包容性

京津冀职业技能协同发展的政策具有开放性和包容性，鼓励不同区域、不同行业、不同领域的职业院校和企业积极参与协同发展。这种开放性和包容性有助于形成多元化的协同发展格局，推动区域职业技能水平的整体提升。

综上所述，京津冀职业技能协同发展的政策特征体现在政策目标的协同性、政策体系的完善性、政策内容的多样性、政策执行的协同性、政策激励与支持、政策的长远性与前瞻性以及政策的开放性与包容性等方面。这些特征共同构成了京津冀职业技能协同发展的政策体系，为区域经济社会发展提供了有力的人才支撑和智力保障。

参考文献

[1] 张孝梅.北京市技能人才队伍培养和建设透视.北京市工会干部学院学报，2016，31(04)：19–21.

[2] 北京职业教育新增22个数字技能相关专业.央广网，2024年7月11日.

[3] 北京市人力资源和社会保障局.北京市全面推行中国特色企业新型学徒制加强技能人才培养实施方案.2022年6月15日.

[4] 北京市人力资源和社会保障局.关于开展2024年北京市高技能人才研修工作的通知.2024年3月1日.

[5] 北京市人力资源和社会保障局.关于全面推进职业技能等级认定工作的通知.2020年4月21日.

[6] 北京市职业技能鉴定管理中心.北京市职业技能鉴定管理中心关于印发《北京市社会培训评价组织备案事项办理规定》的通知.2023年12月15日.

[7] 人力资源和社会保障部专业技术人员管理司.关于印发《加快数字人才培育支撑数字经济发展行动方案（2024—2026年）》的通知.2024年4月02日.

第二章　京津冀职业技能发展需求

本部分主要从北京市、天津市、河北省以及京津冀协同发展中产业及企业的发展思路、目标和定位出发，详细地分析产业领域以及不同类型企业所需要的技能人才，通过这些分析，可以发现北京市技能人才需求主要突出北京首都功能定位，在产业和企业发展上重在创新引领、全国影响和全球影响，突出了对创新性、高端引领性、国际性、前沿性技能人才的需要；天津市则侧重制造业立市，突出对具有高端引领、创新、前沿专业、高端专业服务特征的技能人才的需求；河北省则侧重传统产业升级与转化型、供应型企业建设，突出了对具有高端专业、应用创新、专精制造特征的技能人才的需求；在京津冀协同发展中，北京市创新人才需求尤为突出，天津市协同创新和创新转化人才需求旺盛，河北省对专业型和智能升级技能人才需求旺盛。

一　北京市职业技能发展需求

目前，北京市社会经济发展第十四个五年规划进入攻坚末期，准备进入收官阶段。基于对世界社会经济发展趋势，社会主义现代化强国建设中首都的地位、作用考量，以及国内、国外双循环的设计，北京市在“十四五”期间，围绕首都“四个中心”功能建设，提升“四个服务”水平，推动以首都为核心的世界级城市群主干架构的基本形成，打造国际一流的和谐宜居之都、全球有影响力的人工智能创新策源地、数字经济新标杆，落实新发展格局，在全面建设社会主义现代化国家新征程中走在全国前列，构建具有北京特色的现代化产业体系。

（一）产业对职业技能发展的需求

北京市建设现代化产业体系的目标：率先构建更具国际竞争力的现代化产业体系，形成高端引领、创新驱动、绿色低碳的产业发展模式，使经济发展更好服务于首都城市战略定位。北京市旨在打造以高端化、智能化、数字化、绿色化、融合化为方向，以实体经济为支撑，包含高端引领的传统产业、战略性新兴产业、未来产业、人工智能、数字人产业等，通过“创新驱动产业”和“产业牵引创新”来推进产业不断迭代升级、全要素生产率持续提升的现代化产业体系。

1.第一产业对技能人才的需求

北京市第一产业（农业）的发展目标是突出首都农业生态、富民、服务与保障的复合功能，强化以城带乡、以工促农，发展观光农业、特色农业、智慧农业、精品民宿，促进乡村一二三产融合发展，壮大新型农村经济。北京市的第一产业发展集中在发展百万亩林下经济，提升百万亩优质果园，确保百万头生猪出栏，建设一批现代化设施农业基地，抓好北京国家现代农业科技城和7个农业科技产业园区建设。为了支撑北京市第一产业的发展，需要以下技能人才：从事农业技术研究和创新，推动农业科技进步的农业科学家和技术专家（育种、种植、养殖、病虫害防治等方面）；具备农业企业管理和运营能力，能够组织农业生产、市场营销和资源配置，提高农业经济效益的农业经营管理人才；掌握农业信息技术，能够应用物联网、大数据、人工智能等技术，实现农业生产的智能化和信息化管理的农业信息化人才；熟悉市场需求和营销渠道，能够推广和销售农产品，提高农产品的附加值和市场竞争力的农产品营销人才；具备电子商务运营能力，能够通过网络平台拓展农产品销售渠道，促进农产品流通的农村电商人才；

熟练操作和维护农业机械设备，提高农业生产效率的农业机械操作和维修人才；关注农业生态环境，能够推广生态农业技术，实现农业可持续发展的生态农业和环保人才；了解农村金融政策和业务，能够为农业企业和农民提供金融服务，支持农业发展的农村金融人才；具备旅游管理和服务能力，能够开发和经营农业旅游项目，提升农村旅游品质的农业旅游和民宿管理人才。这些技能人才的支撑将有助于北京市第一产业实现高质量发展，推动农业现代化和乡村振兴。

2.第二产业对技能人才的需求

北京市推动数字经济与实体经济深度融合、政府服务和市场参与高效结合，在产业数字化、数字产业化中实现全方位、全角度、全链条、全要素数字化转型，打造具有国际竞争力的数字产业集群；在实体产业中，按照打造更具活力的高精尖产业的目标，大力发展智能制造、高端制造。根据北京市社会经济发展“十四五”规划，以及高精尖产业发展、制造业和信息软件业绿色低碳发展、未来产业创新发展、人工智能创新发展、数字人产业创新发展等产业规划和行动计划,《北京市数字经济促进条例》，对重点建设的产业集群及所需技能人才分析如下。

（1）大力发展新一代信息技术产业集群：以信息传输、数据采集和处理的基础性建设为主，培育万亿级新一代信息技术产业集群，聚焦5G、人工智能、大数据、云计算、物联网、区块链等基础领域，培育一批具有核心技术主导权的龙头企业。新一代信息技术产业集群的发展迫切需要人才队伍的支撑，需要形成一系列的人才结构梯队，才能发展。

在5G领域，需要具备5G网络规划、设计和优化能力的网络规划与优化工程师；熟悉5G通信技术，能够进行5G设备安装、调试和维护的通信工程师；需要负责5G射频系统的设计、开发和测试，确保信号传输质量和稳定性的射频工程师。在人工智能领域，需要掌握机器学习、深度学习等算法，能够开发和优化人工智能模型的算法工程师；具备数据分析和挖掘能力，能够处理和分析大量的数据，为人工智能应用提供支持的数据工程师；负责人工智能系统的设计、开发和集成，推动人工智能技术应用和创新的人工智能研发工程师；专注于自然语言处理技术，能够开发语音识别、文本生成、机器翻译等应用的自然语言处理工程师。在大数据领域，需要能够收集、整理和分析大数据，洞察、提取有价值的信息的数据分析师；负责大数据平台的搭建、维护和优化，确保数据存储、处理和传输高效可靠的数据工程师；运用统计学和机器学习方法，进行数据挖掘和预测分析的数据科学家。在云计算领域，需要具备云计算平台搭建、配置和管理能力，能够提供云服务部署和运维支持的云计算工程师；负责设计云计算架构，确保系统的可扩展性、安全性和可靠性的云架构师；负责虚拟化技术的应用和管理，提高资源利用率和灵活性的虚拟化工程师。在物联网领域，需要能够设计和开发物联网系统（包括传感器、设备连接和数据传输等）的物联网工程师；专注于嵌入式设备的开发和编程，实现物联网设备智能化的嵌入式系统工程师；对物联网产生的数据进行分析和处理，挖掘潜在的具有应用价值的数据分析工程师。区块链领域，熟悉区块链技术原理，能够开发区块链应用和智能合约的区块链开发工程师；负责区块链中的加密算法和安全机制的实施，确保数据安全性和隐私保护的加密工程师；设计区块链架构，解决区块链系统的性能、可扩展性和安全性等问题的区块链架构师。

（2）重点发展集成电路产业集群：以集成电路设计为龙头，以装备为依托，以通用芯片、特色芯片制造为基础，重点发展集成电路产业，打造集成电路产业链创新生态系统，建成中关村集成电路设计园二期、中国移动国际信息港、北京经济技术开发区集成电路装备产业基地二期和国家信创园等。集成电路产业集群涉及集成电路设计、电路装备、芯片制造、特色芯片制造。

集成电路设计方面，需要具备系统架构设计、电路设计和验证能力，能够设计出高性能、低功耗芯片的芯片设计师；需要熟悉数字信号处理、图像处理等算法，能够将算法转化为硬件实现的算法工程师；需要专注于模拟电路设计（包括放大器、滤波器、模数转换器等）的模拟电路设计师；需要负责将电路设计转化为物理版图，确保芯片布局合理、性能优良的版图设计师。在集成电路装备领域，需要能够安装、调试和维护集成电路生产设备，确保设备正常运行的设备工程师；熟悉集成电路制造工艺，能够优化工艺参数，提高芯片生产质量的工艺工程师；需要负责集成电路生产设备自动化控制和系统集成，提高生产效率和稳定性的自动化工程师。在通用芯片制造上，需要掌握晶圆制造工艺（包括晶圆清洗、外延生长、光刻、刻蚀、掺杂等）的晶圆制造工程师；需要能够进行芯片封装和测试，确保芯片性能和可靠性的封装测试工程师；需要负责芯片生产过程中的质量控制和检测，确保产品符合质量标准的质量工程师。特色芯片制造领域，在人工智能芯片、汽车电子芯片、物联网芯片等特色领域，需要具备相关领域知识和技能的工程师；能够根据市场需求定制化生产芯片，针对特色芯片的制造工艺进行研发和创新，提高芯片性能和竞争力的特定领域工程师。

（3）加快发展新能源智能网联汽车产业集群：聚焦新能源智能网联，新能源汽车研发、制造和服务全价值链环节，培育万亿级新能源汽车产业集群，支持形成一批生态主导型龙头企业；支持福田戴姆勒高端重卡、奔驰高端汽车、福田康明斯发动机技改升级，加快新能源高端车型量产；在电池、电极、电控以及传感器、专用芯片等领域形成领先优势，实施汽车生产线智能化建设；支持龙头企业建设智能制造科研中心、新能源汽车高端智能工厂，实现在京新产整车自动驾驶功能全面覆盖；支持建设新能源汽车与智慧能源、智能交通融合创新平台，加快建设国家智能网联汽车创新中心。

新能源智能网联汽车产业集群从设计到研发、制造和服务，每一个环节都需要不同的职业技能人才。在研发环节，需要具备汽车总体设计、系统集成和性能优化能力的汽车工程师；需要专注于电池技术研发（包括电池材料、电池管理系统等）的电池工程师；负责电机设计、开发和控制，提高电机效率和性能的电机工程师；掌握电子控制技术，能够开发汽车电子控制系统的电控工程师；从事自动驾驶系统研发（包括感知、决策、控制等方面）的自动驾驶工程师；将人工智能技术应用于汽车自动驾驶和智能交互系统的人工智能工程师；分析和处理汽车研发过程中产生的数据，为决策提供支持的数据科学家。在制造领域，优化汽车生产工艺，提高生产效率和质量的生产工艺工程师；负责汽车生产过程中的质量检测和控制的质量控制工程师；管理汽车零部件的采购、供应和库存，确保生产顺利进行的供应链管理师；维护和保养汽车生产设备，确保设备正常运行的设备维护工程师。在服务领域，了解新能源汽车的特点和优势，能够为客户提供专业购车建议的销售顾问；负责汽车的售后维修和保养，解决客户问题的售后服务工程师；管理和维护新能源汽车充电设施，确保充电服务正常提供的充电设施运营维护人员；负责车联网系统的运营和维护，提供远程诊断、软件升级等服务的车联网技术人员；分析汽车使用数据，为改进汽车性能和服务提供依据的数据分析人员。此外，新能源智能网联汽车产业还需要跨领域的复合型人才，如具备机械、电子、计算机、通信等多学科知识背景的人才，以适应产业快速发展和技术创新的需求。

（4）打造绿色智慧能源产业集群：以智慧能源为范式，以氢能全链条创新为突破，聚焦新能源技术装备产业化，打造绿色智慧能源产业集群；推进智能微网、现代能源互联网、柔性直流电网建设，建立容纳高比例波动性可再生能源电力的发输（配）储用一体化的局域电力系统，探索电力能源服务的新型商业运营模式和新业态；依托能源互联网云平台实现区域能源系统协同管控，依托智慧能源数字孪生平台实现分布式能源友好消纳，建设一批新能源微电网示范项目和综合智慧能源园区典范；围绕燃料电池产业链上下游，探索构建电氢能源体系，加快推进先进适用储氢材料产业化，以重大示范场景应用为牵引，规划一批氢能储运、加氢站，推动氢燃料电池汽车规模化推广应用，建设氢能高端装备产业园、燃料电池发动机生产基地和国际氢能示范区，搭建清洁能源供应链金融服务平台，推动供应链生态拓展和增值。

绿色智慧能源产业集群主要聚集在新能源生产和制备、储存、运输、应用等全链条的技术研究和设备开发，以及新能源系统的能源数据化和智能化。涉及光、风、太阳能，尤其是氢能源智慧生产的设备制造工程师；从事能源智能化装备的电气系统设计和调试的电气工程师；收集、分析能源生产和使用过程中的数据，为能源管理和优化提供决策支持的数据分析师；从事智能电网的规划、建设和运行维护的电力工程师。总之，绿色智慧能源产业集群需要多领域、跨学科的技能人才，以推动新能源技术装备的产业化发展，实现能源的绿色、智慧转型。

（5）做大做强医药健康产业集群：培育以生物医药产业带动大健康制造与服务配套发展的万亿级产业集群，聚焦新药、新器械、新服务等细分产业方向，推进生物医药与健康产业协同发展。支持龙头企业建设覆盖创新药物研发中心、中试平台、临床前医药合同研发机构（CRO）、制药医药合同研发生产机构（CDMO）产线、检验中心、临床试验、药物警戒、联合实验室、研究型医院等全链条的共性服务平台，实施医药孵化器提升计划、新药产业化工程、全生命周期大健康服务工程等。

医药健康产业集群涉及生物医药、器械设备等开发、使用以及推广，需要的技能人才多样。需要具备深厚的生物学、医学、化学等专业知识，能够进行新药研发、临床试验、药物警戒等工作的科研人才；掌握制药工艺、医疗器械制造、生物制剂生产等技术，能够确保产品质量和生产效率的制药工程师、医疗器械工程师、生物工程师；熟悉临床试验的流程和规范，能够进行临床试验设计、实施和管理的临床医生、临床研究员、临床试验协调员等；能够进行医学检验、病理诊断等工作，为疾病诊断和治疗提供依据的检验技师、病理学家等；具备药物安全监测和风险管理知识，能够及时发现和处理药物不良反应，保障患者用药安全的药物警戒技术人员；具备项目管理和团队协调能力，能够有效组织和推进研发项目进展的项目管理人员；能够为患者提供全生命周期健康服务的健康管理师、营养师、康复治疗师等。医药健康产业涉及多个学科领域，需要能够促进不同领域协同创新的跨学科人才。

（6）夯实高端装备制造业集群：在航空装备产业领域，推进罗尔斯-罗伊斯发动机等重大项目落地，建成航天精密光机电产业园；在轨道交通装备产业领域，建设大型工程、列车运行控制系统等轨道交通装备特色园区和前沿创新中心，形成具有国际竞争优势的轨道交通装备产业集群；在海洋工程装备产业领域，填补大型水下系统和作业装备等高端海洋工程装备空白，打造国家级海洋装备研发生产基地；在新型都市工业领域，发展3D打印、模具制造等新型都市工业。

在高端装备智能制造领域，就航空和海洋设备而言，需要设备设计、设备电气、材料制备、设备制造、设备维修与保障等高技能人才。在轨道交通领域，需要熟悉列车运行控制、牵引传动、制动等系统的设计和集成的列车系统工程师；掌握轨道交通信号系统原理、设计和调试，确保列车安全和高效运行的轨道交通信号工程师；具备轨道线路设计、施工和维护知识和技能，保证轨道稳定性和安全性的轨道工程技术人才；负责轨道交通车辆设计、制造和测试，提高车辆性能和可靠性的车辆工程人才；精通轨道交通电气系统设计、安装和调试，保障电气设备正常运行的电气工程师。新型都市工业领域，需要掌握3D打印技术（包括建模、材料选择和打印工艺），能够进行3D打印产品设计和制造的3D打印工程师；具备模具设计和制造专业知识，能够根据产品需求设计和制造高精度模具的模具设计师；熟练操作数控加工设备，进行模具和零部件、加工的数控加工人才；了解3D打印和模具制造所需材料性能和应用，能够选择合适材料的材料工程师；掌握质量检测方法和工具，确保3D打印产品和模具质量符合要求的质量检测工程师。此外，这些产业还需要具备团队合作精神、创新能力和解决实际问题能力的、跨学科的复合型人才，以适应产业快速发展和技术创新的需求。

（7）布局未来产业集群：主要聚焦于信息传输、数据处理以及新材料的新突破，前瞻布局量子信息、新材料、人工智能、卫星互联网、机器人等未来产业，培育新技术、新产品、新业态、新模式。建设未来技术创新研究院和未来技术成果转化中心，加快布局量子计算、量子通信、量子精密测量等重点细分产业，实施新材料产业链强基行动，鼓励企业开展AI芯片、高端传感器等人工智能细分领域应用；优化“南箭北星”空间布局，打造国家北斗创新应用综合示范区，建设北斗产业创新中心，培育全链条全流程的复合型“北斗+”集成业态，孵化一批北斗时空智能企业，打造未来空天产业集群；建设工业机器人产业基地，集聚一批机器人核心部件、智能工厂解决方案等领域领先企业，实现专业隐形冠军企业集群式发展，自主品牌工业机器人实现规模化量产。

在未来产业集群中，围绕量子计算、量子通信、量子应用等开展量子信息系统开发和设计、量子信息算法开发、量子信息系统与其他技术系统集成的量子通信类技能人才。在人工智能、机器人领域，需要大量开展机械设计和自动化电气系统设计，分析和处理数据并实现人工智能模型化的数字型技能人才。在卫星互联网产业中，需要负责卫星通信系统设计、开发和运营的卫星通信工程师；负责卫星互联网网络架构设计和优化的卫星网络工程师；参与卫星设计、制造和发射，推动卫星互联网建设的航天工程师。总之，未来产业集群需要具备跨学科知识和技能的技能人才，以适应快速发展的科技趋势和市场需求，推动未来产业的创新和发展。

（8）产业数字化集群：主要聚焦于传统产业数字化赋能，通过引入人工智能、物联网、大数据等技术，实现生产过程的自动化、智能化和柔性化，提高生产效率和产品质量；形成智能化生产，利用数字技术，实现对客户需求的精准洞察和快速响应，满足不同客户的需求，实现个性化定制为客户提供个性化的产品和服务；通过建立数字化的供应链和协同平台，实现企业内部各部门之间以及企业与供应商、客户之间的信息共享和协同合作，提高供应效率和响应速度，实现网络化协同；从传统的产品销售向提供综合服务转变，通过数字化技术，为客户提供远程监控、故障诊断、维修保养等服务，增加产品的附加值，实现服务延伸；利用信息技术对农业生产过程中的数据进行采集、分析和应用，实现农业生产的精准决策和管理，提高农业生产效率和质量，实现数字农业；通过物联网、传感器、智能设备等技术，实现对农业生产环境的实时监测和控制，实现对农作物生长过程的精准管理，提高农业生产的智能化水平，实现智慧农业。

在传统产业的数字化赋能中，需要以下技能人才：具备机械工程、自动化控制、计算机科学等多学科知识，能够设计、开发和实施智能制造系统，实现生产过程自动化、智能化和数字化的智能制造工程师；熟悉工业互联网技术（包括网络通信、数据分析、云计算）等，能够构建和维护工业互联网平台，实现设备互联、数据采集和分析，促进生产过程优化和协同的工业互联网工程师；掌握数据分析工具和方法，能够对生产过程中产生的数据进行收集、整理、分析和挖掘，为企业决策提供数据支持，帮助企业优化生产流程、提高生产效率和产品质量的工业互联网数据分析师；具备人工智能算法和模型开发能力，能够将人工智能技术应用于生产过程中的故障诊断、预测性维护、质量控制等方面，提高生产的智能化水平的人工智能工程师；负责开发和维护生产管理软件、企业资源规划（ERP）系统、供应链管理（SCM）系统等，实现企业信息化管理，提高企业运营效率的软件工程师；保障企业数字化系统的安全，防范网络攻击、数据泄露等安全威胁，确保企业生产和运营稳定的网络安全工程师；熟悉数字营销渠道和工具，能够制定数字化营销策略，帮助企业拓展市场、提升品牌知名度和产品销量的数字化营销专家；负责物联网设备的部署和管理，实现设备之间互联互通，收集和分析物联网数据，为企业提供智能化解决方案的物联网工程师；能够将虚拟现实（VR）与增强现实（AR）技术应用于产品设计、生产培训、远程维护等领域，提高生产效率和用户体验的VR/AR工程师。总之，传统产业数字化赋能需要各类跨学科的技能人才，这些技能人才需要具备信息技术、数据分析、人工智能、自动化控制等方面的知识和技能，以推动传统产业的转型升级和创新发展。

（9）数字贸易产业集群：以数字技术为支撑，将数据资源资产化，建立健全数据交易规则、安全保障体系和平台监管机制；通过数字化平台进行数据、商品和服务交易、传输、交付的产业集合体主要聚焦于数字贸易，积极对接和运用国际数字贸易规则，完善数字贸易要素流动机制，构建与国际接轨的高水平数字贸易开放体系。

在推动数字资产和数字贸易过程中，北京市的数字贸易需要大量的技能人才：需要能够对数字贸易市场进行深入分析，了解国际数字贸易规则和趋势，为企业提供决策支持的数字贸易分析师；熟悉国际贸易法律法规和国际数字贸易规则，能够为企业提供法律咨询和合规建议，协助解决贸易纠纷的律师；掌握数字营销技术和策略，能够运用搜索引擎优化、社交媒体营销、内容营销等手段，提升企业在数字贸易中的品牌知名度和市场份额的数字营销师；能够收集、整理和分析数字贸易相关数据，为企业提供数据驱动的决策支持，优化贸易流程，提升贸易效率的数据分析师。除此之外，北京市还需要大量的外语人才和数字知识产权人才，这些技能人才的协同合作，将有助于北京市打造高水平的数字贸易产业集群，提升数字贸易的竞争力和发展水平。

3.第三产业对技能人才的需求

北京市第三产业是与北京市的“四个中心”密切相连的。与政治中心服务保障相关的服务业有政务服务、会议会展服务、安保服务、语言服务等；与文化中心建设相关的服务业有文化创意产业、文化旅游服务、文物保护与修复服务、公共文化服务等；与国际交流中心功能强化相关的服务业有国际商务服务、国际旅游服务、国际教育服务、国际医疗服务等；与国际科技创新中心建设相关的服务业有科技研发服务、科技成果转化服务、科技信息服务、知识产权服务等。

以“四个中心”为核心，北京市提出了创新驱动、融合发展、开放合作、优化布局的服务业发展理念，也就是加强科技创新，推动服务业的数字化、智能化转型，提高服务质量和效率；促进服务业与其他产业的深度融合，推动产业协同发展，拓展服务业的发展空间；加强国际合作与交流，吸引国际高端资源要素集聚，提升服务业的国际化水平；根据城市功能定位和发展需求，优化服务业的空间布局，实现资源的合理配置。在此发展理念下，与政治中心服务保障相关的服务业需要以下技能人才：具备政务信息化知识、数据分析能力、沟通协调能力的政务服务人才；具有国际性活动策划、组织协调、市场营销能力的会议会展策划人才；掌握安全防范技术、应急处理能力的国际安保专业人才；精通多种语言，具备翻译技巧和跨文化交流能力的专业人才。与文化中心建设相关的服务业需要以下技能人才：具备创意设计、文化艺术素养、市场营销能力的文化创意人才；熟悉旅游规划、文化知识、导游服务技能的文化旅游人才；拥有文物鉴定修复技术、历史文化知识的文物保护与修复人才；具备图书馆管理、活动组织、文化传播能力的公共文化服务人才。与国际交流中心功能强化相关的服务业需要以下技能人才：掌握国际商务规则、法律知识、外语沟通能力的国际商务人才；具有旅游管理、外语交流、跨文化服务能力的国际旅游服务人才；具备国际教育理念、教学能力、外语水平的国际教育人才；拥有医学专业知识、国际医疗标准认知、外语沟通能力的国际医疗人才。与国际科技创新中心建设相关的服务业需要以下技能人才：具备深厚的科研背景、较强的创新能力、扎实的专业知识的科研人才；掌握技术转移流程、创业孵化知识、金融投资知识的科技成果转化人才；具备信息收集、分析、处理，情报研究能力的科技信息人才；熟悉知识产权法律法规、专利申请流程、版权管理知识的知识产权人才。从目前发展来看，各领域对具备专业知识、创新能力、跨学科能力和国际视野的技能人才的需求较大。例如，在国际科技创新中心建设方面，对高端科研人才、科技成果转化人才和知识产权人才的需求较为迫切；在文化中心建设方面，对文化创意人才和文物保护与修复人才的需求可能存在一定缺口；在国际交流中心功能强化方面，对国际商务人才和国际医疗人才的需求也可能随着国际交流的增加而不断增长。

除此之外，服务业的发展还要与制造业紧密联系，推动高端制造业和现代服务业深度融合，筑牢以实体经济为根基的高精尖经济结构，塑造具有全球竞争力的为“北京智造”服务的“北京服务”。

一是聚焦科技服务。主要是推进科技创新投入机制市场化改革，整合各类政府性科技产业基金，与国内外知名投行、基金深度融合，培育一批科技成果转化服务机构、国际化技术转移机构，提升科技服务支撑能力。

鼓励以企业为主体构建科技服务创新联盟，延展科技创新服务链，大力发展线上线下相融合的知识产权、法律咨询、技术评估等业态。建设一批专注于中间试验开发、技术集成和工艺优化等环节的硬科技孵化器。支持一批技术集成、共性技术研究开发、中间试验和工业性试验、系统化和工程化开发、技术推广与示范等公共研究开发平台建设。建立技术经纪人联盟，发展信息加工、价值评估、交易对接、展示推介等个性化定制服务。实施高价值专利转化行动，建立大数据等产业知识产权联盟，推进知识产权质押融资及保险试点。发展全国技术交易市场和知识产权交易市场。加速国际高端科技服务要素集聚，鼓励跨国公司地区总部企业在京设立研发设计中心等高端功能性机构，支持国际知名孵化器等在京落地。支持高等学校、科研机构、企业设立离岸科技孵化基地、国际科技合作平台，探索全球开放共享孵化模式。加强科技信贷和科技保险服务，鼓励保险公司设立科技保险专营机构。科技服务业职业技能人才需要具备科技创新、金融投资、知识产权、技术转移、法律咨询、技术评估等方面的专业知识和技能，熟悉科技成果转化流程和市场需求，能够为科技创新提供全方位的服务支持。

二是聚焦产业数字化和智能化，做好软件和信息服务业。聚焦工业互联网、车联网等领域加快培育一批服务型、平台型企业。实施基础软件提升工程，大力发展具有软硬件综合设计开发能力的产品解决方案提供商，发展智能仪控系统、三维打印设备、模拟仿真系统、工业机器人、数控机床和智能制造信息应用系统，塑造软件牵引的高精尖产品创新集群。发挥互联网平台型企业连接生产与服务、生产与消费的网络枢纽优势，培育基于大数据的精准营销、定制服务、众筹众包等新兴业态，实现消费互联网向产业互联网转变。支持传统系统集成商向信息集成服务商升级，贯通研发、生产、销售数据链，培育数据驱动的网络制造、云制造、协同制造等新兴业态。该领域所涉及的职业技能人才，需要掌握软件和信息技术开发、应用、管理的专业技能（包括编程语言、数据库管理、系统架构设计、数据分析等），熟悉工业互联网、车联网等领域的技术应用，具备创新能力和解决实际问题的能力。

三是聚焦行业性专业服务，加快专业服务区建设。推进专业服务领域开放改革，加快向价值链高端延伸，建成2—3个专业服务综合示范区。探索专业服务业资质互认制度性突破，引进一批有国际影响力的法律、会计、管理咨询、金融保险、风险防控、争议解决等领域的专业服务机构，实施一批为本土企业国际化提供综合服务的标志性项目。探索建立专业服务国际联合体和行业联盟，建立港澳专业人士来京执业服务机制，推出一批合作共建清单。鼓励会计师事务所在自由贸易试验区设立分所，支持京港澳联营律师事务所发展，鼓励境外知名仲裁机构及争议解决机构在京特定区域设立业务分支机构。支持在北京商务中心区（CBD）、金融街、北京经济技术开发区、王府井、中关村等相对成熟的产业功能区配套建设专业服务业综合承载，培育一批以单独或联合模式提供全过程、全链条服务的综合性专业机构，形成全流程专业服务生态链。加快构建境外服务合作伙伴网络，支持专业服务企业设立境外分支机构，建设一批北京国际经贸发展服务中心。支持行业协会、第三方机构开展专业服务品牌培育和塑造行动。行业专业建设所需的职业技能人才需要具备法律、会计、管理咨询、金融保险、风险防控、争议解决等专业领域的知识和技能，熟悉国际规则和市场需求，具有良好的沟通能力、团队协作能力和跨文化交流能力。

生活服务业是民生工程。北京市把提升生活性服务业品质作为重要民生工程，把促进生活性服务业规范化、连锁化、便利化、品牌化、特色化、智能化发展作为民生服务业发展的目标。引导优质商品和服务向社区延伸，实现蔬菜零售、早餐、美容美发、家用电器修理等基本便民商业服务功能社区全覆盖。支持品牌连锁企业建设便民商业综合体和社区商业“E中心”，鼓励网上超市、智慧微菜场等线上便民小店发展。实施家政服务业提质扩容“领跑者”行动，大力发展员工制家政企业，建设一批婴幼儿照护、老年助餐网点，形成多元化、多样化、覆盖城乡的生活服务体系。民生服务业需要的职业技能人才要具备商业运营、服务管理、市场营销等方面的知识和技能；在家政服务领域，职业技能人才需要具备家政服务技能和管理能力（如婴幼儿护理、老年护理、烹饪、保洁等），还需要具备良好的沟通能力和服务意识。

《北京人才发展报告（2023）》显示，截至2022年底，北京地区人才资源总量达到796.8万人，较2013年增长36.7%，人才密度居国内城市第一。其中，社会工作人才队伍增长速度最快，其次是专业技术人才。但与新时代首都高质量发展的形势、任务、要求相比，目前技能人才储备仍显薄弱，结构比例仍待优化，创新型高技能人才尤为稀缺。2023年9月发布的《国家服务业扩大开放综合示范区和中国（北京）自由贸易试验区建设人力资源开发目录（2023年版）》中的《技能人才急需紧缺职业（工种）目录》包括7个行业大类、58个职业（工种），新增了数字化解决方案设计师、金属热处理工、健康照护师等一批急需紧缺职业（工种），其中药物制剂工、光学仪器检查工等18个职业（工种）非常急需紧缺。

（二）企业对职业技能发展的需求

社会分工规定了产业，产业规定了行业，行业规定了企业，企业是产业运行和发展的基本单位。北京市产业规划的具体实施，需要一系列围绕产业规划而组建的企业来支撑和落实。北京市的企业发展不同于其他城市，北京企业立足首都城市战略定位，以创新驱动为核心，推动技术、管理和商业模式的全面创新，提升核心竞争力；以高端带动为导向，聚焦高附加值、高技术含量的产业领域，占据产业链的高端位置；遵循智能化的发展趋势，充分利用大数据、人工智能等前沿技术，实现生产、管理和服务的智能化升级；坚守绿色发展理念，减少资源消耗和环境污染，提升生态效益和社会效益；秉持开放发展的观念，积极融入全球经济体系，加强国际合作与交流，提升企业的国际化水平；积极融入新发展格局，加强国内国际双循环的相互促进；在京津冀协同发展的大背景下，北京市的企业要积极参与区域产业分工与合作，通过转移安置等方式优化产业布局，实现资源的高效配置和产业的协同发展，促进区域经济的一体化。同时，北京市的企业要充分发挥自身优势，拓展国际市场，加强与国际企业的合作与交流，提升在全球产业链、供应链中的地位；践行共享发展理念，关注员工发展，推动产业发展成果惠及更广泛的群体。

1.第一产业企业对职业技能发展的需求

北京市第一产业以都市型现代农业为主，坚持农业生产科技创新、农业与其他产业的融合发展、建设特色都市型农业的发展道路。第一产业企业涉及农业、林业、渔业等多个子产业领域，每个产业都有各自领头的企业，但是每个产业领域企业的特点和市场需求不同，所需要的技能人才也有所不同。但是从第一产业发展定位和思路来看，这些第一产业企业可能需要以下几类技能人才：掌握现代农业技术（如种植养殖技术、病虫害防治技术等），能够推动农业生产技术创新和优化的农业技术人才；熟悉各类农业机械设备操作，能够进行日常维护和修理的农业机械操作与维修人才；具备农产品加工方面的专业知识和技能，能够提高农产品附加值的农产品加工技术人才；了解市场需求和趋势，能够有效地推广和销售农产品的农业市场营销人才；运用信息技术，进行农业数据收集、分析和管理，推动农业信息化发展的农业信息化人才；致力于农业生态环境保护，推广绿色、可持续的农业生产方式的农业生态与环保人才；具备企业管理能力，能够进行农场或农业企业的运营、规划和决策的农业经营管理人才；开展农业相关的科学研究，为产业发展提供新的理论和技术支持的农业科研人才；

通过电商平台拓展农产品销售渠道的农村电商人才；开发和运营农业观光、乡村旅游等项目的休闲农业与乡村旅游人才。

2.第二产业企业对职业技能发展的需求

（1）总部型企业

按照创新主导、高端引领、整群带动的原则，北京市提出要发展具有全球影响力的总部型企业，包括央企总部、高能级创新型总部、多边和双边国际科技合作平台、国际金融组织总部和金融机构总部。通过总部型企业，把北京市打造成全球大宗商品、资本、人才、技术、数据等要素流动的关键核心节点，提升中国的话语权。为此，需要以下几类技能人才的支持：由科学家、工程师、研究员等组成，在科技创新、研发领域具有深厚的专业知识和技能，能够推动企业在技术创新方面取得突破，提升企业核心竞争力的高端科技人才；由金融分析师、风险管理师、投资银行家等构成，具备金融市场分析、风险管理、投资决策等专业能力，能够为金融机构总部提供专业的金融服务和支持，促进金融市场稳定和发展的金融专业人才；具有国际视野、跨文化交流能力和国际商务经验，能够在国际合作平台、国际金融组织和跨国企业中发挥桥梁和纽带作用，推动国际合作与交流的国际化人才；由企业高管、项目经理、运营管理人员等构成，具备卓越的领导能力、组织协调能力和战略规划能力，能够有效地管理和运营企业，推动企业发展和壮大的管理人才；熟悉国际法律法规、知识产权法等相关法律的专业人才，能够为企业提供法律咨询和保障，确保企业在国际合作和运营中遵守法律法规，防范法律风险的法律人才；能够处理和分析大量的数据，为企业提供决策支持，同时保障企业的信息系统安全和稳定运行的数据分析师和信息技术人才；具备创新思维和创新能力，能够推动企业在产品、服务、商业模式等方面进行创新，适应市场变化和竞争挑战的创新型人才；精通多种语言，特别是英语等国际通用语言，能够为国际交流与合作提供语言支持，促进信息准确传递和沟通顺畅的语言人才。这些技能人才的支持将有助于北京市吸引和发展各类总部机构，提升北京市在国际经济中的地位和影响力，推动经济的高质量发展。

（2）头部领军型企业

头部领军型企业是在相关产业中具有核心技术、较强创新能力、显著市场影响力和引领带动产业链作用的企业。在创新驱动、高端引领、整体带动、共享发展等理念的指导下，北京市立足重点发展产业，提出在重点产业领域建设和发展头部领军型企业。头部领军型企业分布在万亿级新一代信息技术产业集群、医疗健康产业集群、新能源智能网联汽车产业集群、绿色智慧能源产业集群、智能制造高端制造集群、未来产业集群领域，这些头部领军型企业随着产业技术发展和竞争，而动态变化。这些头部领军型企业在整个业态中具有影响力和产业链带动作用，其需要的产业技能人才是多样的，具体产业领域有着特殊技能人才需求，但从其对产业创新引领、高端整体带动来看，这些头部领军型企业对技能队伍的需求有其共性：在相关领域具有深厚的专业知识和突出的创新能力，能够推动技术不断进步的技术研发人才；精通先进制造工艺和技术，能够确保产品高质量和高精度生产的高端制造人才；善于处理和分析大量数据，以支持企业决策制定和业务优化的数据科学家和分析师；能够开发和应用人工智能技术，提升企业智能化水平的人工智能和机器学习专家；了解市场动态和客户需求，能够有效推广和销售产品或服务的市场营销人才；具备多个领域的知识和技能，适应产业融合发展趋势的跨领域复合人才。

（3）专精特新、小巨人、隐形冠军企业

第二产业企业不仅有头部领军型企业，而且还有很多专精特新、小巨人、隐形冠军企业等中小企业。专精特新企业具有某项特长，是推动产业高质量发展的重要力量，是增强产业链、供应链韧性和竞争力的关键环节。

小巨人企业是那些专注于细分市场、创新能力强、市场占有率高、掌握关键核心技术、质量效益优的专精特新企业，例如聚焦“5G+工业互联网”产业发展的北京神州泰岳软件股份有限公司。隐形冠军企业则是指掌握关键核心技术、引领产业发展的专精特新企业，例如，国内唯一兼具数字安全技术和人工智能能力，提供数字安全服务，推动产业数字化向智能化升级的三六零安全科技股份有限公司。

专精特新企业、小巨人企业和隐形冠军企业包括但不限于新一代信息技术、医药健康、新能源智能网联汽车、绿色智慧能源、高端装备制造等产业，随着北京市对专精特新企业、小巨人和隐形冠军企业的培育，这些企业将会不断涌现。专精特新、小巨人以及隐形冠军企业需要的技能人才包括但不限于在相关专业领域拥有深厚知识，能够推动技术创新和产品研发的技术研发人才；精通先进制造工艺和技术，确保产品高质量生产的高端制造工艺人才；善于处理和分析大量数据，为决策提供支持的数据科学家和分析师；可以开发和应用相关技术，提升企业智能化水平的人工智能和机器学习专家；负责设计、开发和维护软件系统的软件开发工程师；在电子电路、电力系统等方面具备专业能力的电气工程师；掌握通信原理和相关技术，保障信息稳定和高效传输的通信技术人才；能够将不同的技术和系统进行整合，实现协同工作的系统集成工程师；了解市场需求，有效推广和销售产品或服务的市场营销人才；具备多个领域的知识和技能，适应产业融合趋势的跨领域复合人才；确保项目按时、按质量要求完成的项目管理人才；严格把控产品质量的质量控制与检测人才；帮助企业在竞争中脱颖而出，有创新思维的人才；熟悉国际市场和业务规则，助力企业拓展海外市场的国际化人才。

3.第三产业企业对职业技能发展的需求

（1）服务首都政治中心功能的企业

围绕政治中心功能开展服务的企业主要涉及两类：一是就加强首都功能核心区安保机制建设，编制实施核心区公共安全专项规划，需要相关安保服务企业在安全保障、风险防控等方面发挥重要作用；二是在网络空间安全管理、政务信息化等领域，为政府提供技术支持和服务的信息化服务企业，例如北京京城保安服务有限公司、南威软件股份有限公司等企业。这两类企业重点需要的技能人才：具备安全防范技术、应急处置、安全管理等方面技能的安保专业人才；具备网络安全、数据分析、信息系统管理等技能，为政治中心的信息化服务提供支持的信息技术人才；熟悉公共安全管理理论和实践，能够制定和实施有效的安全管理策略的公共安全管理人才；具备应急救援专业知识和技能，能够在紧急情况下迅速响应并进行有效救援工作的应急救援人才；熟悉法律法规，能够为政治中心的相关事务提供法律咨询和法律支持的法律专业人才；具备高效的组织管理和协调能力，能够确保各项服务工作顺利进行的行政管理人才；在国际交流和合作中，需要具备优秀的语言翻译能力，确保沟通顺畅的语言翻译人才；能够对相关数据和情报进行收集、分析和处理，为决策提供支持的数据分析和情报分析人才；负责维护政治中心的环境卫生，确保环境质量符合要求的环境管理人才；具备设施设备维护、维修和管理能力，保证各类设施正常运行的设施维护和管理人才。这些技能人才的协同合作将为服务政治中心功能的服务业发展提供有力的支撑，确保政治中心各项工作的顺利进行。

（2）服务首都文化中心功能的企业

服务文化中心的指导思想是以社会主义核心价值观为引领，坚持文化自信，推动文化创新，传承和弘扬中华优秀传统文化，促进文化产业繁荣发展，提升北京作为文化中心的影响力和辐射力。该功能主要涉及影视、动漫、游戏、设计等领域的文化创意企业；各类剧院、演出团体等演艺企业，如北京人民艺术剧院、中国国家话剧院等；涉及广播电视、网络视听、出版等领域的传媒企业；开发旅游产品、提供旅游服务的旅游企业；参与文物保护、修复、数字化展示以及文化遗产相关产业开发的企业。

在这些企业中，需要具备创意策划、设计制作、市场营销等能力，能够推动文化创意产品开发和推广的文化创意人才；包括演员、导演、编剧、舞台设计等在内的，能够提升演艺作品质量和水平的演艺人才；具备新闻采编、媒体运营、数据分析等能力，能够适应媒体融合发展需求的传媒人才；包括旅游规划、导游服务、酒店管理等专业人才，能够提供优质旅游服务的旅游人才；具备文物保护、修复、鉴定等专业知识和技能的文化遗产保护和修复人才；能够制定营销策略，推广文化产品和服务，提高企业市场竞争力的市场营销人才；熟悉数字媒体、VR、AR等技术，能够推动文化产业数字化转型的数字技术人才；具备企业管理、项目管理、团队协作等能力，能够有效组织和运营企业的管理人才。总之，服务首都文化中心功能的企业需要各类专业技能人才的支持，以推动文化产业的发展，提升北京作为文化中心的地位。

（3）服务首都国际科技创新中心功能的企业

服务首都国际科技创新中心功能的企业的发展目标是为科技创新提供全方位的支持和服务，促进科技成果转化和产业化，提升科技创新的效率和质量，推动国际科技创新中心的建设。面向高精尖产业发展需求，重点布局“三城一区”、城市副中心，形成5个以上定位清晰、布局合理、协同发展的产业集聚区，建成一批专业化、集成化、市场化的综合服务平台，培育一批行业龙头企业，形成一批科技服务新业态、新模式，塑造北京市的科技服务品牌，力争到2025年科技服务业实现营业收入超过1.25万亿元，这是科技服务业短期发展目标。

科技服务业企业包括：聚焦技术转移机构、科技孵化器、科技加速器等，帮助科技成果实现产业化的科技成果转化服务企业；包含银行、投资机构、保险机构等为科技创新提供资金支持的科技金融企业；为科技创新提供专业的科技咨询、知识产权咨询和服务的科技咨询企业；为科技创新提供孵化器、为人员创业提供众创空间、为创业投资机构提供支持和服务的创新创业服务企业；以科技资源共享平台运营商、科技数据服务提供商等形式出现，促进科技资源共享和利用的科技资源共享平台企业；助力国际科技合作交流、跨国技术转移的国际科技合作与交流企业。

这些企业需要的技能支撑人才包括：熟悉科技政策和市场动态，能够为企业提供科技咨询和战略规划服务的科技咨询师；具备技术转移和商业化的专业知识和经验，能够促进科技成果转化和应用的技术转移专家；熟悉知识产权法律法规，能够为企业提供知识产权保护和管理服务的知识产权专家；包括风险投资家、银行家、证券分析师等，能够为科技企业提供融资和金融服务的金融人才；具备创新思维和创业精神，能够创办和经营科技企业的创新创业人才；具备良好的跨文化交流能力，能够参与国际科技合作与交流的国际合作人才；具备科技项目管理、团队管理和资源整合能力，能够有效组织和协调科技创新活动的科技管理人才；擅长数据分析和挖掘，能够从海量数据中提取有价值的信息，为决策提供支持的数据科学家。总之，建设国际科技创新中心需要各类企业的协同支持，同时也需要多种技能人才的共同支撑，以实现科技创新的可持续发展和国际竞争力的提升。

（4）服务首都国际交流中心功能的企业

服务首都国际交往中心功能的企业的发展目标是提升北京在国际交往中的影响力和吸引力，打造具有国际一流水平的服务环境，为国际交往活动提供全方位、高质量的服务支持。支撑服务类企业包括：负责组织和承办国际会议、展览等活动的国际会议和展览企业；包括旅行社、酒店、景区等，提供国际旅游服务的国际旅游企业；包括律师事务所、会计师事务所、咨询公司等，提供专业商务服务的国际商务服务企业；与国际知名教育机构合作办学或开展培训活动的国际教育和培训机构；具备国际医疗服务能力和水平的医院和医疗机构；包括国际航空公司、物流公司等，从事国际文化交流、创意设计、文化演出等活动的国际文化创意企业；提供国际交通和物流服务的国际交通和物流企业。

这些企业需要的技能人才：具备流利的外语表达和翻译能力，能够为国际交往活动提供语言支持的语言翻译人才；熟悉国际商务规则和礼仪，具备商务谈判、项目管理等能力的国际商务人才；具备专业旅游知识和服务技能，能够提供优质旅游服务的人才；熟悉国际法律法规和会计准则，能够为企业提供专业的法律和会计服务的人才；具备国际医疗水平和专业技能，能够为国际人士提供高质量医疗服务医疗专业人才；具备创意设计、文化策划等能力，能够推动国际文化交流和创意产业发展的文化创意人才；熟悉国际交通和物流规则，具备运营、管理和技术创新能力的交通和物流专业人才；具备国际前沿的科技知识和创新能力，能够参与国际科技创新合作的科技创新人才；具备市场推广和公关能力，能够提升企业国际知名度和影响力的市场营销和公关人才；具备跨文化沟通和理解能力，能够促进国际间的文化交流与合作的跨文化交流人才。总之，服务首都国际交往中心功能的建设需要各类企业协同发展，同时需要多种技能人才的支持，以提升北京在国际交往中的地位和影响力。

（5）金融服务业企业

根据北京市“十四五”规划，金融服务业的发展目标是建设与大国首都地位相匹配的现代金融体系，巩固提升北京作为国家金融管理中心的地位，打造具有全球影响力的金融科技创新中心和绿色金融国际中心。金融服务业的发展思路是强化金融监管协调，防范化解金融风险，维护金融稳定；推动金融科技创新，加强金融科技基础设施建设，培育金融科技产业生态；加快绿色金融发展，完善绿色金融标准，推动绿色金融产品和服务创新；支持金融机构拓展业务，优化金融资源配置，服务实体经济发展；加强金融开放合作，吸引国际金融机构和金融人才，提升金融国际化水平。需要发展的金融类企业有：能在金融资源配置和业务创新方面发挥引领作用的国有商业银行、股份制银行、保险集团等大型金融机构总部；服务科技发展的金融科技初创企业、金融科技平台企业，以及推动金融业务数字化转型和创新的金融科技企业；促进经济绿色转型，专注于绿色信贷、绿色债券、绿色基金等业务的绿色金融企业；为高净值客户提供个性化的财富管理服务，满足多样化投资需求的财富管理企业或机构；提升金融服务效率和安全性，开展金融数据服务、支付清算等金融基础设施的企业。

这些企业需要以下技能人才提供支撑：能够准确识别、评估和控制各类金融风险的金融风险管理人才；包括数据科学家、算法工程师、区块链开发人员等，具备融合金融与科技专业知识和技能的金融科技人才；熟悉绿色金融标准和政策，能够开展绿色金融产品设计和评估的绿色金融专业人才；具备丰富的投资知识和经验，为客户提供精准财富规划和投资建议的财富管理顾问；能够对海量金融数据进行分析和挖掘，为决策提供支持的金融数据分析人才；熟悉国际金融市场规则和业务流程，具备跨文化沟通和合作能力的国际金融业务人才；确保企业的金融业务符合法律法规和监管要求的金融合规与法律人才；能够根据市场需求和政策导向，设计新颖的金融产品和服务的金融产品创新人才。

（6）物流服务业企业

根据北京市“十四五”规划，物流服务业的发展目标是打造服务品质优、创新能力强、高效集约、绿色智慧的物流服务体系，助力北京市现代产业体系建设，提升产业竞争力和经济运行效率。加强物流基础设施建设，促进物流与新一代信息技术深度融合，发展智慧物流、共享物流等新模式，优化物流服务流程，提高物流服务的标准化、专业化水平；推广使用新能源物流车辆，加强绿色包装和绿色仓储应用的发展思路，重点发展的企业包括：运用大数据、人工智能、物联网等技术实现物流运作智能化和自动化的智慧物流企业，如京东物流、菜鸟网络等；保障生鲜食品、医药产品等特殊货物品质和安全的冷链物流企业，如顺丰冷链、荣庆物流等；满足跨境电商快速增长的物流需求的跨境电商物流企业，如递四方、纵腾集团等；为制造业、商贸业等提供从采购、生产到销售的全链条物流解决方案的供应链一体化服务企业，如怡亚通、普洛斯等；整合城市物流资源，提高配送效率，降低物流成本的城市共同配送企业，如北京快行线冷链物流等。

这些企业需要以下技能人才提供支撑：精通物流信息系统开发、数据分析和网络安全维护的物流信息技术人才；具备优化物流流程、提高物流服务效率和降低成本能力的物流运营管理人才；能够设计和优化供应链网络，提升供应链敏捷性和弹性的供应链规划人才；掌握冷链设备操作、温控技术和冷链物流质量管理能力的冷链物流技术人才；熟悉国际贸易规则、海关政策和跨境物流运作流程的跨境物流业务人才；具备开拓市场、维护客户关系和推广物流服务品牌能力的物流市场营销人才；了解绿色物流理念和技术，推动企业实施绿色物流措施的绿色物流专业人才。

首都产业布局对技能发展的需求呈现出国际化、高端化、专业化、复合化、创新化的特点。为了实现产业发展目标，需要不断优化技能人才的比例结构，加大培养和面向国内外引进人才的力度，提高技能人才的整体素质和创新能力，以适应产业快速发展和创新突破的需求。尤其是在《中共北京市委关于深化首都人才发展体制机制改革的实施意见》《关于加强新时代首都高技能人才队伍建设的实施方案》的指导下，政府、企业、教育机构等各方应加强合作，共同推动技能人才培养、管理、使用、服务体系的完善和发展，为北京市未来产业发展提供坚实的人才支撑。

二　天津市职业技能发展需求

“十四五”期间，加快推进京津冀协同发展，加快构建现代化经济体系，加快完善现代化大都市治理体系，努力实现“一基地三区”功能定位，打造国内大循环的重要节点、国内国际双循环的战略支点，为全面建设社会主义现代化大都市开好局、起好步是天津市发展的核心目标。围绕这个目标，在各项事业发展中坚持新发展理念，紧扣高质量发展主题，坚持改革创新动力，坚持以满足人民群众日益增长的美好生活需要为根本目的，聚焦京津冀协调发展的重大政治任务，牢牢抓住历史性发展机遇，主动服务北京非首都功能疏解，主动服务雄安新区建设，主动对接京津冀世界级城市群建设，增强服务辐射功能，通过一系列的产业发展、科技发展规划擘画了第一、第二、第三产业发展的新格局，每一个产业技能发展面临着新的需求。

（一）产业对职业技能人才的需求

1. 第一产业对技能人才的需求

天津市坚持农业农村优先发展，以乡村振兴战略为总抓手，统筹推进产业振兴、人才振兴、文化振兴、生态振兴、组织振兴，推进乡村产业现代化、生态现代化、生活现代化、文化现代化、治理现代化，建设美丽乡村、美丽田园、美丽庭院。在发展上坚持走质量兴农、科技兴农之路，深化农业供给侧结构性改革，构建现代都市型农业生产体系、产业体系、经营体系，不断提高农业综合效益和竞争力。第一产业的发展目标是到2025年，农业亩均综合效益达8 000元以上；新建高标准农田100万亩（100万亩≈6.67万公顷，为保持数据原貌，后统一使用万亩）；设施农业面积达到100万亩、蔬菜播种面积达到100万亩；做优现代畜牧业和绿色渔业，生猪存栏达到200万头，水产养殖面积达到100万亩；培育200家较大规模的农业产业化龙头企业、20个农业产业化联合体；创新发展都市型休闲农业和乡村旅游，加快培育农村三产融合新载体；加强粮食储备和流通能力建设，推进农产品交易和仓储保鲜冷链物流设施建设，构建产销地、集散地相衔接的农产品批发市场体系；完善重要民生商品价格调控机制，保障市场供应和价格总体平稳。

在第一产业中发展的具体产业领域：（1）大力发展现代种业，实施现代种业提升工程，完善提升一批良种繁育基地，创新选育一批具有自主知识产权的优良品种，夯实粮食安全的种子基础；（2）扩大设施农业，加强基本保障型蔬菜生产功能区和特色农产品优势区建设，设施农业面积达到100万亩、蔬菜播种面积达到100万亩；（3）做优现代畜牧业，生猪存栏达到200万头；（4）做优绿色渔业，水产养殖面积达到100万亩；（5）推动优质精品农产品加工，加强粮食储备和流通能力建设，推进津农产品交易和仓储保鲜冷链物流设施建设，构建产销地、集散地相衔接的农产品批发市场体系；（6）都市型休闲农业和乡村旅游：创新发展都市型休闲农业和乡村旅游，加快培育农村三产融合新载体。

第一产业中重点产业领域需要的技能人才：（1）需要具备农业科研能力、生物技术知识，能够进行良种繁育和品种选育的专业人才以及掌握先进遗传育种技术，拥有创新能力和自主知识产权保护意识的现代种业人才；（2）需要精通设施农业建设和管理以及蔬菜种植技术的人才，包括懂得温室环境调控、病虫害防治、土壤改良等技术的专业人员等设施农业人才；（3）需要畜牧兽医专业人才，熟悉生猪养殖管理、疫病防控、饲料营养等方面知识的现代畜牧业人才；（4）需要水产养殖专业人才，包括掌握水产养殖技术、水质监测与调控、水产品疾病防控等技能的绿色渔业人才；(5) 需要能够加强粮食储备和流通的物流管理、仓储保鲜、农产品营销等方面的人才，推进农产品交易和冷链物流设施建设等的农产品加工流通人才；(6) 需要能够创新发展模式，培育新的融合载体，吸引游客，推动产业发展的旅游规划与开发、市场营销、活动策划等方面的人才。总体而言，天津市第一产业的重点发展领域需要多方面的技能人才，包括农业科研、种植养殖、物流管理、市场营销、旅游规划等方面的专业人才，以推动第一产业的高效、可持续发展。

2. 第二产业对技能人才的需求

在第二产业方面，天津市坚持把发展经济着力点放在实体经济上，着力构建“1+3+4”的现代工业产业体系，建设制造强市。坚持制造业立市，大力引育新动能，推进产业基础高级化、产业链现代化，加快制造业高端化、智能化、绿色化、服务化发展。在发展目标上，到2025年，新一代信息技术形成5 000亿级产业集群，装备制造、汽车制造、石油化工分别形成3 000亿级产业集群，新材料、现代冶金、轻工纺织分别形成2 000亿级产业集群，生物医药、新能源分别形成1 000亿级产业集群，航空航天产业形成500亿级产业集群；制造业增加值占地区生产总值的比重达到25%，工业战略性新兴产业增加值占规模以上工业增加值比重达到40%。

在发展思路上，坚持制造业立市，大力引育新动能，推进产业基础高级化、产业链现代化，加快制造业高端化、智能化、绿色化、服务化发展。具体来说，强化制造业战略支撑，培育战略性新兴产业，改造提升传统优势产业，壮大新动能底盘，巩固工业发展基本盘；增强制造业核心竞争力，实施产业基础再造工程，提升工业基础能力；实施优质企业梯次培育工程，打造“专精特新”中小企业，培育制造业单项冠军企业和具有生态主导力的领航企业；提升产业链、供应链现代化水平，聚焦重点产业和关键领域，构建自主可控、安全高效的产业链，促进产业链、创新链、价值链协同跃升。大力发展智能科技产业，以人工智能产业为核心，以新一代信息技术产业为引领，以信创产业为主攻方向，以新型智能基础设施为关键支撑，全力打造人工智能先锋城市；培育壮大新兴产业，巩固提升生物医药产业，扩大锂离子电池产业优势，加快氢能产业布局，大力发展新材料产业；巩固提升优势产业，重点发展智能装备、轨道交通装备和海洋装备，提升汽车产业，着力发展高端化工、精细化工，推进航空航天产业发展；优化发展传统产业，推动冶金、轻纺等传统产业高端化、绿色化、智能化升级；推动新一代信息技术与制造业深度融合，实施智能制造赋能工程，培育智能制造系统解决方案供应商，推动企业加快应用智能制造新模式；加快先进制造业与现代服务业深度融合，促进业态和模式创新，实现技术、产品、服务、载体、链条深度融合；促进军民融合深度发展，推进军民产业融合、技术融合、智力融合，增强国防建设与经济发展的双向支撑和拉动作用。

第二产业中重点发展的具体产业领域：(1) 新一代信息技术产业，重点发展集成电路、基础软件、应用软件、终端设备、网络安全等产业，打造基础坚实、技术领先、创新活跃、生态兼容的信创产业发展高地。(2) 智能科技产业，以人工智能产业为核心，推动建设国家先进操作系统创新中心，构筑全国领先的信创产业基地。(3) 生物医药产业，巩固提升化学药和现代中药优势，加快培育生物药、高端医疗器械、智慧医疗与大健康等新兴产业。(4) 新能源产业，扩大锂离子电池产业优势，加快氢能产业布局。(5) 新材料产业，大力发展新一代信息技术材料、高端装备材料和前沿新兴材料等重点领域。(6) 装备制造产业，重点发展智能装备、轨道交通装备和海洋装备，培育一批高档数控机床、工业机器人等标杆企业。(7) 汽车制造产业，坚持电动化、网联化、智能化发展方向，提升关键零部件本地配套率。(8) 石油化工产业，着力发展高端化工、精细化工，延伸产业链，提高产品附加值。(9) 航空航天产业：重点发展飞机关键配套协同、直升机研发维修应用、无人机研发制造应用、火箭和航天器等领域。

第二产业中重点产业领域需要的技能人才：新一代信息技术技能人才（需要具备较强的编程能力、算法设计能力和系统集成能力，能从事集成电路设计与制造、基础软件和应用软件开发、网络安全技术等工作的专业人才）、智能科技人才（需要具备人工智能算法研发、数据分析和应用开发能力的人工智能算法工程师、机器学习工程师、数据科学家、智能控制工程师等人才）、生物医药人才（需要具备药学、生物学、医学等相关专业知识和实验技能的药物研发人员、医疗器械研发和制造人员、生物制药工程师、医药注册专员等）、新能源人才（需要熟悉新能源技术研发、应用和推广的新能源研发工程师、能源存储与管理工程师、氢能技术专家等人才）、新材料人才（需要具备材料科学与工程专业知识，能够进行新材料研发和应用的材料科学家、材料工程师、研发实验员等）、装备制造人才（需要具备机械设计、制造、自动化控制等技能的机械工程师、电气工程师、自动化工程师、数控技术人才）、汽车制造人才（需要熟悉汽车设计、制造、检测和维修等有关工作内容的汽车研发工程师、汽车电子工程师、汽车制造工艺工程师、汽车检测与维修技术人员等）、石油化工人才（需要具备化学工程、化工工艺和安全环保等方面知识和技能的化工工程师、工艺工程师、安全环保工程师等），航空航天人才（需要具备航空航天领域专业知识和技术能力的航空航天工程师、飞行器设计与制造人员、航空电子工程师、航天测控技术人员等）。综上所述，天津市第二产业重点发展领域需要各类专业技能人才，包括但不限于信息技术、智能制造、生物医药、新能源、新材料、装备制造、汽车制造、石油化工、航空航天等领域的专业人才，以支撑这些产业的发展和升级。

3.第三产业对技能人才的需求

天津市围绕“一基地三区”的城市定位，着眼打造国内大循环的重要节点、国内国际双循环的战略支点，以推动高质量发展为主题，以深化供给侧结构性改革为主线，以推动形成强大内贸市场、促进更高水平开放为目标，以改革创新、结构调整、动能转换为根本路径，着力构建与现代化大都市地位和满足人民美好生活需求相适应的内贸流通体系，着力构建宽领域、多层次、全方位开放型经济新体制，推动形成体现天津市城市定位的商务高质量发展新格局，为全面建设社会主义现代化大都市开好局、起好步作出新贡献。天津市聚焦的产业领域：一是加快建设国际消费中心城市和区域商贸中心城市，构建现代商务经济体系，推动商务高质量发展；二是强化金融服务实体经济功能，推进金融创新运营示范区建设；三是发展壮大科技服务业，加强科技成果转化和产业化；四是推动文化事业和文化产业繁荣发展，增强城市文化软实力；五是提升教育、医疗、养老等领域公共服务水平，满足人民群众美好的生活需要。第三产业的目标：到2025年，社会消费品零售总额突破4 500亿元，商品销售总额突破4万亿元；五年实际利用外资总额超过260亿美元，基本形成以高技术产业、高品质服务供给、高能级投资主体为特征的利用外资格局；初步建成国际消费中心城市、区域商贸中心城市；金融业增加值占地区生产总值比重达到10%以上；科技服务业营业收入达到5 500亿元；文化产业增加值占地区生产总值比重达到5.5%。

作为第三产业发展重点领域的商贸服务业，共有四个重点建设的子产业领域，每个领域都需要独特的技能人才支撑。一是国际消费中心城市建设：培育地标性商业街区，加快消费市场建设，发展品牌消费、首店经济、免税购物，推动出口企业拓展内销市场网络，打造引领消费市场的风向标，打响“购天津”活动品牌，培育网红“打卡地”，加快建设“美食之都”，深入开展老字号振兴行动。上述产业发展需要的大量通晓国际经贸规则的创新型商务领军人才和国际化复合型高端商务人才。二是区域商贸中心城市建设：推进行业数字化，组织实施一批数字化示范项目，加快推广依托数字化应用的新商业模式和业态；推进行业集约化，引导综合消费品批发市场向展贸中心转型，支持农产品批发市场打造全链条冷链配送体系，加快批发市场、菜市场等领域连锁经营布局；推进行业标准化，以标准化托盘循环共用为切入点，推动物流标准化应用扩面提质，加强冷链物流储运销标准在京津冀地区的推广应用，推动商业零售行业、住宿餐饮业、再生资源回收业等生活服务业经营服务标准化规范化建设。上述产业发展需要具备数字化应用、供应链管理、冷链物流、商业管理等领域相关知识和技能的人才。三是北方会展中心城市建设：建设功能强大的会展产业集聚区，全方位推进会展服务经济发展新高地、环渤海湾区会展经济核心承载区、全国会展产业创新发展领航区建设；引育品牌化、国际化展会活动，以世界智能大会、夏季达沃斯论坛为标杆，筹划常年在津举办、具有较大影响力的国际性展会。上述产业发展需要具备会展策划、组织、运营、营销等领域专业知识和技能的人才。四是完善便民消费服务体系：优化城市消费网络布局，完善菜市场规划布局，发展综合型社区商业中心、智慧型邻里中心，推动品牌连锁便利店进社区；推进农村消费网络建设，推动邮政、快递企业增开农村物流配送线路，建设农村电子商务快递物流公共服务站点，实施农村集贸市场提升工程；打造便民消费新场景，拓展“无接触”消费模式，加快传统商业数字化转型，提升餐饮服务智能化。上述产业发展需要具备电子商务、物流配送、数据分析等领域相关技能的人才，以适应消费服务体系的数字化转型需求。

金融服务业是天津市第三产业服务天津发展的重要支撑。金融服务业要强化金融服务全国先进制造研发基地建设，服务北方国际航运核心区和改革开放先行区建设，提升金融服务“津城”“滨城”双城发展功能，优化跨境业务推动外循环发展，打造国际一流的国家租赁创新示范区，推动企业利用资本市场直接融资，提升股权投资机构直接融资服务功能，大力发展普惠金融，加快发展绿色金融，科技赋能推动金融业数字化转型发展，增强地方金融监管力度，坚决防范系统性金融风险，聚集吸引金融服务类优秀人才，持续优化营商环境，强化前瞻性金融研究。金融服务业需要能够对制造业、航运业、跨境金融、产业链进行行业分析与研究，能够准确对项目、投资进行分析和决策，对金融资本运行过程进行风险评估、检测和监控，根据服务制造业、航运业和服务双城发展设计股权、债券、信托等融资性金融产品，开展跨境投融资、外汇交易、国际结算等活动的金融营业人员，以及对金融机构具备管理和运营能力，提升法人金融机构国际竞争力和影响力的经营管理人才和领导人才。除此之外，金融服务业还需要大量与绿色金融和科技金融有关的碳交易、金融大数据分析、区块链、人工智能等领域专业人才。

作为创新链的主体构成，科技服务业的科技创新程度关系到产业链在全球产业中的位置，影响到产业在价值链中所创造的价值。科技服务业是创新主体，是科研创新转化和应用的主要力量，而科研院所和学院是创新的源泉，开展了基础和技术研究，为企业提供技术和创新思路支持。科技服务业进行整体布局。一是着力提升创新策源能力，包括布局建设重大科技创新平台和基础设施，筹建海河实验室，增强原始创新能力，全面提升自主创新能力。二是完善创新体系，强化企业创新主体地位，提升高校院所创新能力，优化科技创新平台体系布局。三是推进科技成果转化及支撑体系建设，全面推动大学科技园建设，着力推动产业技术研究院建设，推动科技成果转化支撑区域经济发展。四是强化以京津冀为引领的开放协同创新，融入京津冀科技创新体系，推动建设区域创新网络，推动区域创新链和产业链深度融合，加强国内外开放创新。五是构筑人才聚集高地，大力引聚海内外高端人才，加强多层次人才培养，充分激发人才活力，持续优化人才环境。六是营造优良的创新生态，完善科技宏观管理体系，完善科技项目管理机制，优化科技创新环境。科研创新服务业的发展需要下列人才：具备扎实的科学理论基础，掌握前沿的科研方法和技术，能够在基础研究、应用研究等领域开展创新性研究工作，力争在关键核心技术上取得突破的科研人才；熟悉相关科技领域的技术发展趋势，具备较强的技术研发能力，能够推动科技成果转化和应用，为产业发展提供技术支持的技术研发人才；具有创新思维和创新能力，能够在科技研发、产品设计、商业模式开发等方面提出新想法和解决方案的创新型人才；了解科技政策和法规，具备科技项目管理、科技资源调配、科研团队组织等能力，能够有效推动科技创新活动开展的科技管理人才；熟悉金融和科技领域的知识，能够将科技手段应用于金融服务中，推动金融科技发展，为科技企业提供金融支持的金融科技人才；掌握知识产权相关法律法规，具备知识产权保护、管理和运营的能力，能够为科技创新成果提供知识产权保护和运用支持的知识产权人才；能够为科技企业提供全方位服务，促进科技成果转化和产业化的科技服务人才（包括科技咨询、技术转移、科技孵化等方面的人才）。

天津市的文旅产业是与其他产业融合发展的。天津市文旅产业的发展目标：到2025年，文化和旅游高质量发展格局初步形成，文化产业和旅游业成为经济支柱性产业，文化软实力显著增强，人民精神文化生活更加丰富。文旅产业中重点发展的方面：自然景区、人文景区、主题公园等的开发、建设和运营管理；包括旅行社、酒店、餐饮、交通等方面的旅游服务；包括戏剧、音乐、舞蹈、杂技等各种文化表演活动的文化演艺；对历史文化遗迹、文物、非物质文化遗产等进行保护、修复和开发利用的文化遗产保护与利用；设计、生产和销售具有地方特色的旅游纪念品、工艺品、土特产等的旅游商品开发；包含但不限于农家乐、乡村民宿、农业观光等的乡村旅游。

物流服务业以北方国际航运核心区建设为引领，高水平建设国家进口贸易促进创新示范区，着力打造能源资源类商品、先进技术设备和关键零部件、消费品三大进口集散地。发展汽车保税仓储和转口保税增值服务，培育引进肉类、酒类、水果、水海产品等一批进口贸易促进平台，拓展平台展示、交易、撮合、融资等功能，打造进口食品全产业链基地。为提高物流服务业的现代化水平和效率，需要具备物流管理、国际贸易、供应链管理等知识和技能的人才，包括物流师、报关员、货代员、供应链管理师等。

（二）企业对技能人才的需求

1.第一产业的企业对技能人才的需求

天津市第一产业的企业发展按照“强二、促一、带三”的思路，以“基在农业、利在农民、惠在农村”为方针，以市场需求为导向，以促进农业提质增效、农民就业增收和激活农村发展活力为目标，以技术、体系和商业模式创新为动力，以新型农业经营主体为支撑，以保障农民分享二、三产业增值收益为核心，强化农产品加工业等供给侧结构性改革，集聚科技资源，着力推进全产业链和全价值链科技创新。天津市的第一产业中存在多种类型的企业，不同类型的第一产业企业所需要的技能人才类型也有所不同：种植企业可能需要具备农业种植知识和技能的人才，包括熟悉各类农作物生长习性、种植技术，能够进行科学种植和田间管理的专业人员；需要推动种植技术的创新和改进的农业技术研发人才。养殖企业需要掌握动物养殖、疫病防治等方面知识和技能的养殖专业人才；需要负责饲料配方研发和优化，以提高养殖效益的动物营养专家。农产品加工企业则对食品加工技术人才有需求，这些人才需要了解农产品加工工艺和流程，能够进行产品研发和质量控制；需要具备机械操作和维护技能的人员，以保障加工设备的正常运行。涉及农业科技创新的企业，需要能够开展新品种培育、新技术研发等工作的农业科研人才；需要了解市场需求和趋势，制定营销策略以便将农产品推向市场的市场分析和营销人才。第一产业的发展需要各类技能人才的协同合作，以推动农业的现代化、产业化和可持续发展。同时，随着科技的不断进步和市场的变化，企业对技能人才的要求也在不断更新和提高，相关人才需要持续学习和提升自己的专业能力。

2.第二产业的企业对技能人才的需求

为深入落实创新驱动发展战略，加速新旧动能转换，加快高成长企业梯度培育，支撑全市经济高质量发展，落实制造业强市，天津市针对重点发展的十二条产业链制定了《天津市雏鹰企业、瞪羚企业、科技领军企业和科技领军培育企业评价与支持办法》。其中，雏鹰企业、瞪羚企业、科技领军企业和领军培育企业的具体划分标准如下：雏鹰企业是指注册时间8年以内（但不含评价当年），上一年度营业收入不低于10万元，具有较强的创新能力，技术新、模式新，未来具有较高发展潜力的初创企业。截至2024年7月，全市有2 920家企业通过天津市雏鹰企业评价入库，例如，天泰智新（天津）科技有限公司、天津博雅时空科技有限公司、天津跨境供应链管理有限公司。瞪羚企业是指注册时间不超过20年，上一年度营业收入正增长，近4年营业收入复合增长率达到20%，进入爆发式增长阶段的创新型企业。截至2024年7月，全市有285家企业通过天津市瞪羚企业评价入库，例如，天津正丽科技有限公司、美新半导体（天津）有限公司、天津云遥宇航科技有限公司。科技领军企业是指上一年度主营业务收入达到5亿元以上，研发投入强度达到3%，近3年主营业务收入正增长，拥有核心自主知识产权，在行业内具有引领力和示范性的企业。领军培育企业上一年度主营业务收入需要达到2亿元以上，其他要求与科技领军企业相同。截至2024年7月，天津市科技领军（培育）企业达到270家，如天津市地质工程勘测设计院有限公司、天津泰达滨海清洁能源集团有限公司、南开区际华三五二二装具饰品有限公司、嘉思特医疗器材（天津）股份有限公司等皆在此列。

在天津市 12 条重点产业链中，不同产业的雏鹰、瞪羚、领军企业需要的技能人才有其产业特殊性，但从企业生存和成长需求来看，又有共同性。雏鹰企业是初创期企业，需要生存下来，需要具备创新精神、市场敏锐度和较强学习能力的技能人才，例如产品研发人员、市场营销专员等，以推动企业技术创新和市场拓展。瞪羚企业是度过生存期，进入发展期的企业，需要各类中高端技能人才，如技术研发骨干、市场营销精英、运营管理人才等，以支持企业快速发展和市场扩张。科技领军企业已经处于产业领先位置，对技能人才的要求较高，往往需要顶尖的科研人才、技术专家、高级管理人才、国际化人才等，以保持企业在技术创新、市场竞争和战略管理等方面的领先地位。领军培育企业则是具有成长为新领军企业潜力的企业，需要优秀的科研人员、技术人才和管理人才等，以逐步提升企业的实力和竞争力，向科技领军企业发展。

3.第三产业的企业对职业技能人才的需求

天津市第三产业的企业鼓励在技术、产品、服务、商业模式等方面进行创新，通过第三产业与其他产业的融合拓展业务领域和发展空间，提高服务水平，增强客户满意度和忠诚度，打造具有影响力和知名度的品牌。批发和零售业：如天津劝业场，这类企业需要的技能人才包括市场营销人员、采购员、销售代表等，他们需要具备市场分析、销售技巧、采购谈判以及客户服务等方面的能力。交通运输、仓储和邮政业：如天津港相关企业所需的技能人才有物流管理人员、港口运营人员、货运司机等，他们需要掌握物流规划、仓储管理、运输调度以及相关设备操作等技能。住宿和餐饮业：如一些知名酒店或餐饮连锁企业，需要酒店管理人才、厨师、服务员等，他们需要具备酒店管理知识、烹饪技能、服务礼仪以及沟通协调能力。金融业：银行、证券、保险等金融机构，需要金融分析师、投资顾问、风险管理人员等专业人才，这些人才要熟悉金融市场，具备财务分析、风险评估和投资决策等方面的专业知识。软件和信息技术服务业：如软件开发企业，需要软件工程师、程序员、测试人员等，他们应掌握编程语言、软件开发工具应用、系统设计与测试等技术。租赁和商务服务业：如会议展览公司、广告公司、人力资源服务企业等，以会议展览公司为例，需要会展策划师、项目经理、营销专员等，他们要具备活动策划、项目管理、市场推广以及良好的沟通协调能力。文化、体育和娱乐业：如影视制作公司、健身房、游乐场等。影视制作公司需要编剧、导演、演员、后期制作人员等，他们需在创意构思、表演艺术、影视制作技术等方面有一定专长；健身房则需要健身教练，需掌握专业的健身知识和技能，能够为客户提供个性化的健身指导；游乐场需要设备维护人员、管理人员等，以确保游乐设施的安全运行和良好的游玩体验。需要注意的是，不同企业在具体岗位设置和技能要求上可能会有所差异，而且随着市场和技术的发展，对人才的需求也在不断变化。企业通常会根据自身的业务特点和发展需求，来确定所需技能人才的具体类型和要求。

总体而言，天津市的产业布局对高端技能需求增长迅猛，跨学科融合技能受青睐，创新能力至关重要，数字技能成为必备能力，绿色技能凸显，技能需求呈现了多元化、高端化、创新化的特点，雏鹰、瞪羚、领军企业对高端技能需求侧重点有所不同，但总的来看，当前技能人才的比例结构与天津市产业发展目标还不相称，与产业发展需求还存在一定的差距，需要进一步加强技能人才培养、引用、服务体系建设，优化技能人才结构，以满足未来产业发展对技能人才的需求。

三　河北省职业技能发展需求

（一）产业对职业技能发展的需求

河北省坚持调优存量、做强增量、挖掘潜量，促进传统产业高端化、智能化、绿色化，巩固钢铁、装备制造等传统优势产业领先地位，加快推进战略性新兴产业、未来产业发展，培育新技术、新产品、新业态、新模式，推动产业链变革、供应链重构、创新链重塑、价值链升级，打造以先进制造业为核心、现代服务业和现代农业为两翼的现代产业体系，打造具有全球影响力的先进制造业基地。发展目标：到2025年，产业基础高级化、产业链现代化水平大幅提升，实体经济和先进制造业、数字经济加快发展，制造业增加值占GDP比重稳定提升，战略性新兴产业增加值占规模以上工业增加值比重达到20%左右。

1.第一产业对技能人才的需求

河北省第一产业旨在打造京津冀区域的优质农产品供应保障基地，推动农业产业现代化、绿色化、融合化发展，提升农业产业的综合竞争力和可持续发展能力，助力乡村振兴战略的有效实施。发展思路：以保障农产品供给安全为基础，稳定粮食生产，优化种植结构，确保农产品产量和质量双提升；突出特色优势，培育壮大特色农业产业，打造知名品牌，提高市场竞争力；强化科技创新引领，推动农业数字化、智能化发展，提高农业生产效率和管理水平；促进产业融合，延伸农业产业链条，发展农产品精深加工、休闲农业、农村电商等新业态；加强生态保护，推广绿色生产方式，实现农业资源的可持续利用。发展目标：粮食和重要农产品供给保障能力持续增强，粮食产量稳定增长，农产品质量和安全水平显著提高；特色农业产业规模不断扩大，品牌影响力明显提升；农业科技创新能力大幅提高，农业科技进步贡献率显著上升；农村一、二、三产业融合发展取得明显成效，农产品加工业产值与农业总产值比值进一步提高；农业生态环境明显改善，农业资源利用更加高效。

第一产业内具体的产业领域：确保粮食稳产高产，优化品种结构，提高粮食生产机械化和标准化水平的粮食产业；发展设施蔬菜、绿色蔬菜，打造具有特色蔬菜品牌的蔬菜产业；推进标准化规模养殖，加强动物疫病防控，发展优质畜禽产品的畜牧产业；培育优质水果品种，加强果园管理，提升水果品质和附加值的水果产业；推进道地中药材规范化、规模化种植，发展中药材加工产业的中药材产业；推进花卉种植、花卉观光等业态的花卉产业；提升农产品加工深度和精度，开发多样化产品的农产品加工业；推进淡水养殖、海洋渔业，加强渔业资源保护和增殖放流的渔业；结合农业生产、农村文化，发展农事体验、乡村民宿等的休闲农业与乡村旅游；应用农产品电商平台，拓展农产品销售渠道的农村电商。第一产业对应的发展领域需要的技能人才：农业生产技术研究人才、农业机械操作与维修技能人才、农产品质量检测与安全控制技能人才、市场营销与品牌推广技能人才、农业企业管理技能人才、农业科技创新与应用人才、熟悉电子商务与物流配送的技能人才。

2. 第二产业对技能人才的需求

（1）传统产业

钢铁产业领域坚持减量绿色发展方向，推动工艺技术装备升级、产品质量上档次、节能减排上水平，支持企业兼并重组，促进产能向沿海和铁路沿线地区适度聚集，加强国际产能合作，重点建设唐山、邯郸精品钢铁产业集群和曹妃甸区等临港钢铁产业基地，打造具有全球话语权的钢铁产业链集群。这些产业集群需要如下技能人才：钢铁冶金工程师（具备钢铁生产工艺优化、节能减排技术应用的能力，熟悉钢铁冶金原理和工艺流程，能够进行钢铁生产技术改进和创新）；智能制造工程师（掌握智能制造技术，如自动化控制系统、工业机器人操作与编程等，能够推动钢铁产业的智能化升级）；国际商务专员（具备国际贸易知识和跨文化沟通等能力，能够参与国际产能合作，拓展国际市场）。

装备制造产业领域坚持承接引进与自主创新并重，做大做强先进轨道交通装备、智能装备、节能与新能源汽车等，完善协作配套体系，推动企业由装备制造商向综合解决方案提供商转变，重点建设保定、沧州、张家口先进汽车产业基地，唐山轨道交通和机器人制造基地，保定智能网联汽车示范基地，邯郸高档数控机床和农机基地，打造具有国际影响力的装备制造产业链集群。装备制造产业领域需要如下技能人才：精通机械设计与制造技术，能够进行装备研发、设计和制造的机械工程师；掌握自动化控制技术，熟悉工业机器人编程与调试，能够推动装备制造自动化和智能化的自动化工程师；具备汽车制造技术，包括整车设计、新能源汽车技术等，能够参与汽车产业发展的汽车工程师；熟悉轨道交通装备技术，如列车设计、轨道工程等，能够为轨道交通产业提供技术支持的轨道交通工程师。

石化产业领域坚持完善链条、节约集聚、绿色安全，做优做强石油化工，延伸煤化工产业链条，有序发展盐化工，大力发展精细化工，加快石化园区建设，推动产业向沿海转移、向园区聚集，加快行业由原料型向材料型转变，重点建设曹妃甸石化、渤海新区合成材料、石家庄循环化工、邢台盐化工等产业基地，打造世界一流的绿色石化产业链集群。石化产业领域需要的职业技能人才：具备化工工程技术，熟悉化工工艺设计、化工设备操作与维护，能够进行石化产业生产和管理的化工工程师；掌握绿色化工技术，了解环保工艺和资源循环利用，能够推动石化产业绿色发展的环保工程师；熟悉化工安全生产规范和危险化学品管理，能够确保石化产业安全运行的安全管理工程师。

食品产业坚持标准引领、品牌保护、聚集发展，大力发展粮油精深加工食品、高端特色乳制品、焙烤及休闲食品、大众厨房食品、功能保健食品、酒和饮料等，重点建设石家庄乳制品及传统主食、邢台方便健康食品、邯郸休闲健康食品和天然植物提取食品配料、秦皇岛和张家口葡萄酒、衡水功能食品等产业基地，推动河北省由农产品资源大省向食品工业强省转变。食品产业需要的技能人才：掌握食品加工技术，熟悉食品生产工艺和质量控制，能够进行食品研发和生产的食品工程师；具备品牌策划、市场推广等能力，能够提升食品产业品牌影响力的品牌营销专员；熟悉食品安全标准和检测方法，能够确保食品安全和质量的食品安全检测员。

（2）战略性新兴产业

信息智能产业领域坚持智能化、终端化、链条化主攻方向，重点推动新型显示、现代通信、人工智能、大数据与物联网、软件和信息服务、卫星导航等产业加快发展，推进基础材料、关键芯片、高端元器件、生物识别等核心技术攻关，大力发展整机、终端产品，促进大数据、云计算、物联网、人工智能、区块链等技术集成创新和融合应用，重点建设廊坊新型显示、石家庄光电与导航、辛集智能传感器等产业基地，形成具有全国影响力的优势产业集群。信息智能产业需要如下技能人才：具备电子信息工程技术，熟悉芯片设计、电路开发，能够参与信息智能产业硬件研发的电子工程师；掌握软件开发与编程技术，熟悉各种编程语言和开发工具，能够进行软件和信息服务开发的软件工程师；掌握人工智能技术，如机器学习、深度学习、自然语言处理等，能够推动人工智能在产业中应用的人工智能工程师；熟悉大数据与云计算技术，能够进行数据处理、分析和挖掘，为产业发展提供数据支持的大数据分析师。

生物医药产业坚持创仿结合、优化品种、延伸链条，加快推动创新疫苗、诊断检测试剂、抗体药物发展，培育壮大生物药物、高端化学药物等创新药，积极发展植物有机成分提取、中药新药，加快发展高端医疗装备、智慧医疗等产业，重点建设石家庄国家生物医药、安国现代中药、沧州生物医药和邯郸生物提取物等产业基地，打造京津冀生物医药产业集群。生物医药产业需要如下技能人才：具备生物制药技术，熟悉基因工程、细胞工程等，能够进行生物药物研发和生产的生物制药工程师；掌握药物研发与试验技术，包括新药设计、临床试验等，能够推动生物医药产业创新发展的医药研发人员；熟悉高端医疗装备的研发和维护，能够为产业提供技术支持的医疗设备工程师；具备中药研发与生产技术，熟悉中药提取、炮制等工艺，能够推动中药产业发展的中医药专家。

新能源产业坚持高端化、高效化、智能化主攻方向，大力发展高效光伏设备、高端风电设备、智能电网和高效储能装备产业，加快风光火储互补、先进燃料电池等高效储能关键技术和智能控制系统研发及产业化，加速氢能产业规模化、商业化进程，重点建设张家口市可再生能源示范区和氢能示范城市、邢台太阳能利用与新型电池、保定新能源与能源设备、邯郸氢能装备、承德清洁能源融合发展等产业示范基地，形成集装备制造、能源生产、应用示范于一体的新能源产业集群。新能源产业需要如下技能人才：具备新能源技术研发能力，熟悉光伏、风电、氢能等领域的技术，能够推动新能源产业发展的新能源工程师；掌握智能电网技术，熟悉电网调度、自动化控制等，能够保障电力系统稳定运行的电力工程师；熟悉储能技术，包括电池研发、储能系统设计与管理，能够提高能源存储和利用效率的储能工程师；掌握燃料电池技术，能够推动氢能产业发展的燃料电池工程师。

新材料产业坚持高性能、多功能、绿色化主攻方向，聚焦高端合金材料、电子信息材料、高性能复合材料、高性能纤维材料、高强高导耐热耐腐材料、绿色化工新材料等重点领域，加强关键共性技术研发及产业化，提升新材料技术工艺水平和产品质量，拓展纳米材料、碳纤维、亚稳材料、石墨烯材料等新型材料的市场应用，重点建设唐山钢铁及化工新材料、邯郸新型功能材料、衡水新型功能及复合材料、承德钒钛新材料、辛集新型显示材料等产业基地，打造全国重要新材料产业集群。新材料产业需要如下技能人才：具备材料科学与工程知识，熟悉材料的性能、制备和应用，能够进行新材料研发和创新的材料科学家；掌握新材料生产工艺和技术，能够进行工艺优化和改进，提高产品质量和生产效率的工艺工程师；熟悉材料质量检测方法和标准，能够确保新材料质量符合要求的质量检测工程师。

在京津冀协调发展的大视野下，这些产业的发展需要加强与京津地区的产业协同和技术合作，充分发挥各自的优势，实现资源共享、优势互补，共同推动产业的升级和发展。同时，这些需要加强人才培养和引进，提高从业人员的职业技能水平，为产业发展提供有力的人才支撑。

3.第三产业对技能人才的需求

第三产业的发展思路是坚持以融合提价值、以创新增动力、以集聚强势能、以开放拓空间，推动现代服务业同先进制造业、现代农业深度融合，加快服务业数字化，深化服务业综合改革，提升服务业对经济增长的贡献率，加快向现代服务业强省迈进。第三产业的发展目标是到2025年，服务业增加值占GDP比重达到53%左右，现代服务业增加值占服务业增加值比重达到60%左右。

推动生产性服务业融合发展，重点发展四类服务业：一是现代物流，构建“6+N”物流枢纽格局，加快唐山港口型（生产服务型）国家物流枢纽建设，支持其他国家物流枢纽承载城市培育国家物流枢纽，完善北京大兴国际机场、石家庄正定国际机场航空物流枢纽功能，做大做强廊坊、石家庄、保定国家快递枢纽，需要具备物流枢纽规划、物流网络设计能力的物流规划师。现代物流行业需要掌握物流运营流程优化、供应链管理技能的物流运营管理师；熟悉物流信息系统开发与维护，具备数据分析和智能物流技术应用能力的信息技术工程师。二是金融服务，构建金融有效支持实体经济体制机制，加快金融服务模式和业态创新，大力发展科技金融、绿色金融、消费金融、信用贷款等，推动互联网金融规范有序发展，支持创业投资和股权投资基金、现代保险服务业加快发展，支持雄安建设金融创新发展先行区。金融服务行业需要具备金融市场分析、风险评估和投资决策能力的金融分析师；掌握金融科技应用开发、数据分析和人工智能技术在金融领域应用的金融科技工程师；熟悉风险管理体系和合规要求，具备风险识别和控制能力的风险管理师。三是研发设计，支持制造业企业工业设计中心建设，加快发展研发设计、工业设计、商务咨询、检验检测、认证等服务。研发设计行业需要具备创新设计思维、产品研发能力和跨学科知识整合能力的研发设计师；掌握市场调研、商业分析和战略规划技能的商务咨询师；熟悉相关标准和检测方法，具备质量控制和检测技术的检验检测工程师。四是人力资源服务，谋划建设中国雄安人力资源服务产业园，支持石家庄创建国家级人力资源服务产业园。人力资源服务行业需要具备人才招聘、培训与开发、绩效管理等人力资源管理能力的人力资源管理师；掌握数据分析和人才市场趋势预测技能的人力资源数据分析师；具备园区规划、招商和运营管理能力的园区运营管理师。

加快生活性服务业品质化发展，推动发展三类服务业：一是健康养老和托育，建立健全老年健康服务体系，增加婴幼儿托育服务供给，促进家政和托育等服务发展。健康养老和托育行业需要具备健康评估、健康干预和慢性病管理能力的健康管理师，掌握老年人护理技能和关爱服务能力的养老护理员，具备婴幼儿保育、教育和心理发展指导能力的婴幼儿托育师。二是文化旅游，打造具有河北文化特色的旅游购物场所，建设文化产业和旅游产业融合发展示范区，支持社会力量举办高水平体育赛事，建立健全现代文化产业体系和市场体系，加快由文化资源大省向文化产业强省迈进。文化旅游行业需要具备文化创意策划、设计和产品开发能力的文化创意设计师；掌握旅游资源开发、旅游线路规划和旅游市场营销技能的旅游规划师；具备赛事组织、运营和推广能力的体育赛事运营管理师。三是商贸流通，鼓励大型实体商店向智能化、多样化商务服务综合体转型，支持商贸企业、第三方物流企业、快递企业和各类电子商务企业组建商贸流通联合体。商贸流通行业需要具备电子商务平台运营、数据分析和网络营销能力的电子商务运营师；掌握物流配送流程优化、库存管理和客户服务技能的物流配送管理师；具备市场开拓、商务合作和客户关系管理能力的商务拓展专员。

培育服务业新业态新模式，做好四类服务业：一是数字服务，发展数字物流、数字金融、数字贸易等新业态，推进服务业数字化转型，需要具备软件开发、大数据分析、人工智能应用和区块链技术等数字技术开发和应用能力的工程师以及掌握企业数字化转型战略规划、流程优化和数字解决方案设计技能的数字化转型咨询师。二是智慧医疗，发展互联网医院，推进医疗服务模式创新，需要具备医疗信息系统开发、维护和数据分析能力的医疗信息化工程师以及掌握远程诊断、治疗和医疗资源整合技能的远程医疗专家。三是电子商务，推动电子商务与快递物流协同发展，拓展农村电子商务市场，需要具备电商平台推广、社交媒体营销和电商数据分析能力的电子商务营销师以及掌握农村市场调研、农产品电商运营和农村物流配送技能的农村电商专员。四是共享经济，鼓励发展共享出行、共享办公、共享住宿等新业态，需要具备共享平台运营、用户管理和资源调配能力的平台运营管理师以及掌握数据分析、用户行为分析和信息安全管理技能的数据分析与安全管理师。总之，河北省将通过推动第三产业的高质量发展，提升服务业的整体水平和竞争力，为经济社会发展提供有力支撑。

总的来看，河北省的传统产业人才技能需求呈现向升级换代发展、新兴产业技能人才向专业化发展、服务业技能人才向综合化和融合化方向发展的特点。

（二）企业对职业技能发展的需求

1.第一产业企业对职业技能发展的需求

第一产业企业的发展定位是成为推动农业现代化、保障农产品供应、促进农村经济增长、带动农民增收的重要力量，在保障粮食安全、提供优质农产品、实现农业可持续发展等方面发挥关键作用。在发展思路上，一是坚持科技创新驱动，加大在农业科技研发方面的投入，引进和应用先进的种植、养殖技术和设备，提高生产效率和农产品质量，坚持绿色生态导向，遵循绿色发展理念，减少化学投入品使用，发展生态循环农业，保护农业生态环境；二是坚持品牌化建设，注重农产品品牌塑造，提升品牌知名度和美誉度，增加产品附加值；三是坚持产业融合，延伸农业产业链，发展农产品加工、流通、销售以及农业休闲旅游等，实现一、二、三产业融合发展；四是坚持合作共赢，加强与农民合作社、家庭农场、农户等的合作，建立利益联结机制，实现共同发展。第一产业企业的短期发展目标是提高农产品产量和质量，优化产品结构，初步建立品牌形象，拓展市场渠道；中期目标是实现农业生产的规模化、标准化和智能化，提升品牌影响力，在区域内形成一定的竞争优势；长期目标是成为行业领军企业，推动产业升级，引领农业发展新趋势，为乡村振兴作出显著贡献。

第一产业内需要重点发展的企业及对应的职业技能需求：一是拥有规

模化的种植基地，采用现代化种植技术和管理模式的大型农业种植企业，需要具备精准农业技术应用、农业大数据分析、农业项目规划与管理等职业技能的人才。二是具备标准化养殖设施和先进的养殖技术，保障畜禽产品质量和安全的畜牧养殖龙头企业，需要具备动物疫病防控与监测能力、养殖环境优化与控制能力、养殖废弃物资源化利用技术的职业技能人才。三是能够进行精深加工，提高农产品附加值的农产品加工骨干企业，需要具备食品工程技术和质量控制体系建设、新产品研发与创新能力的技能人才。四是由农业企业、合作社、家庭农场等组成，实现产业链上下游协同发展的农业产业化联合体，具备产业链整合与协调、利益分配与合作机制设计、政策法规运用与风险防范能力与技能的人才。

2.第二产业企业对职业技能发展的需求

钢铁企业的发展思路是坚持减量绿色发展，推动工艺技术装备升级，提高产品质量，加强节能减排，促进产能向沿海和铁路沿线地区聚集，加强国际产能合作，打造具有全球话语权的钢铁产业链集群。代表性的企业是河钢集团、首钢集团等大型钢铁企业以及一批具备特色和优势的中小型钢铁企业。钢铁企业需要的职业技能人才：具备钢铁冶金工艺优化、节能减排技术应用能力，熟悉钢铁生产流程和工艺的冶金工程师；掌握钢铁材料性能研究和新产品开发技能，能够提升钢铁产品质量和性能的材料工程师；精通钢铁生产自动化控制系统设计、调试和维护，推动钢铁产业智能化发展的自动化工程师；具备国际贸易、跨文化沟通和市场开拓能力，能够参与国际产能合作，拓展国际市场的国际商务专员；了解环保法规和标准，能够设计和实施钢铁生产中的环保措施，减少环境污染的环保工程师。

装备制造企业的发展思路是坚持承接引进与自主创新并重，加大研发投入，提升技术水平，完善协作配套体系，推动企业由装备制造商向综合解决方案提供商转变，打造具有国际影响力的装备制造产业链集群。装备制造领域需要重点发展的企业：如长城汽车、中车唐山公司、中信戴卡等在汽车、轨道交通、装备制造等领域具有优势的企业，以及一批专注于智能制造、高端装备等细分领域的企业。装备制造企业需要的职业技能人才：精通机械设计、制造和装配工艺，能够进行装备企业需要研发和改进的机械工程师；掌握电气控制系统设计、调试和维护技术，熟悉自动化设备运行原理的电气工程师；具备汽车设计、制造和检测技术，能够参与新能源汽车等研发和生产的汽车工程师；熟悉轨道交通装备的技术要求和发展趋势，能够为轨道交通产业提供技术支持的轨道交通工程师；具备系统集成和解决方案设计能力，能够整合各种技术和设备，为客户提供综合解决方案的系统集成工程师；掌握智能制造技术，如工业机器人编程、自动化生产线设计等，推动企业智能化转型的智能制造工程师。

石化企业坚持链条完善、节约集聚、绿色安全生产，做优做强石油化工，延伸煤化工产业链条，有序发展盐化工，大力发展精细化工，加快石化园区建设，推动产业向沿海转移、向园区聚集，加快行业由原料型向材料型转变，打造世界一流的绿色石化产业链集群。石化领域需要重点发展的企业：如中国石油化工股份有限公司河北分公司、河北旭阳能源有限公司等大型石化企业，以及一批在精细化工、新材料等领域有特色的企业。石化企业需要的职业技能人才：具备化工工艺设计、化工设备操作和维护能力，熟悉化工生产流程和安全管理要求的化工工程师；掌握环保技术和法规，能够进行污染治理和环境监测，推动石化产业绿色发展的环保工程师；具备安全管理和风险评估能力，能够制定和实施安全管理制度，确保生产过程安全的工程师；能够优化化工生产工艺，提高生产效率，降低生产成本的工艺工程师；熟悉化工新材料的研发和应用，能够推动石化产业转型升级的材料工程师。

食品企业坚持标准引领、品牌保护、聚集发展，加大研发投入，提升产品质量和安全性，拓展市场渠道，打造一批知名品牌，推动河北省由农产品资源大省向食品工业强省转变。食品领域需要重点发展的企业：如君乐宝乳业、今麦郎食品集团、露露集团等知名食品企业，以及一批专注于特色食品、功能食品等领域的企业。食品企业需要的职业技能人才：掌握食品加工工艺和质量控制技术，能够研发新产品和改进生产工艺的食品工程师；具备营养知识和配方设计能力，能够为食品企业提供营养咨询和产品开发建议的营养师；具备市场调研、品牌推广和销售渠道管理能力，能够提升食品企业市场份额的市场营销专员；熟悉食品安全标准和检测方法，能够确保食品安全和质量的食品安全检测员；能够设计吸引消费者的食品包装，提高产品附加值的包装设计师。

信息智能企业坚持智能化、终端化、链条化主攻方向，加强技术创新，提升核心竞争力，推动产业融合发展，形成具有全国影响力的优势产业集群。信息智能领域需要重点发展的企业：如京东方科技集团股份有限公司、中国电科十三所、晶澳太阳能科技股份有限公司等在新型显示、电子信息、人工智能、大数据等领域具有优势的企业，以及一批创新型中小企业。信息智能领域需要的职业技能人才：具备电子电路设计、芯片开发和测试能力，熟悉电子产品生产工艺的电子工程师；掌握软件开发、编程和测试技术，能够开发各类应用程序的软件工程师；具备通信系统设计、调试和维护能力，熟悉网络通信技术的通信工程师；掌握数据分析和挖掘技术，能够从大量数据中提取有价值的信息的数据分析师；具备人工智能技术，如机器学习、深度学习、自然语言处理等，能够推动人工智能在各领域应用的人工智能工程师；能够设计和开发集成电路，提高信息智能产业核心竞争力的集成电路设计师。

生物医药企业坚持创仿结合，优化品种、延伸链条，加强研发创新，提升产品质量和疗效，积极拓展市场，打造京津冀生物医药产业集群。生物医药领域需要重点发展的企业：如石药集团、华药集团、以岭药业等知名生物医药企业，以及一批在创新药、生物制品、医疗器械等领域有潜力的企业。生物医药企业需要的职业技能人才：具备药物研发、临床试验和注册申报能力，熟悉医药行业法规和政策的医药研发人员；具备生物技术研发和应用能力，能够进行生物制药、基因治疗等领域研究的生物工程师；掌握医学检验技术，能够进行药品质量检测和临床检验的医学检验师；具备医疗器械设计、研发和维护能力的医疗器械工程师；具备中药研发与生产技术，熟悉中药提取、炮制等工艺，能够传承和创新中医药产业的中医药专家；能够进行临床研究，收集和分析临床数据，为药物研发和应用提供支持的临床研究员。

新能源企业坚持高端化、高效化、智能化主攻方向，加强技术研发，提高能源转换效率，降低成本，推动新能源产业规模化、商业化发展，形成集装备制造、能源生产、应用示范于一体的新能源产业集群。新能源领域需要重点发展的企业：如英利集团、远景能源有限公司、隆基绿能科技股份有限公司等在太阳能、风能、氢能等领域具有优势的企业，以及一批在储能、新能源装备等领域有特色的企业。新能源企业需要的职业技能人才：具备新能源技术研发、系统设计和项目管理能力，熟悉太阳能、风能、氢能等领域技术的新能源工程师；掌握智能电网技术，熟悉电网调度、自动化控制等，能够保障电力系统稳定运行的电气工程师；具备储能技术研发和应用能力，能够设计和优化储能系统的储能工程师；掌握燃料电池技术，能够推动氢能产业发展的燃料电池工程师；具备能源分析和管理能力，能够提高能源利用效率的能源管理师；熟悉光伏产业技术和工艺，能够进行光伏产品研发和生产的光伏工程师。

新材料企业坚持高性能、多功能、绿色化主攻方向，加强关键共性技术研发及产业化，提升新材料技术工艺水平和产品质量，拓展应用领域，打造全国重要新材料产业集群。新材料领域需要重点发展的企业：如河钢新材料、中船重工汉光科技股份有限公司、东旭集团等在高端合金材料、电子信息材料、高性能复合材料等领域具有优势的企业，以及一批专注于新材料研发和应用的企业。新材料企业需要的职业技能人才：具备材料科学与工程知识，熟悉材料性能、制备和应用，能够进行新材料研发和创新的材料科学家；掌握新材料生产工艺和技术，能够进行工艺优化和改进，提高产品质量和生产效率的工艺工程师；具备质量控制和检测能力，能够保证材料符合相关标准的质量工程师；具备创新能力和团队协作精神，能够推动新材料应用和发展的研发工程师；能够分析新材料的市场分析师。

3. 第三产业企业对职业技能发展的需求

现代物流企业的发展思路是构建智慧物流体系，提升物流效率和服务质量，拓展物流产业链，加强与制造业等产业的深度融合。现代物流领域重点发展的企业类型：综合物流服务企业、冷链物流企业、电商物流企业、供应链管理企业。该领域发展所需的支撑技能：物流规划与优化能力、冷链技术与管理技能、电商物流运营技巧、供应链整合与协调能力、物流信息化技术应用能力。

金融服务企业的发展思路是创新金融产品和服务模式，提升金融科技应用水平，加强风险管控，服务实体经济。金融服务领域重点发展的企业类型：中小银行、证券机构、保险企业、金融科技公司。该领域发展所需的支撑技能：金融产品设计与创新能力、风险评估与控制能力、金融数据分析与决策能力、金融科技研发与应用能力、合规与监管知识储备。

科技服务企业的发展思路是加强技术研发和创新，推动科技成果转化，提供专业化、定制化的科技服务。科技服务领域重点发展的企业类型：技术转移机构、研发服务企业、知识产权服务公司、科技咨询企业。该领域发展所需的支撑技能：前沿技术研究与开发能力、技术转移与商业化运作能力、知识产权管理与保护能力、科技咨询与评估能力。

文化旅游企业的发展思路是挖掘河北文化内涵，打造特色旅游品牌，推动文旅融合，创新旅游产品和营销模式。该领域需要重点发展的企业类型：大型旅游集团、文化创意企业、特色民宿运营企业、旅游营销公司。该领域发展所需的支撑技能：文化创意与策划能力、旅游资源开发与规划能力、民宿运营与管理能力、旅游市场营销与推广能力。

健康养老企业的发展思路是构建多元化的健康养老服务体系，提升服务质量和专业化水平，围绕医养结合模式创新发展。该领域需要重点发展的企业类型：医养结合机构、康复护理企业、老年用品生产企业、健康管理公司。该领域发展所需的支撑技能：医疗康复技术、养老护理技能、健康管理知识运用能力、老年用品研发与生产能力。

商贸流通企业的发展思路是推动线上线下融合发展，优化商业布局，创新消费模式，提升消费体验。该领域需要重点发展的企业类型：大型商业综合体运营企业、新零售企业、跨境电商企业、社区商业服务企业。该领域发展所需的支撑技能：商业运营与管理能力、新零售技术应用与创新能力、跨境电商业务操作与拓展能力、社区商业服务策划与执行能力。

信息服务企业的发展思路是提升信息技术服务水平，拓展大数据、云计算、人工智能等应用场景，保障信息安全。该领域需要重点发展的企业类型：大数据服务企业、云计算服务提供商、软件研发企业、网络安全服务公司。该领域发展所需的技能人才：大数据分析与处理人才、云计算架构与运维人才、软件开发与编程人才、网络安全防护与应急处理人才。

四　京津冀协同发展对技能人才的需求

京津冀协同发展是党中央、国务院在新的历史条件下作出的重大决策部署，属于国家重要战略，以疏解北京非首都功能为牛鼻子，旨在加强北京市、天津市和河北省的互动合作，优化区域资源配置和产业结构，改善环境质量，扩大内需市场，通过实施一系列措施，推动整个京津冀地区向着更加繁荣稳定和可持续发展的方向迈进。围绕京津冀协同发展，习近平总书记提出了着力加强顶层设计等七个方面的具体要求，并明确指出，产业一体化是实现京津冀协同发展的实体内容和关键支撑。京津冀协同发展不仅在产业上形成协同，而且形成了京津冀协同创新共同体的决议，形成了一系列产业转移和产业协同发展的规划。

（一）产业对技能人才的需求

京津冀三地工业和信息化部门联合成立产业协同专题工作组，实行轮值组长制，通过联合绘制产业链图谱，并确定了协同发展的六条重要产业链：氢能、生物医药、网络安全和工业互联网、高端工业母机、新能源和智能网联汽车、机器人。根据三地产业优势和区域内城市定位，京津冀三地确定了由北京市经济和信息化局牵头氢能、生物医药两条产业链；由天津市工业和信息化局牵头网络安全和工业互联网、高端工业母机两条产业链；由河北省工业和信息化厅负责新能源和智能网联汽车、机器人两条产业链。北京市立足四个中心，尤其是科技创新中心，更注重高端研发、总部经济等环节；天津市立足全国先进制造研发基地，侧重于科技创新成果转化和先进制造业等环节；河北省的定位是产业转型升级试验区，侧重于加工制造、商贸物流环节，并加大研发力度。在协同上，北京市更好发挥“一核”辐射带动作用，通过科技创新赋能产业链，在协同创新和产业协作上重点突破；天津市要实现“引得来”，巩固“发展好”；河北省用“接得住”实现“升级跳”。各产业链条按照动态更新“卡点”攻关、“堵点”招商、重点企业“三张清单”原则，按图索骥开展补链强链、深化对接合作。

六条产业链条按照创新赋能、强链补链延链，一链一策一案一库方式发展，目标是在氢能产业链方面，围绕制氢、储运、加注和应用四个环节，坚持场景应用拉动，推动产业规模化发展；液氢加氢站重点建设液氢储运系统、冷却换热设备、加氢机、压缩机等。生物医药产业链要抓住细胞和基因治疗、数字化诊疗等关键领域，打通研发、临床、制造、应用全链条，以协同创新塑造产业优势。新能源和智能网联汽车产业链致力于推动技术、产品、服务和测试示范应用，加速构建从感知系统、控制系统、通信系统、执行系统、三电（电池、电机、电控）系统到整车制造的全产业链体系。工业互联网产业链旨在提升产业协同水平，促进数字经济与实体经济深度融合。高端工业母机产业链大力发展高档数控机床和功能部件、数控系统，打造国内领先的工业母机创新平台。机器人产业链突破核心零件、配套部件及算法模块、机器人本体、系统集成等环节，坚持场景牵动、跨界联动，打造具有国际竞争力的集聚区。

从全链条来看，各个链条根据产业环节，需要如下技能作为支撑。在氢能产业链中，需要具备制氢、储运、加注和应用等环节的相关技能，包括氢能制取技术、储存技术、加注设备操作与维护技能以及氢能应用场景开发能力等。生物医药产业链需要具备药物研发、临床试验、制造和应用等多方面的技能，如新药研发技术、临床试验设计与管理技术、制药工艺优化以及药品质量控制等技能。网络安全和工业互联网产业链要求掌握网络安全防护技术、工业互联网平台搭建与运维技术、数据加密与解密技术、网络攻击监测与防范技能等。高端工业母机产业链需要具备高档数控机床、增材制造装备、特种机床等整机制造及配套零部件设计、制造和调试技能，包括精密加工技术、数控编程技术、装备调试与维护技术等。新能源和智能网联汽车产业链需要掌握感知系统、控制系统、通信系统、执行系统、三电系统到整车制造等方面技能，如自动驾驶技术、车联网技术、电池管理技术以及整车集成与调试技术的人才。机器人产业链则需要在核心零部件、配套部件及算法模块、机器人本体、系统集成等环节具备相应技能，如精密零部件制造技术、控制算法开发能力、机器人本体设计与制造技术以及系统集成与调试技能等。

在科技创新赋能产业链、强链补链延链的发展思路下，京津冀三地以全产业链区域布局为抓手，以打造若干个世界级产业集群为目标。京津冀协同产业链对人才的需求是全链条化、多元化的，需要从创新、转化、产业应用、服务拓展等全产业链条培育的人才，其中包括高端研发人才、科技创新成果转化人才、先进制造业人才、制造业服务人才。例如，在生物医药产业链中，需要具备研发、临床、制造到应用全链条相关技能的人才，包括生物医药研发人才、临床试验人才、高端制造人才等。在新能源和智能网联汽车产业链中，需要掌握感知系统、控制系统、通信系统、执行系统、三电系统到整车制造等环节技能的人才，该产业需要的专业人才呈现高端化、专业化的趋势。在氢能产业链中，急需制氢、储运、加注和应用等方面技能的专业人才。在网络安全和工业互联网产业链，急需基础设施、基础软件、终端应用全链创新方面的人才。随着产业的升级和创新，京津冀三地对跨领域、复合型人才的需求也将不断增加。例如，在新能源和智能网联汽车产业链，不仅需要传统的汽车制造人才，而且需要具备感知系统、控制系统、通信系统等方面知识的专业人才。

在京津冀协同发展中，北京市在六条产业链中的作用是创新赋能产业链，这方面相较于以先进制造业、制造业为主的天津市和河北省来看，北京市对高端研发人才、金融人才、文化创意人才等的需求更为突出。例如，在科技创新领域，北京市需要更多从事前沿技术研究和开发的人才；在一些新兴产业方面，北京市对数字经济、人工智能等领域的专业人才需求旺盛，而其他地区可能在传统产业的升级改造方面对特定类型的人才有更迫切的需求。例如，2023年中国国际服务贸易交易会期间，北京市人力资源和社会保障局发布的《北京市境外职业资格认可目录（3.0版）》中，筛选了7项“高含金量”境外职业资格形成急需紧缺目录，包括电气与电子工程师协会（IEEE）会士、电气与电子工程师协会（IEEE）高级会员、美国LEED绿色建筑认证会士、特许公认会计师公会（ACCA）资深会员、国际计算机学会（ACM）会士、国际计算机学会（ACM）杰出会员、英国皇家化学会会士等。《国家服务业扩大开放综合示范区和中国（北京）自由贸易试验区建设人力资源开发目录（2023年版）》中，《重点产业领域人力资源开发目录》涵盖15个行业大类，其中5G技术、量子计算技术、电子设计自动化（EDA）、芯片设计、芯片材料、芯片制造、脑科学研究、科学仪器制造、工业互联网、作物与育种、金融科技服务等15个核心领域获得5星评级，被认定为综合紧缺程度最高的行业。《技能人才急需紧缺职业（工种）目录》包括7个行业大类、58个职业（工种），新增了数字化解决方案设计师、金属热处理工、健康照护师等一批急需紧缺职业（工种）。虽然北京市的紧缺人才目录是动态的，反映了不同时期对人才的短期需求，但还是能看出对创新人才的需求为主。

河北省在对接产业链中，围绕加工制造和贸易，在产业数字化和数字产业化发展，培育数字经济发展的趋势下，在机械加工制造关键核心技术创新、零部件基础配套、关键产生技术和工艺技术等方面，对具备专业技能和创新能力的人才需求迫切，同时也需要进一步增加新一代信息技术产业化应用场景人才和加工贸易业人才。在主抓的两条产业链中，新能源和智能网联汽车产业链紧缺的人才通常具有扎实的新能源技术知识，能够进行电池管理系统研发、电动驱动系统优化等工作，同时还需熟悉智能网联技术，如车联网、自动驾驶算法等，他们要具备创新思维，能够紧跟行业前沿技术发展。在主抓的机器人产业链方面，紧缺的人才需要具备机械工程、电气工程、计算机科学等多学科背景，能够进行机器人本体设计、控制系统开发、智能感知技术研究等工作，并且拥有解决实际工程问题的能力。例如，河北省张家口市急需紧缺人才的前五个行业分别是现代服务业、机械制造、IT信息技术、通讯电子、教育培训，约占总量的74%。从岗位看，招聘信息中岗位需求排名前五的为销售类、贸易类、机械类、IT信息技术类、行政管理类。张家口主要是在大数据算力枢纽、绿色电能、制造业大承接等方面协同京津冀发展，在《2023年张家口市急需紧缺人才目录》中，人才需求排名前五的行业是制造业、服务业、建筑业、IT业、教育业；《2024年张家口市人才需求目录》共收集103家用人单位，涉及293个紧缺岗位，涵盖制造业、新能源、建筑业、教育业和医疗卫生业。雄安新区发布的《2024年度急需紧缺技能人才职业（工种）目录》的74个岗位中，包括人工智能工程技术人员、大数据工程技术人员、区块链应用操作员、人工智能训练师、基因工程药品生产工、医疗器械装配工等医疗健康类职业（工种）共计20个岗位。唐山市聚焦工业领域，着力加强与京津产业交流合作，围绕精品钢铁、现代化工、装备制造、港口物流、木材加工等产业，吸引了众多京津项目落地；聚焦农业领域，与京津在农业发展方面的合作取得显著成效，承接了京津地区的农业产业转移项目，涉及粮油、蔬菜、生鲜乳、生猪、中草药、禽蛋、休闲食品等诸多方面。唐山市发布的紧缺人才需求目录涵盖多个行业和专业，例如，2024年紧缺人才需求人数达15 929名，涵盖制造业、信息传输、软件和信息技术服务业、教育、卫生和社会工作等18个行业，涉及机械设计制造及其自动化、车辆工程、化学工程与工艺、食品科学与工程等492个专业。从学历层次看，需要博士272人，硕士1796人，本科6 928人，本科以下6 933人。从学科专业看，较为紧缺的10个专业门类依次是机械类、材料类、电气类、教育学类、化学类、计算机类、临床医学类、工商管理类、中国语言文学类、食品科学与工程类。从单位性质看，事业单位3 473人，国有企业2 032人，民营企业、外商投资企业等10 424人。河北省不同地区由于经济发展水平、产业结构等不同，其急需紧缺人才也存在一定差异。从河北省整体来看，现代服务业、机械制造、IT信息技术等行业的人才普遍较为紧缺，反映了河北省在京津冀协同发展中对生产制造的重要作用。

在京津冀产业协同中，天津市立足创新协同、创新转化，对接协同发展的六条产业链，牵头高端工业母机、网络安全和工业互联网两条产业链，通过不断加强与北京市、河北省的产业体系融合，推动建设世界级先进制造业集群。在对接六条产业链方面，天津市需要以下人才：在生物医药产业，急需研发创新人才、高端医疗技术人才、医药市场营销人才等；在高端装备制造领域，紧缺高端数控机床研发人才、智能制造工程师等；在新能源和智能网联汽车产业，急需新能源汽车研发人才、自动驾驶技术专家、汽车电子工程师等。同时，具备跨区域协同合作能力、创新能力和丰富实践经验的复合型人才也备受青睐。在网络安全产业链上，天津市急需既懂技术又有实践经验的专业复合型人才。例如，具备网络安全技术研发能力，能够应对不断变化的网络威胁的创新型人才；熟悉网络安全法规和政策，能够进行合规管理的专业人才；能够进行网络安全运营与维护，保障系统稳定运行的技术人员；等等。在工业互联网产业链上，既懂制造技术又懂信息技术的工业互联网复合型人才十分紧缺，急需精通工业互联网平台开发、运营和管理的人才；熟悉工业互联网数据采集、分析和应用的专业人员；掌握工业互联网安全保障技术的人才等。在高端工业母机产业链中，急需具备高端数控机床研发能力的技术人才，能够推动技术突破和产品创新；掌握精密加工工艺和制造技术的工匠型人才，保证产品的高精度和高质量；熟悉产业协同和供应链管理的综合型人才，促进产业链上下游的高效合作。同时，能够推动产学研深度融合，加强产业链与人才链的深度融合，为高技能人才提供发展平台的相关人才也较为急需。天津市的信创和天津滨海高新区发布的《高新区重点产业紧缺人才目录》及《高新区重点产业紧缺人才地图》显示，在人才需求中，作为主导产业的信创和生物医药产业人才需求占比较高，分别为35.3%和18.2%。

（二）企业对技能人才的需求

京津冀协同发展高度重视原创和自主创新。京津冀作为引领全国高质量发展的三大重要动力源之一，拥有数量众多的一流院校和高端研究人才，创新基础扎实、实力雄厚，要强化协同创新和产业协作，在实现高水平科技自立自强中发挥示范带动作用。京津冀在产业链发展上，主张创新链、产业链、人才链相衔接，推动科研院所的理论创新源，发挥企业创新主体地位，协同创新赋能产业链，推动创新成果从实验室到车间的转化。2023年11月，京津冀三地人大常委会审议通过《关于推进京津冀协同创新共同体建设的决定》，提出要集中三地创新资源，协力打造中国自主创新的重要源头和原始创新的主要策源地。由此，向上延伸到创新链，向下延伸到服务链的产业链态进一步得到加强。与此产业链态相应的企业分类如下：在研发环节上，主要有科研机构和创新型企业，他们需要具备扎实的专业知识和创新能力的高学历人才，如博士、硕士等，能够开展前沿技术研究和创新；在转化环节，涉及将科研成果进行产业化转化的企业，对技能人才的需求在于既懂技术又了解市场，能够推动技术成果向实际产品或服务转化；在整装生产环节，包括各类大型制造龙头企业，需要大量熟练掌握生产工艺和操作技能的技术工人以及企业科研人员和工程师，以保证产品的高质量生产；在供应和销售环节，包括零部件供应企业和销售企业，需要零部件生产人才、研发人才以及具备供应链管理和市场营销能力的人才，能够确保原材料的稳定供应和产品的有效推广销售；在服务环节，例如售后服务企业，需要具备良好沟通能力和问题解决能力的服务型人才，为客户提供优质的服务。

1.创新型企业对技能人才的需求

创新型企业是指在技术创新、管理创新、商业模式创新等方面具有突出表现和核心竞争力的企业，具有研发投入高、拥有自主知识产权、技术领先的特征。在京津冀协同发展的大背景下，创新型企业对于人才的学历要求呈现较高的水准。例如，在一些招聘公告中，常见的学历要求为研究生及以上学历。以清华大学天津高端装备研究院的科研岗招聘为例，其多个岗位，如光学工程师、硬件开发工程师、行业应用工程师等，均要求硕士及以上学历。这反映出创新型企业对于人才知识储备和研究能力的重视。因为高学历往往意味着在专业领域有着更深入的学习和研究，能够为企业的创新发展提供坚实的理论基础。同时，在河北省的一些创新型企业招聘中，也对学历有着明确要求。例如，某些岗位明确指出不低于研究生学历，这表明企业希望通过高学历人才的引入，提升企业的整体创新水平和核心竞争力，以适应京津冀协同发展带来的机遇和挑战。在京津冀协同发展进程中，创新型企业对人才的专业技能有着明确且严格的要求。以光电材料、结构材料方向的招聘为例，要求人才具备博士学位，且在柔性电子、纳米光学、光电子等光电材料相关方向，或材料科学与工程、高分子材料、复合材料、先进制造等结构材料相关方向有深入研究。同时，创新型企业还要求人才具有撰写专利的能力、良好的沟通能力及挖掘项目潜能的能力，具备良好的实验数据分析能力等。又如，在电子商务领域，要求人才不仅掌握丰富的商务知识和互联网知识，还需具备改造特性行业问题的职业能力、创新能力以及业务素养。此外，在一些高端装备制造企业，如流体力学工程师、固体力学工程师等岗位，要求人才在相应的力学领域具备扎实的专业知识和丰富的实践经验。这些专业技能要求体现了创新型企业在京津冀协同发展中的精准定位和高标准，旨在满足市场对于创新产品和服务的需求。在京津冀协同发展的浪潮中，创新型企业对人才的实践经验有着较高的需求，比如，在一些科研岗位的招聘中，要求人才作为项目主要技术人员，参与过大型研究课题并在应用研究领域有所建树，有参与研发、转化及产业化过程经历者优先。在电商行业，需要人才了解实际市场需求，有将理论知识应用于实际业务的能力。在高端制造领域，如流体力学工程师、固体力学工程师等岗位，要求人才具有实际项目的操作经验，能够解决实际工作中遇到的复杂问题。这种对实践经验的重视，反映了创新型企业在京津冀协同发展中追求高效创新和成果转化的迫切需求。综上所述，在京津冀协同发展中，创新型企业对人才的需求呈现出学历高、专业技能强、实践经验丰富等特点。企业通过多元化的招聘渠道和政策支持，努力吸引符合要求的人才，以推动企业的创新发展，适应京津冀协同发展的新形势和新要求。

2.成果转化型企业对技能人才的需求

成果转化型企业是指以将科技成果转化为实际产品或服务为主要业务的企业，这类企业具有以技术为驱动力、创新能力强、合作广泛的特点。在京津冀协同发展的背景下，科研成果转化型企业对人才有多方面的要求。例如，京津冀国家技术创新中心招聘技术转移岗，要求拥有理工科教育背景，硕士及以上学历，具有相关领域 5 年以上科研、技术转移、科技类项目投资或项目管理经验，工作积极主动，具有较强的沟通协调能力、综合分析能力，敬业的工作态度、高效的工作习惯和良好的团队合作能力，熟悉科研机构和大型企业内部技术开发和转化流程、有高校院所或者技术转移机构相关经验者优先考虑。

廊坊市为 44 家企业精准匹配京津高校院所专家人才，这些企业围绕现代商贸物流、电子信息、高端装备制造等重点产业，深入摸排技术人才需求，分行业、分领域建立人才需求目录。企业对具有相关专业背景、实践经验丰富、能够解决实际技术问题的专家人才需求较为迫切。

承德出台 12 条招才引智政策，吸引京津人才、科技成果加速向承德集聚。对引进的高层次创新型科技人才，要求与聘用单位签订 5 年以上工作协议。这反映出企业对长期稳定合作、能为企业带来持续创新成果的高层次人才的重视。

科研成果转化型企业对人才的学历要求较为明确。从招聘信息来看，本科和硕士学历占据较大比例。例如，京津冀国家技术创新中心的研究人员和博士后岗位要求博士学位，而一些科技成果转化专员岗位对本科和大专学历也有一定需求。在深圳市、北京市等地，科技成果转化专员岗位中，本科学历占比较高。这表明，对于一些核心研发和高端管理岗位，企业倾向于招聘高学历人才，以满足技术创新和管理的复杂需求；对于基础的成果转化工作，企业倾向于具备一定专业知识和实践能力的本科及大专学历人才。

在京津冀协同发展的大背景下，人才的实践经验对于科研成果转化型企业至关重要。实践经验丰富的人才能够更快地适应企业的工作环境和业务需求，迅速解决实际问题。实践经验使人才能够更好地把握市场需求，推动科技成果的有效转化和应用。

京津冀科研成果转化型企业在招聘时对专业背景有着明确要求。例如，京津冀国家技术创新中心的相关岗位要求理工科教育背景，尤其是柔性电子、微纳光学、光电子等领域。百纳信达科技有限公司招聘的科技成果转化专员要求具有电子信息、自动化、计算机、机电一体化等专业背景。这反映出企业的科研成果转化工作需要具备扎实专业知识的人才，以应对不同领域的技术需求，提高成果转化的效率和质量。

在京津冀协同发展的格局下，企业对人才的沟通协调能力高度重视。具备良好沟通协调能力的人才能够促进跨区域合作，整合各方资源。例如，在技术转移和产学研合作中，人才需要与高校、科研机构、企业等进行有效沟通，协调各方利益，推动项目顺利进行。同时，在团队内部，良好的沟通协调能力有助于提高工作效率，营造和谐的工作氛围。企业在招聘时，会着重考察应聘者在这方面的能力和经验。

科研成果转化型企业在招聘人才时，对创新能力有着较高要求。企业需要人才能够在技术研发、成果转化等方面提出新的思路和方法。例如，在企业科研人员创新能力培养方面，国家从宏观政策层面强调创新人才的重要性，随着新技术的不断涌现，创新能力成为企业发展的关键。对于科研成果转化型企业，创新能力突出的人才能够更好地将科研成果转化为实际应用，推动企业的技术进步和产业升级。

综上所述，在京津冀协同发展中，科研成果转化型企业对人才的需求呈现多元化、专业化和高标准的特点。人才需要具备高学历、丰富的实践经验、特定的专业背景、良好的沟通协调能力和突出的创新能力，以适应企业在科研成果转化和产业发展方面的需求，为京津冀协同发展注入强大动力。

3. 龙头企业对技能人才的需求

龙头企业是指在某个行业中，对同行业的其他企业具有较大影响力、号召力和一定的示范、引导作用，并对该地区、该行业或者国家作出突出贡献的企业。京津冀龙头企业是指在国内同行业中具有一定行业领导地位，有意愿通过发挥自身优势，带动链上中小企业发展，助力京津冀产业发展生态打造和企业运营生态重塑。龙头企业各类达标要求：先进制造业企业上一年度（或2023年1—10月份）工业产值10亿元（含）以上；软件信息服务业企业上一年度（或2023年1—10月份）营业收入20亿元（含）以上。企业拥有市级以上创新研发平台（包括重点实验室、工程技术研究中心、企业技术中心等），或上一年度（2023年1—10月份）研究与试验发展经费支出占主营业务收入的比例不低于3%（软件信息服务业企业比例不低于7%）。在履行责任方面，包括结合本市高精尖产业发展情况、京津冀协同需要以及本企业实际，制订明晰可行的企业带动产业发展的工作计划，并组织实施；充分发挥行业引领作用，带动上下游企业协同发展，引导上下游企业开展数字化升级和智能化改造；推动关键零部件制造和产业链关键环节在京津冀区域落地，显著提升区域配套化率，提振区域产业发展内生动力。

在京津冀协同发展的六条产业链中，龙头企业对所需人才的技能要求较为严格和多样化。例如，在新能源和智能网联汽车产业，需要人才具备汽车智能化技术研发和应用能力，包括自动驾驶算法开发、车联网通信技术等。在生物医药产业，人才需掌握药物研发、临床试验管理以及生物制药工艺等专业技能。在工业互联网领域，精通工业大数据分析、网络安全防护以及智能制造系统集成等技能是必备的。此外，机器人产业要求人才在机器人控制技术、人工智能与机器人融合应用技术方面有出色的能力；网络安全产业则看重信息安全攻防技术和安全策略制定的技能；高端工业母机产业需要人才掌握精密加工技术和高端装备调试维护技能。这些技能要求反映了龙头企业在各自领域追求创新和高质量发展的需求，旨在提升企业的核心竞争力。

龙头企业通常期望人才具有较高的学历。在先进制造业领域，一般要求人才具有本科及以上学历，对于关键技术岗位，硕士甚至博士学历更受青睐。例如，在高端工业母机和新能源汽车产业，研发岗位往往需要硕士及以上学历，以保证具备深厚的专业知识和出色的研究能力。在软件信息服务业，如网络安全和工业互联网领域，本科及以上学历是常见要求，一些高级管理和研发职位可能更倾向于具有博士学位的人才。不过，学历并非唯一的衡量标准，实际工作能力和相关经验也会被重点考虑。

对于京津冀六条产业链的龙头企业而言，人才的经验标准因产业和岗位的不同而有所差异。在新能源和智能网联汽车产业，具有相关项目研发经验，特别是参与过自动驾驶系统开发或新能源汽车动力系统优化的人才更具竞争力。在生物医药产业，拥有药物研发全流程经验，或者在知名药企从事过临床试验管理的人才会受到青睐。在工业互联网领域，熟悉企业数字化转型项目实施，有工业大数据分析和应用的实际经验是重要的。机器人产业则看重人才在机器人系统集成、应用开发方面的实践经验。网络安全产业要求人才有应对网络攻击和处理信息安全事件的经验。高端工业母机产业则需要具备高端机床操作、调试和维修的实际工作经验的人才。这些经验标准有助于确保人才能够迅速适应工作环境，为企业创造价值。

4.供应型企业对技能人才的要求

供应型企业是指在京津冀协同发展中提供产品和服务的企业，比如为制造业提供原材料、零部件的企业，为城市建设提供建筑材料、设备的企业，或者为居民提供生活必需品、服务的企业等。在京津冀协同发展过程中，供应型企业对人才的需求呈现多样化和专业化的特点。例如，在制造业领域，可能需要具备专业技能和操作经验，能够熟练操作机器设备，保证流水线正常运行的技术人才；在生物医药、氢能源、新能源汽车等重点产业，可能需要具有相关专业知识和研发能力的高层次人才；在人力资源服务领域，对能够准确把握人才需求、具备良好沟通协调能力的专业人员有一定需求。同时，一些企业在招聘时注重人才的创新能力、团队协作精神以及对行业发展趋势的敏感度。然而，具体到六条产业链中，供应型企业对人才的需求因产业需求而不同。

京津冀制造业在协同发展过程中，对人才的需求呈现出多样化和专业化的特点。以京津冀一体化背景下的现代制造业为例，北京市重点发展汽车产业、装备制造产业、电子信息制造业等支柱产业，需要具备高端、高效、高辐射力的现代制造业人才，如具有创新能力，能够推动产业技术升级的研发人员；天津市以滨海新区为主的现代制造业和研发转化基地初步形成，重点发展电子、汽车、冶金、航空航天等产业，需要熟练掌握相关技术和工艺的操作工人，以及具备研发和管理能力的高层次人才；河北省制造业处于工业化中期，需要大量的技术工人来支撑产业发展，同时也需要有管理和创新能力的人才引领产业升级。此外，制造业企业普遍对人才的创新能力、团队协作精神以及对行业发展趋势的敏感度有一定要求，例如，在智能制造业中，技术技能人才不仅要掌握智能制造的核心技术，如工业机器人编程与操作、自动化生产线维护等，还需具备跨学科的知识和能力，能够与其他领域的专业人员协同工作，共同解决复杂的生产问题。同时，他们还需要具备不断学习和适应新技术、新工艺的能力，以应对快速变化的市场需求。

在京津冀氢能源产业招聘中，对人才的要求通常包括以下方面：从学历上看，一般要求大专及以上学历，如氢能工艺技术专责岗位要求大专及以上学历，氢能工艺工程师岗位要求本科及以上学历。在专业方面，氢能技术应用或化工相关专业更受欢迎。同时，招聘者通常期望求职者具有较强的协调沟通能力、事业心和高度的责任心，该岗位富有全局观念和团队合作精神，以张家口氢能工艺工程师招聘为例，要求化工、机械、过程装备工程与控制、燃料氢能源化工等相关专业本科及以上学历，3年以上化工工艺设计相关从业经验，熟悉化工工艺设计流程，有氢气相关行业从业经验者优先。同时，需要熟悉氢能源相关法律法规和相关行业标准，熟练使用办公软件。

京津冀新能源汽车产业正快速发展，对人才的需求也日益增长。在人才规格方面，通常要求具备相关专业知识和技能。例如，技术研发岗位需要掌握电池、电机、电控等关键技术，了解新能源汽车的工作原理和结构；生产制造岗位需要熟悉汽车生产工艺和流程，能够保证产品质量和生产效率；销售和服务岗位需要了解市场动态和客户需求，能够提供专业的咨询和服务。此外，一些企业在招聘时还注重人才的创新能力和团队协作精神，以便适应行业的快速发展和变化。

在培育发展六条重点细分产业链的过程中，各产业链均对人才的创新能力提出了较高要求。创新能力在技术研发上，能够推动产业的技术进步和转型升级；在管理和运营模式上，能够优化资源配置，提高生产效率和市场竞争力。例如，在新一代信息技术产业链中，人才需要不断探索新的应用场景和商业模式，以适应快速变化的市场需求。在氢能源产业链中，人才需要在工艺设计、设备选型等方面进行创新，提高氢能源的生产和利用效率。

综上所述，京津冀协同发展中的六条产业链对人才规格和标准的设定具有多样化、专业化、数字化、智能化和实践化的特点，更加注重人才的专业知识、专业技能、人工智能应用能力、大数据能力、实践经验、创新能力、团队协作精神等。随着大数据、人工智能和芯片以及颠覆性技术的出现，以高质量、高技术、高效益为代表的新质生产力的发展，会使有助于产生颠覆性科学发展和技术发明的创新性问题解决技能在京津冀协同发展中的引领性地位更加突出，有助于产业、企业智能化和绿色化发展的人工智能以及大数据分析和使用技能在京津冀产业升级换代中的核心支持作用更加凸显，有助于产品高端化、专业化的专业性技能在京津冀产业和企业发展中的要求更高。这就要求科学、产业、教育紧密融合，形成一系列新的技能人才培养机制与形式，促进与产业和企业需求高度相符的高技能人才队伍的形成。京津冀协同发展，不仅需要产业链条细分，更需要与产业发展目标和发展趋势相应的技能人才培养，需要产业技能人才与产业链密切结合，促使技能人才在产教融合中成长，积累技能实践经验，在产业链条上流动，在流动中成长，在成长中认证技能，使得人尽其才，才尽其能。因此，在规范落实中央以及北京市、天津市等技能人才实施意见过程中，不断探索技能人才培养、使用、成长的新思路和新做法，以适应产业和企业对技能人才的质量要求和使用需求。

总的来看，在京津冀协同发展中，北京市对有国际影响的颠覆性、领军性创新人才需求尤为突出；天津市协同北京市开展科技创新和产业技术的创新转化，对产业协同创新和创新转化人才需求旺盛；河北省承接北京市的制造业，传统制造业面临智能化和绿色化转型升级的需要，对制造业的专业技能人才、人工智能技能人才、绿色技能人才需求旺盛。

人工智能的发展加速了科学发现、技术发明的速度，生产力发展表现出高科技、高质量和高效率的特征。在这种背景下，无论是北京市、天津市、河北省，还是京津冀协同发展，新质生产力的发展必将推动和引发产业、企业进入新业态，企业成为新质生产力创新的主体，产业成为新质生产力创新应用的主阵地，科研院所成为新质生产力创新的主要力量。由此，善于创新和发现的高级技能人才、掌握颠覆性专业技术的技能人才、能够对产业进行人工智能升级的技能人才与高质量的专业技能人才一起构成新质生产力背景下产业和企业发展必需的技能人才队伍。随着新质生产力的更迭，产业和企业的技能结构需要更新，技能需要在使用中不断提升和认证，现有的职教体系、产业体系、企业体系、技能认证体系以及技能人才的引用体系需要在相互融合上下功夫，探究新的产、教、科、培融合形式，推动技能体系的创新发展。

参考文献

[1] 北京市人民政府. 北京市人民政府关于印发《北京市加快建设具有全球影响力的人工智能创新策源地实施方案（2023—2025年）》的通知. 2023年5月30日.

[2] 北京市人民政府. 北京市国民经济和社会发展第十四个五年规划和二〇三五年远景目标纲要. 2021年1月27日.

[3] 北京市经济和信息化局. 北京市经济和信息化局发布《北京市促进制造业和信息软件业绿色低碳发展的若干措施》的通知. 2024年4月16日.

[4] 北京市人民政府办公厅. 北京市人民政府办公厅关于印发《北京市促进未来产业创新发展实施方案》的通知. 2023年9月8日.

[5] 北京市经济和信息化局. 北京市经济和信息化局关于印发《北京市促进数字人产业创新发展行动计划（2022—2025年）》的通知. 2022年8月3日.

[6] 北京市人民政府. 北京市数字经济促进条例. 2022年11月25日.

[7] 天津市人民政府. 天津市国民经济和社会发展第十四个五年规划 和二〇三五年远景目标纲要. 2021 年2月8日.

[8] 天津市人民政府办公厅. 天津市金融业发展“十四五”规划. 2021年9月9日.

[9] 天津市商务局. 天津市商务发展“十四五”规划. 2021年4月26日.

[10] 天津市工信局. 天津市生物医药产业发展“十四五”专项规划. 2021年11月1日.

[11] 天津市人民政府办公厅. 天津市科技创新“十四五”规划. 2021年8月8日.

[12] 天津市科学技术局. 市科技局关于印发天津市雏鹰企业、瞪羚企业、科技领军企业和科技领军培育企业 评价与支持办法的通知. 2021年7月9日.

[13] 河北省发展和改革委员会. 关于印发《河北省战略性新兴产业发展“十四五”规划》的通知. 2021年11月22日.

[14] 河北省人民政府. 河北省国民经济和社会发展第十四个五年规划和二〇三五年远景目标纲要. 2021年2月22日.

[15] 河北省人民政府办公厅. 河北省人民政府办公厅《关于印发河北省建设全国产业转型升级试验区“十四五”规划的通知》. 2021年11月4日.

[16] 河北省发展和改革委员会. 河北省发展和改革委员会关于引发《河北省氢能产业发展“十四五”规划》的通知. 2021年5月13日.

[17] 天津市委人才工作领导小组. 天津市委人才工作领导小组印发《天津市关于加强新时代高技能人才队伍建设的实施意见》. 2023年8月31日.

[18] 中共天津市委，天津市人民政府. 推动京津冀协同发展走深走实行动方案. 2023年6月20日.

[19] 中共北京市委. 中共北京市委关于深化首都人才发展体制机制改革的实施意见.2016年6月28日.

[20] 中共中央办公厅，国务院办公厅. 中共中央办公厅国务院办公厅印发《关于加强新时代高技能人才队伍建设的意见》.2022年10月7日.

[21] 北京市人力资源和社会保障局等十部门. 北京市人力资源和社会保障局等部门关于印发《北京市加快数字人才培育支撑数字经济发展实施方案（2024—2026年）》的通知. 2024年7月11日.

第三章　京津冀职业技能发展现状

在京津冀协同发展战略指引下，职业技能作为推动区域经济一体化和社会进步的关键因素发挥着重要作用，因此，我们有必要全面梳理京津冀地区的职业技能发展状况。第二章已对京津冀的职业技能发展需求进行了深入剖析，本章将进一步聚焦京津冀职业技能发展的现状，从京津冀三地以及区域协同发展的角度，全面审视当前职业技能发展的状况。

北京市，作为京津冀地区的核心城市，其职业技能发展一直走在全国前列。从技能人才的数量和质量，到职业技能培训体系的完善，再到职业技能评价体系的科学构建，北京市都展现出领先优势。然而，面对快速变化的市场需求和日新月异的科技进步，北京市的职业技能发展仍需不断创新和完善。

天津市，拥有雄厚的工业基础和良好的制造业传统，职业技能发展亦呈现稳步前进的态势。天津市在技能人才培养、职业培训和技术创新等方面取得了显著成绩，但与北京市相比，仍存在一定差距，特别是在技能人才供需平衡、培训资源优化等方面，天津市需要进一步加强与北京市和河北省的协同合作。

河北省，作为京津冀地区的重要一员，职业技能发展水平正在逐步提高。河北省在加强职业教育体系建设、推动产教融合、促进技能人才流动等方面取得积极进展。然而，与北京市、天津市相比，河北省在职业技能发展方面仍面临诸多挑战，如教育资源相对不足、技能人才结构有待优化等。

在区域协同发展的大背景下，推动京津冀三地职业技能的协同发展显得尤为重要。从技能人才的协同培养、职业技能培训的协同开展，到职业技能评价的协同推进，京津冀三地需要进一步加强合作，共同构建高效、科学的职业技能发展体系。通过区域协同，不仅可以实现资源的优化配置和共享，还可以促进三地人才职业技能水平的整体提升，为京津冀协同发展战略的实施提供有力支撑。希望通过本章的介绍，读者能够全面了解京津冀职业技能发展的基本情况，并作为未来的研究和实践提供有益的参考。

一　北京市职业技能发展现状

北京市高度重视高技能人才的培养，将其作为实施人才优先发展战略的重要举措，积极推动人才供给侧结构性改革，优化技能人才结构，加强高技能人才和紧缺人才的培养。同时，注重提升技能人才的综合素质和创新能力，打造了一批技艺精湛、素质优良的技能人才队伍，为北京市经济社会发展提供了有力支撑。在职业技能培训方面，北京市以市场需求为导向，不断完善培训体系，丰富培训内容，创新培训方式。通过加强校企合作、推动产教融合，建立了多元化的培训渠道，使更多劳动者有机会接受专业、系统的技能培训。同时，北京市还注重提高培训质量，加强培训效果的评估和反馈，确保培训成果能够真正促进劳动者的技能提升和职业发展。在技能评价方面，北京市建立健全了技能人才评价体系，推行了以职业能力为导向、以工作实绩为主要依据的技能人才评价方式。通过建立技能等级制度、开展技能竞赛等活动，激励更多劳动者提升技能水平，追求职业发展。同时，北京市还加强了对技能人才评价工作的监管和指导，确保评价的公正性和有效性。

（一）北京市技能人才发展现状

1. 技能人才总体规模与结构

截至2024年，北京市的技能人才总量已达到347万人，其中高技能人才超过118万人，人才储备和质量实现双重提升。

在总体结构方面，北京市技能人才的培养体系逐渐完善。2024年，北京市教育委员会新增了22个数字技能相关专业，如人工智能技术应用、工业互联网应用和区块链技术应用等。这些新专业的设置不仅满足了当前数字经济发展的需求，而且进一步优化了技能人才的结构。在教育和培训方面，北京市的职业教育体系不断完善，专业设置更加贴近市场需求。2024年的数据显示，北京市高职院校的专业设置与产业结构的一致性达到了90%以上。这不仅提高了职业教育的针对性和实效性，也为学生提供了更多的就业机会和发展空间。此外，北京市还通过多种措施提升技能人才的培养质量和数量。例如，依托技能大师工作室，北京市不断修订和完善管理办法，加强评估、考核和资助机制，以确保高技能人才的持续发展。同时，北京市还实施了高端技术技能人才贯通培养试验工作，旨在通过系统化的培训和实践，提高技能人才的整体素质。在政策支持方面，北京市出台了多项举措来激励和使用高技能人才。例如，2023年发布的《关于加强新时代首都高技能人才队伍建设的实施方案》提出了18条细化落实举措，进一步加强高技能人才队伍建设，服务和支撑首都高质量发展。这些政策的实施有效地促进了技能人才的培养和使用，为北京市现代化产业体系建设提供了坚实的人才基础。2013—2023年北京地区高技能人才队伍发展情况见图3–1。

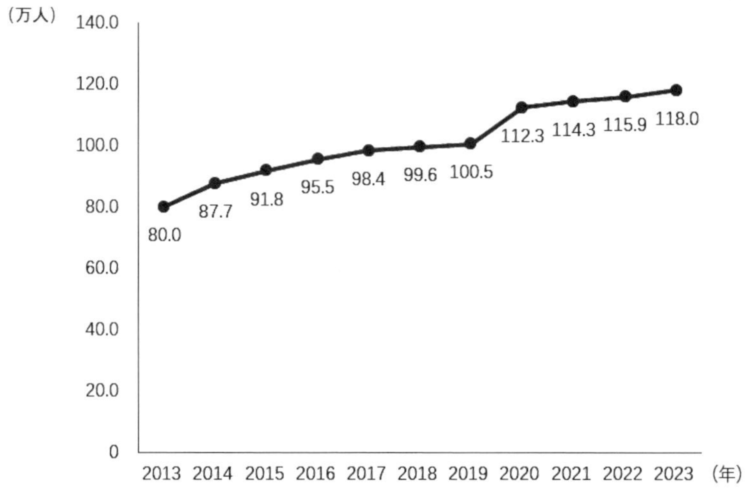

图3-1　2013—2023年高技能人才数量

资料来源：张天扬主编《北京人才发展报告（2023）》，社会科学文献出版社，2023。

然而，面对产业结构调整和经济转型升级，北京市技能人才结构矛盾仍然突出。在新兴行业，如人工智能、大数据等领域，高技能人才缺口较大。为此，北京市将继续加大技能人才培养力度，优化人才结构，以满足经济社会发展需求。

2. 技能人才政策环境与相应支持

北京市政府高度重视技能人才发展，出台了一系列政策措施，为技能人才创造良好的发展环境。

第一，构建高技能人才工作体系。北京市人民政府新闻办公室与市人力资源和社会保障局等部门联合发布了《关于加强新时代首都高技能人才队伍建设的实施方案》，其中包括18条具体举措，这些举措涉及高技能人才的培养、使用、评价和激励，旨在构建一个社会多方力量共同参与的高技能人才工作体系。

第二，开展高技能人才研修工作。政策强调以市场需求为导向，强化政企社协同、产教训融合，全面推行企业新型学徒制，支持急需紧缺职业

（工种）技能人才培养，并实施急需紧缺高技能人才培养工程。这有助于提高技能人才的质量和数量，特别是先进制造业和数字技术技能人才的培养。例如：北京市人力资源和社会保障局开展了高技能人才研修工作，旨在加大复合型、知识型、创新型高技能人才培养力度。该计划聚焦智能制造、新职业新业态、数字技能等领域，针对生产服务面临的技术难题和急需紧缺职业进行研修项目申报。

第三，优化人才使用。政策鼓励企业建立高技能领军人才“揭榜领题”制度，实行“技师+工程师”等团队合作模式，优化稳才、留才、引才机制，确保高技能人才得到合理地使用和激励。提高技能人才的待遇，激励更多劳动者投身技能提升。这些政策举措有效提升了技能人才的职业地位和社会认可度，为技能人才队伍的稳定和发展提供了有力保障。截至2024年9月，北京市已建成国家级技能大师工作室47家，市级首席技师工作室144家，累计带徒2 000余人。同时，搭建技能大赛平台选拔高技能人才，建立健全多层次竞赛体系，完善竞赛选手职业技能等级晋升政策，扩大证书等级和人员范围，以赛促训、以赛提技，不拘一格选拔优秀技能人才。

第四，健全人才评价和激励机制。政策提出要健全职业技能评价制度，创新技能人才评价方式，支持对优秀技能人才进行直接认定或破格晋升职业技能等级。例如，实施技能提升行动计划，加大对技能人才的培训力度；完善技能人才评价体系，推动职业技能等级认定工作。此外，加大高技能人才在各类表彰中的评选力度，鼓励企业以多种形式给予高技能人才奖励，从而更好地激励和保障高技能人才的发展。

综上所述，北京市在技能人才政策实施方面取得了显著成效，通过一系列具体举措，有效地促进了高技能人才队伍的建设和发展。

3. 技能人才政策实施方面的具体成效

北京市在技能人才政策实施方面的具体成效包括以下四个方面。

（1）人才资源总量增长：《北京地区人才资源统计报告（2022）》和《北京人才发展报告（2023）》显示，截至2022年底，北京地区人才资源总量达到796.8万人，较2013年增长36.7%。其中，高技能人才总量达到115.9万人，年均增速为4.5%。

（2）校企联合培养复合型数字人才：北京市支持校企联合培养复合型数字人才，通过引进海外高层次数字人才、支持留学回国数字人才创新创业、组织海外高层次数字人才回国服务等方式，发现和培养战略科学家，并形成人才梯队。此外，通过培训、研修等方式，提升首席数据官和企业管理人员的数字能力素质，实施专业技术人才知识更新工程和数字技术工程师培育项目，大力培育数字技术人才队伍。

（3）职业技能提升与培训：北京市大规模开展技能提升培训，有效提升了企业职工和重点就业群体的技能水平。同时，北京市建立了终身职业培训制度，对企业技能培训给予政府补贴，以实现“培训一人，就业一人”的目标。

（4）职业教育改革与法规完善：北京市不断加大政策供给力度，稳步推进技能人才工作，通过宣传表彰和舆论引导，营造尊重技能的社会氛围。同时，以新修订的《职业教育法》为引领，推动职业教育改革，持续开展职业技能提升行动。

北京市在技能人才政策实施方面已经取得了显著进展，不仅在人才培养体系的构建上有所创新，而且在实际操作中实现了技能人才数量的增加和质量的提升。

4. 技能人才供需状况与相应挑战

审视北京市技能人才的供需状况与相应挑战，市场总体呈现供不应求的态势，特别是在高新技术产业、现代服务业等领域，高技能人才的需求旺盛。然而，技能人才的培养与市场需求之间存在一定差距，部分专业人才的供给不足。根据对2021—2024年的数据和案例分析，北京市的技能人才供需状况呈现出以下四个特点。

技能人才总量与结构：尽管北京市的技能人才总量较大，但高技能人才的供给仍然不足，且结构不尽合理。目前，全市高技能人才仅占劳动力总量的四分之一，且以低技能、低学历、低年龄为主。这种结构性矛盾导致了部分行业岗位缺口较大，而中小微企业等重点领域就业岗位供给不足。

数字技能人才需求增加：随着数字经济的快速发展，北京市对数字技能人才的需求急剧上升。2024年，北京市职业教育新增了人工智能技术应用、工业互联网应用、区块链技术应用等22个数字技能相关专业。这些新专业的设立旨在培养更多高素质的数字技能人才，以支撑数字经济发展。然而，尽管新增专业数量较多，但实际培养效果和市场需求之间的匹配仍需进一步优化。

高端技术技能人才短缺：北京市在高端技术技能人才的培养上也面临巨大挑战，尽管已经推出了多项举措，例如，贯通培养计划和高技能人才研修工作。但从总体来看，高端技术技能人才的供给仍然不足。例如，北京市每年计划招生1375人参与贯通培养项目，但这一数字与实际需求相比仍有较大差距。

就业市场供需失衡：北京市就业市场的供需两端存在明显的失衡现象。一方面，部分行业尤其是高技术行业对高技能人才的需求旺盛；另一方面，中小微企业和一些传统行业的就业岗位供给不足。此外，就业培训资源的整合力度不强，社会化程度不高，有的培训服务与劳动力市场需求脱节，不能适时匹配新就业形态和新就业模式的需要。

（二）北京市职业技能培训现状

1.培训市场规模与参与度

近年来，北京市的职业技能培训市场规模呈现显著增长态势，得益于中国经济的强劲发展和产业结构的深度转型。根据相关数据，2022年我国职业培训行业市场规模约为5037.8亿元，同比增长6.2%。北京市作为核心城市，职业技能培训市场规模持续扩大，成为推动城市人才发展的重要力量。

在政策的引导和支持下，北京市不断优化培训资源，创新培训模式，以满足高精尖产业发展、城市运行管理、高品质民生和乡村振兴等多元化人才需求。例如，北京市教育委员会发布的《2024年北京市职业教育与成人教育发展规划》中提到，将通过校企合作、技术服务和社会服务等多种方式，激发职业学校的办学活力，提升其技术技能培训功能和师资优势。北京市还积极鼓励青年参加各类职业技能竞赛，例如世界技能大赛、全国职业技能大赛和北京市职业技能竞赛等，以此引导青年走技能成才之路。这些措施不仅提高了职业技能培训的参与度，也增强了培训的针对性和有效性，从而为社会培养了大量高技能人才。在市场主体方面，职业技工学校、在线教育平台及多类培训机构竞相发展，形成了线上线下融合的职业技能培训生态。

值得一提的是，北京市人力资源和社会保障局推出的京训钉平台，有效整合了“教、培、测、练、考、评、证、就”一体化管理服务功能，推动了“互联网+职业技能培训”的深入发展。通过线上培训专区和课程审核机制，北京市确保了线上培训的质量与效果，提高了市场参与度。

综上所述，北京市在职业技能培训领域的市场规模与参与度均取得显著进展，为提升劳动者技能水平和推动社会经济高质量发展做出了重要贡献。

2. 培训内容与形式

近年来，北京市在职业技能培训领域成果显著，一系列政策落地优化培训，使培训内容多样且针对性强，满足了不同行业群体的需求。

一方面，依据《北京市高技能人才研修工作的通知》，北京市大力培养复合型、知识型、创新型高技能人才。企业纷纷行动起来，为员工提供职业规划培训和技能提升培训，帮助员工明确发展方向，提升实际操作和创新能力，例如，在数字经济领域，北京市创建了一批高技能人才培训基地和技能大师工作室，开展专项培训活动，助力行业人才成长。同时，针对传统制造业和高精尖产业的人才需求，行业协会也各自开展了相应的职业技能教育培训。

另一方面，在培训形式上，北京市充分发挥《北京市职业技能提升行动实施方案》的指导作用，采取多种灵活的方式，如在岗培训、脱产培训、在线学习等，以满足不同群体的学习需求。线上教育平台和虚拟现实技术的应用，使得培训方式更加丰富多样，课程内容紧跟市场需求，涵盖了从基础技能到高新技能的全方位培训。

值得一提的是，北京市还创新性地推行了中国特色企业新型学徒制，通过“师带徒”模式，传承工匠精神，提高技术工人的地位和待遇。这种培训形式不仅提升了就业质量，还为技能人才的培养提供了有力保障。总之，北京市在职业技能培训内容与形式上的创新举措，既体现了高度的灵活性和针对性，又为经济社会高质量发展提供了强有力的人才支持。

3. 培训质量与成效

近年来，北京市在职业技能培训方面取得了显著进展和成就，职业技能培训体系不断优化，特别是在数字技能和高精尖产业领域的发展尤为突出。

数字技能的提升：2024年，北京市在职业教育领域进行战略升级，重点发展人工智能等前沿专业，新增多个与数字经济相关的专业课程。此举不仅拓宽了职业教育的专业范畴，而且为数字经济的快速发展输送了新鲜血液。而且政府部门还鼓励社会力量参与，共同加强数字技能人才的培育工作，以支撑产业创新和升级。

高技能人才研修工作得到推进：北京市人力资源和社会保障局发布了《关于开展2024年北京市高技能人才研修工作的通知》，目的是通过精心设计的研修项目，提升高技能人才的专业水平和创新能力。该计划不仅优化了技能培训体系，也为推动北京市的经济发展和技术进步提供了关键的人才支撑。

职业院校与企业的深度合作：北京市高职院校深入推进校企合作，创新融合机制，构建服务高端产业的专业体系。例如，北京电子科技职业学院承办2024年技能大赛并获佳绩，此模式强化了学生的实操技能，同时为企业培养了众多高技能人才，助力满足岗位需求。

技能等级认定制度的落实：北京市推动落实“新八级工”职业技能等级制度，在职业技能等级认定备案企业中开展特级技师、首席技师等高级别技能认定工作。截至2024年，北京市已有203家企业通过技能等级认定备案，覆盖70万职工和399个职业（工种）。这一制度的实施有效提升了从业人员的职业技能水平，增强了其就业竞争力。

持续推进职业教育改革：北京市不断深化职业教育供给侧改革，推动职业教育高质量发展。例如，朝阳区主动开展职业技能培训及技术服务，各职业高中利用校内实训基地开发培训课程，定制培训服务，确保课程质量。这些措施不仅提高了职业教育的实效性，也促进了地方经济和社会的全面发展。

总之，通过不断优化培训内容、加强校企合作、落实技能等级认定制度以及深化职业教育改革，北京市的职业技能培训质量与成效得到了显著提升。

（三）北京市职业技能评价现状

1.评价体系与标准

北京市在职业技能评价体系和标准方面进行了多项改革和创新，以适应首都经济社会发展的需要。自2020年起，北京市按照国家对技能人才评价制度改革的要求，率先在全国开展职业技能等级认定工作，将技能人才水平评价由政府认定改为实行社会化等级认定。截至2024年3月底，共有235家央企在京分支机构、市属企业和辖区企业通过了技能等级认定备案。到2024年，北京市已有超过28万人通过企业或社会评价获得技能等级证书，覆盖了130万名职工和382个职业（工种）。这一成就不仅展示了北京市在技能人才评价方面的先进性，而且体现了其在推动技能人才成长成才方面的积极努力。

为了进一步完善职业技能评价体系，北京市人力资源和社会保障局发布了《关于全面推进职业技能等级认定工作的通知》，旨在形成适应首都经济社会发展和技能人才发展需要的评价制度。该通知强调，按照人力资源和社会保障部《关于改革完善技能人才评价制度的意见》的要求，在总结职业技能等级认定试点工作基础上进行优化和提升。

此外，北京市还推动落实“新八级工”职业技能等级制度，并在职业技能等级认定备案企业中开展特级技师、首席技师的评选工作。这些措施不仅提高了技能人才的社会认可度，而且为他们提供了更多的职业发展机会。在具体实施过程中，北京市职业技能鉴定管理中心与区职业技能等级认定管理机构合作，制定了《2024年度职业技能等级认定质量管理责任书》，以加强职业技能等级认定监管服务，规范职业技能等级认定行为。图

3-2为2013—2022年北京市职业技能鉴定机构数的变化情况。

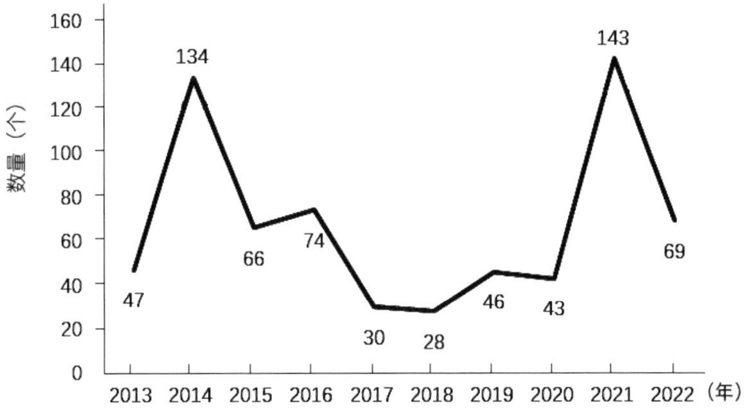

图3-2　2013—2022年北京市职业技能鉴定机构数

资料来源:《北京人才发展报告（2023）》

同时，北京人力资源服务行业协会发布了详细的申报条件和材料要求，确保考生能够如实填写报名系统要求的相关信息，并提交真实有效的材料。

总之，北京市持续完善职业技能评价体系，通过政策举措，强化技能人才成长支撑，提升其社会地位和竞争力，有力推动了首都经济的高质量发展。

2.评价方式与流程

近年来，北京市不断更新和完善职业技能评价体系与流程，以适应新技术、新产业、新业态、新模式的发展需求。北京市人力资源和社会保障局发布了《北京市职业技能评价网上服务平台》，通过该平台，北京市职业技能评价不断创新，采用线上与线下相结合的方式，提高评价的便捷性和效率。评价流程包括申报、审核、考试、评审等环节，确保了评价过程的透明性和规范性。特别是在疫情防控期间，线上评价方式得到了广泛应用，有效保障了职业技能评价工作的正常进行。

此外，北京市还推出了职业技能等级认定制度，鼓励企业在内部开展职业技能评价，进一步拓宽了评价渠道。新职业技能等级认定工作面向具有“产业代表性、评价专业性、行业权威性”的本市企业、社会团体、高等院校、职业院校（含技工院校）等展开公开遴选。认定机构依据国家职业技能标准，结合实际确定评价内容，采取理论知识考试、实际操作考核、综合评审等方式组织实施认定工作。

在这一过程中，“一岗双认”评价模式得到了探索和实施。所谓“一岗双认”，即同一岗位，劳动者既可以获得新职业技能等级证书，又可以获得企业岗位认证证书，打通新职业人才发展通道，推动实现国家职业与企业岗位人才评价的有效衔接。北京市的职业技能评价体系与流程在不断进步和完善，旨在更好地适应经济社会发展的需要，促进技能人才的成长和发展。

3.评价成效与影响

自2020年起，北京市按照国家对技能人才评价制度改革的要求，率先开展职业技能等级认定工作，将技能人才水平评价由政府认定调整为实行社会化等级认定。截至2024年3月底，北京市共有235家企业通过技能等级认定备案，覆盖130万职工和382个职业（工种），其中专精特新企业16家。此外，还有69家社会培训评价组织通过技能等级认定备案，可以面向社会从业人员开展77个职业的技能等级认定。目前，这些企业和社会培训评价组织已为33.93万人完成技能等级认定工作，其中28.22万余人通过认定取得了技能等级证书。

在具体实施过程中，北京市人力资源和社会保障局积极开展技能人才多元评价机制改革，以“谁用人、谁评价、谁发证、谁负责”为原则，鼓励院校、企业和社会培训机构共同参与技能人才的评价工作。这种改革不仅提高了技能人才的自主性和灵活性，而且为他们提供了更多的发展空间和机会。

此外，北京市还通过多种方式提升技能人才的素质和能力。例如，丰台区职业能力建设中心于2024年召开了区级外督员培训工作会，强调外督员要提高政治站位，增强使命担当，确保职业技能评价工作的公正性和有效性。同时，《北京市高等职业教育质量年度报告》指出，各高职院校积极开展职业技能提升行动，筹办各类技能大赛，开展职业技能等级认定工作，助力北京市技能社会建设。

在企业层面，北京市积极推动技能人才自主评价政策的落实。经过近几年的试点与发展，这项创新工作已在全国得到广泛认可并取得显著成效。例如，大型能源集团构建了与企业发展相匹配的人才评价模型，通过科学使用评价方式和建设数字化评价平台，显著提升了企业技能人才的评价能力，优化了技能人才队伍。

北京市职业技能评价体系的完善和实施，不仅促进了技能人才的成长成才，而且为首都经济社会发展提供了有力的人才支撑和技术保障。未来，随着新技术、新产业、新业态、新模式的不断发展，北京市将继续深化职业技能评价改革，进一步提升技能人才的整体素质和创新能力，推动首都高质量发展。

二　天津市职业技能发展现状

（一）天津市技能人才发展现状

1.技能人才总体规模与结构

天津市在技能人才培养和使用上取得显著成效，展现出技能人才的总体规模与结构的优化。据统计，2019—2024年，天津市技能人才总量从150万人增长至约200万人，增长率为33.3%。其中，高技能人才占比不断提高，从2019年的25%上升至2024年的30%，凸显了天津市在技能人才培养方面的领先地位。技能人才主要集中在制造业、服务业、建筑业等传统优势行业，但新兴产业和支柱产业的需求也十分旺盛。

天津市为提升技能人才水平，采取了一系列措施，例如，举办“天津技能周”活动，宣传职业技能培训政策，支持技工院校发展，计划招生超过万人。此外，天津市建立了国家级和市级高技能人才培训基地及技能大师工作室，全市共有28家国家级培训基地、35个国家级工作室、55家市级培训基地和87个市级工作室，为技能人才提供了良好的学习和实践平台。

通过专项统计调查，天津市全面掌握了技能人才总量和结构分布情况，为“十四五”人才培养决策提供数据支持。这些调查有助于天津市更准确地把握技能人才需求和供给，制定有效的政策。总体来看，天津市技能人才队伍规模宏大、结构合理，正逐步构建一支素质高、技艺精湛的高技能人才队伍。未来，天津市将持续投入，推动技能人才队伍建设，为经济社会发展提供坚实的人才保障。

2. 技能人才政策环境与相应支持

天津市政府高度重视技能人才发展，出台了一系列政策措施，为技能人才创造良好的发展环境，以加强新时代高技能人才队伍建设。这些政策和措施主要体现在以下五个方面。

（1）完善培训平台建设：天津市积极完善公共实训中心、企业培训中心、高技能人才培训基地以及技能大师工作室等各类培训平台的建设，特别是针对人工智能、装备制造、数字技能以及新职业等领域的技能人才培养。

（2）构建高技能人才培养体系：天津市致力于构建一个以行业企业为主体、职业学校为基础、政府推动与社会支持相结合的高技能人才培养体系。这一体系旨在引导各类劳动者根据社会需求和自身发展需要进行技能提升。

（3）发挥职业学校的基础作用：天津市支持社会力量举办职业学校，落实中等职业学校和普通高中同批次并行招生政策。同时，推进技工院校工学一体化人才培养模式改革，以提高职业教育的质量和效果。

（4）实施“海河工匠”建设工程：天津市提出实施“海河工匠”建设工程，搭建高技能人才培养平台，培养更多高素质技能人才、能工巧匠和大国工匠，同时，助推专业改革。

（5）制定具体的实施举措：天津市出台了《关于加强新时代高技能人才队伍建设的实施意见》，该文件共分为九个部分，包含29条具体落实举措，强调具体化、创新性、可操作性和可落地性，明确了天津市新时代高技能人才队伍建设的目标任务和工作措施。

这些政策和措施体现了天津市政府对技能人才发展的高度重视，通过完善培训平台、构建人才培养体系、发挥职业学校作用、实施“海河工匠”工程以及制定具体实施举措，为技能人才创造了良好的发展环境，加强了新时代高技能人才队伍建设。

案例1：加强产教融合　人才快速成长（锚定现代化　改革再深化）

工作刚满一年，王添宝不仅带了8名学徒，今年5月还晋升为自动化工程师。

“王添宝成长快，离不开职业教育改革。”天津荣程联合钢铁集团有限公司人事处处长商凯涛说，校企合作的产教融合培养模式，让王添宝这样的年轻人“毕业就能上岗，上岗即能胜任”。

王添宝的母校天津中德应用技术大学，是教育部批准成立的国内首所应用技术大学，也是天津市全面深化职业教育改革的一个缩影。深化产教融合、校企合作，打通职业人才培养的“最后一公里”，职业教育在经济发展和技术更新中找准定位。

王添宝就读的机械电子工程系，设立于2020年。天津市坚持专业设置跟着产业动态走，近年来新增备案专业60个，紧密对接现代工业产业体系及现代服务业，同时撤销不适应产业发展的专业20个。课程上，理论和实训比例是1∶1。在校4年，除了学习理论知识，王添宝一头扎进院系打造的缩小版企业生产车间，不断精进实操技术。人才培养如何适应传统产业转型升级、新兴产业快速发展？天津中德应用技术大学党委书记张继东的答案是：“根据企业和行业的发展需求设置课程内容，开展教学改革。”

大国工匠是中华民族大厦的基石、栋梁，职业教育就是培育工匠的沃土。大四时，王添宝参加了由天津中德应用技术大学、荣程钢铁集团、天津海河教育园区管委会联合开办的“工程师涵养班”，由学校老师和企业工程师共同教学。“这是对过去订单班合作机制的深化改革。”在张继东看来，以前是企业提出个别需求，学校提供技能人才培训，“去年我们将经验做法完善固定下来，与政府部门、企业合作，形成制度化的产教融合人才培养模式。”

效果怎么样，实践见分晓。王添宝进入荣程钢铁集团后，赶上新部门成立、新设备调试。设备生产厂家工程师现场讲解如何安装、编程、调试、运维，让过去习惯手动质检的老工人犯了难。“我来试试。”王添宝会编程、上手快，并把实操经验编写成设备使用指导文案，方便新手快速入门。今年5月，表现优异的他由初级工程师晋升为自动化工程师。

多业联动的职业教育产教融合机制，以区域产教联合、产业链产教融合为特点的产教融合新型组织形态……作为国家现代职业教育改革创新示范区、首批国家产教融合型试点城市，天津市近年来建设国家示范性职教集团培育单位6个，培育产教融合型企业193家，在体制机制创新、校企合作办学、平台载体建设等方面形成一批可复制可推广的经验做法。今年以来，《天津市职业教育条例》《天津市职业教育产教融合促进条例》先后施行。

政策持续发力，改革持续深入。“加快构建职普融通、产教融合的职业教育体系”写入党的二十届三中全会《中共中央关于进一步全面深化改革、推进中国式现代化的决定》。天津市教育委员会职业教育处处长李力表示，深入贯彻落实党的二十届三中全会精神，下一步将坚持行业办学特色不动摇，聚焦生物医药、海洋工程装备、高端装备制造、新能源等，推进职业教育与天津现代产业体系深度融合。

案例来源：人民网－人民日报（2024年08月16日）

3.技能人才供需状况与相应挑战

天津市的产业结构优化升级，使高技能人才需求日益旺盛。根据天津人才工作网2021年8月统计数据显示，高端制造业、现代服务业等领域的高技能人才需求量年均增长率超过10%。然而，技能人才供给方面仍存在不足，尤其是高技能人才占比与先进制造业、现代服务业发展需求尚不匹配。

在具体行业领域的人才供需状况中，天津市围绕智能科技产业、生物医药、新能源、新材料等新兴产业以及航空航天、高端装备、汽车、石油等领域进行职业教育人才培养。特别是信创、智能制造等产业领域，产教融合水平明显提升。例如，在天津滨海新区，已经成立了信创产业集群联盟，以推进信创产业发展。

作为北方的经济中心，天津市对光电专业技能人才的需求较大，尤其是中环电子集团、天津光电集团等企业的大规模生产基地。同时，天津市也是北方最大的安防产业基地，每年需要大量光电专业的技能人才。此外，天津汽车制造业也是技能人才需求较为集中的领域之一，该行业的职工总数为69 358人，其中技能型操作人员占绝大多数。

虽然天津市在制造业方面有坚实的基础，但在跨境电商领域仍存在人才供给不足的问题，包括人工智能、物联网、工业机器人、无人机等领域，以及运输与物流、结构与建筑、制造与工程技术等方面。为了应对这些挑战，天津市采取了一系列措施来加强高技能人才的培养和引进。例如，增加对口专业设置，鼓励高校设置云计算、大数据、人工智能等前沿领域专业；建立企业公共实训基地和技能大师工作室，广泛开展职业技能大赛；

制定紧缺职业培训标准及补贴标准，扩大技能人才培训规模，提升培训适配性。

（二）天津市职业技能培训现状

1.职业技能培训体系建设与实施

天津市以市场需求为导向，优化职业技能培训资源配置，推动培训内容与产业需求紧密对接。

培训体系的构建与完善：天津市出台了《天津市关于加强新时代高技能人才队伍建设的实施意见》，进一步加强了高技能人才队伍建设。该文件内容全面，构建了面向城乡全体劳动者的终身职业技能培训制度。此外，《天津市职业技能培训规定》于2023年正式施行，旨在规范和促进职业技能培训高质量发展，提高劳动者素质和就业创业能力。

政府保障与监管：市、区两级人民政府加强部门协调，做好资金保障，推动职业技能培训实施。人力资源和社会保障部门负责制订职业技能培训发展规划和年度计划，管理职业技能培训补贴资金使用，查处职业技能培训违规违法行为。同时，《天津市职业技能培训监督管理办法》对补贴培训实施监管，确保培训质量和效果。

高技能人才培养基地：截至2024年，天津市已建成1个国家级公共实训中心、18个国家级高技能人才培训基地和45个市级高技能人才培训基地。这些基地不仅为劳动者提供技能实训、技能竞赛等服务，而且开展职业标准研发、培训模式创新等工作。此外，天津市还遴选认定了488家企业培训中心，形成了较为完善的技能人才培训体系。

职业教育与企业合作：天津市积极推动职业学校与企业的深度合作。例如，天津职业大学通过落实《2024年天津市职业教育工作要点》，聚焦职业教育“五金”新基础设施建设，推进人才培养质量跃升计划和现代职业教育体系建设创新发展计划。此外，天津市人力资源和社会保障局也支持职业学校与职业教育先进地区、对口合作交流地区的职业学校开展合作，提升职业教育发展质量和水平。

技能大赛与社会影响：为了弘扬劳模精神、劳动精神和工匠精神，天津市每年都会举办“天津技能周”活动，展示技工院校历史沿革、办学优势、招生信息、学生就业状况等内容。这些活动不仅提升了技能人才的社会认知度，而且促进了社会各界对技能培训的重视和支持。

通过政府的有力保障和监管、完善的培训基地建设、职业教育与企业的深度合作以及广泛的社会宣传，天津市逐步构建了一个高效、全面、可持续发展的职业技能培训体系。

2.职业技能培训政策与相应支持

天津市职业技能培训政策的制定旨在促进技能人才培养高质量发展，提高劳动者素质和就业创业能力，建设人才强市。

根据党的二十大关于“健全终身职业技能培训制度”的部署要求，天津市政府于2023年颁布了《天津市职业技能培训规定》，这是全国首部关于职业技能培训的省级政府规章，旨在推进制造业高质量发展和人才强市战略。该文件明确了职业技能培训工作的职责分工，市、区两级人民政府将职业技能培训纳入国民经济和社会发展规划，并制订中长期职业技能培训规划。此外，天津市还发布了《天津市市场紧缺职业需求程度及培训补贴标准目录（2024年版）》，自2024年1月1日起施行，以更好地满足市场需求和促进就业。这些政策文件的出台，为职业技能培训事业的发展奠定了坚实的基础。

为了进一步推动职业技能培训事业的发展，天津市出台了多项补贴政策。该政策覆盖了具备资质的企业培训中心、职业学校、公共实训基地等培训机构，并对参加职业技能培训的劳动者给予补贴。此外，天津市人力资源和社会保障局会同市财政局定期公布市场紧缺职业需求程度及培训补贴标准目录，并根据产业结构变化和技能人才供需状况适时动态调整。例如，根据《天津市职业技能培训补贴实施办法》，各类人员可以享受不同等级的职业技能培训补贴，院校学生每年可享受一次补贴，其他人员每年最多可享受两次补贴。同时，针对市场紧缺职业，天津市人力资源和社会保障局和市财政局制定了详细的补贴标准目录，确保培训资金的安全和有效使用。

此外，天津市还推行了学分激励、资历互认等措施，鼓励劳动者通过参加职业培训提升自身技能水平。例如，技工院校高级工、预备技师（技师）班毕业生在就业、职称评审等方面享有与大学专科、本科学历毕业生同等的待遇。

总体来看，天津市职业技能培训政策与支持体系已经初具规模，并在实践中取得了显著成效。通过政府的有力推动和社会各界的广泛参与，天津市的职业技能培训事业将不断发展壮大，为经济社会发展提供有力的人才保障和技术支撑。

3.职业技能培训成效与相应挑战

天津市在职业技能培训体系建设与实施方面取得了显著的成效，具体体现在以下六个方面。

（1）大规模开展职业技能培训：近五年来，天津市依托“海河工匠”建设系列政策，累计开展补贴职业技能培训110万人次。此外，天津市三年内共开展各类职业技能培训60万人次以上。

（2）构建终身职业技能培训体系：天津市积极构建终身职业技能培训体系，致力于打造技能人才高地，提升劳动者的职业技能水平和就业创业能力。

（3）技能人才数量增长：截至2018年末，全市技能人才达到246万人，其中高技能人才72万人。通过持续的培训和提升行动，技能人才的数量明显增加。

（4）产教融合与校企合作：天津市在职业教育产教融合方面进行了积极的探索与实践，建设了多个国家级或地区级职业教育师资培训基地，并推动教材改革与创新。通过校企合作，高职院校在人才培养模式、学生实习实训等方面取得了良好收益。

（5）职业技能评价体系建设：天津职业大学等单位拓展了线上线下培训项目，新增多个职业（工种）职业技能等级认定资质，并开发了行业评价规范，年度技能人才评价人次显著增加。

（6）职业技能竞赛体系：天津市健全以“海河工匠杯”技能大赛为引领的职业技能竞赛体系，发挥企业、职业院校和培训机构的作用，全年开展职业技能培训30万人次以上。

尽管天津市在职业技能培训方面取得了显著成就，但仍面临一些挑战，这些挑战主要体现在以下四个方面。

首先，培训质量和精准度不高。当前，高职院校的教育教学资源大部分用于学历教育，职业技能培训的基础相对薄弱，特别是在实训平台、师资队伍、数字化培训体系及培训质量监控与评价等方面存在诸多短板。此外，培训模式较为单一，对培训对象的个性化需求关注度不足，导致培训内容不能满足新技术、新业态和新兴产业领域对技术技能人才提升素质的要求。

其次，产教融合型企业认定评价体系尚不完善。虽然天津市已经建立了产教融合型企业认定评价指标体系，并认证了100家以上的企业，但整体上仍需进一步加强和完善，以确保培训项目能够更好地对接企业需求。例如，天津市发展和改革委员会和天津市教育委员会等行政部门每三年对进入产教融合型企业认证目录的企业进行资格复核，复核合格的继续确认其产教融合型企业资格，不合格的不再保留产教融合型企业资格。

再次，职业技能培训的市场运行现状复杂。根据《天津市中等职业教育行业深度研究与战略咨询报告》，天津市中等职业教育市场竞争格局复杂，部分培训机构在课程设置和市场需求分析方面缺乏时效性和深入性，影响了培训效果。例如，《2023—2029年中国天津市中等职业教育市场全景调研与产业竞争格局报告》指出，天津市中等职业教育行业的市场运行复杂，竞争激烈。

最后，终身职业技能培训体系尚待完善。虽然天津市已经开展了各类职业技能培训活动，如“海河工匠杯”技能大赛等，但如何构建面向城乡全体劳动者的终身职业技能培训制度仍是一个重要课题。

综上所述，尽管天津市在职业技能培训方面取得了一定成绩，但仍需在提升培训质量与精准度、完善产教融合型企业认定评价体系以及优化市场运行环境等方面做出更多努力。

（三）天津市职业技能评价现状

1.职业技能评价体系建设与实施

近年来，天津市在职业技能评价体系方面进行了全面的改革与升级。根据《人力资源社会保障部关于改革完善技能人才评价制度的意见》，天津市逐步将原有的职业资格鉴定制度转变为职业技能等级认定制度。这一转变旨在深化技能人才评价制度改革，健全职业技能等级认定制度，促进全市技能人才队伍建设。为了适应新时代的发展需求，天津市推行了国家统一的技能人才职业资格和职业技能等级制度，实施职业资格评价、职业技能等级认定和专项职业能力考核等多元化评价。劳动者可以根据就业和自身职业发展需求参加不同的评价，取得相应的职业资格证书和职业技能等级证书。

天津市通过制定《天津市职业技能等级认定工作管理办法（试行）》等八项业务制度，确保了从备案申报到证书信息管理的全线上操作，并结合“互联网+人社”系统实现评价信息双管理，使得评价工作更具规范性和有效性。这些措施不仅提高了职业技能评价的效率和透明度，而且为劳动者提供了更加便捷和高效的服务。

天津市积极构建以行业企业为主体、职业学校为基础、政府推动与社会支持相结合的高技能人才培养体系。通过引导各类劳动者根据社会需要和个人需求积极参加职业技能培训，强化行业企业在技能人才培养中的主体作用。例如，在生物医药技术等领域，天津市统筹编制专业群建设规划，确定人才培养规格，升级改造人才培养方案，开发课程和教学资源，改革教学和学业考核评价方式。

为了保障职业技能评价体系的有效运行，天津市出台了多项政策文件，规范职业技能等级认定工作。例如，《天津市职业技能培训监督管理办法》规定，天津市人力资源和社会保障局每年应当对民办职业培训机构开展培训质量评估，并向社会公布评估结果。同时，天津市人力资源和社会保障部门建立了职业技能等级认定工作质量监控体系，健全完善对用人单位和社会培训评价组织的评估机制。

此外，天津市还注重地方特色产业的发展，鼓励开发专项能力考核项目，以更好地适应地方经济发展的需要。例如，天津市人力资源和社会保障局公布了第一批面向社会开展技能等级认定的72个职业（工种）及评价机构，进一步加强了全市技能人才队伍建设。

总之，天津市的职业技能评价体系在不断完善和优化中，通过科学、规范的管理和多元化的评价方式，推动了技能人才的成长和发展。

2.职业技能评价政策与相应支持

天津市在职业技能评价方面进行了多项改革和创新，主要包括以下六个方面。

（1）深化技能人才评价机制改革：天津市贯彻落实《关于分类推进人才评价机制改革的指导意见》的精神，围绕“放管服”改革部署要求，进一步简政放权，推动政府职能转变，形成适应经济社会发展和技能人才发展需要的评价制度。天津市实行多元化技能评价，完善国家职业资格目录，建立职业技能等级制度，注重与职业资格制度的衔接，规范专项职业能力考核。

（2）职业资格与职称贯通：从2019年开始，天津市已经实现专业技术人员职业资格考试通过者直接对应相应系列职称，该规定到2024年又拓展到高技能人才、新职业人才等人才群体。从2024年1月1日起，天津市明确了91类证书可以直接贯通职称。

（3）职业技能提升行动：天津市发布《职业技能提升行动方案（2019—2021年）》，加强职业技能培训工作，保障资金安全和效益，强化资金监管，定期公开资金使用情况，加强监督检查和专项审计；推进职业技能培训与评价有机衔接，完善多元化评价方式，动态调整职业资格目录和发布。

（4）自主评价与信用支付：天津市支持企业自主开展职工职业技能等级评价工作，鼓励设立首席技师、特级技师等，提升技能人才职业发展空间；探索信用支付等办法，优化培训补贴支付方式，简化流程，提高服务效率。

（5）费金减免与管理办法：根据《人力资源社会保障部关于改革完善技能人才评价制度的意见》和《天津市职业技能等级认定工作管理办法（试行）》，天津市公布了第一批面向社会开展技能等级认定的职业（工种）及评价机构。

（6）其他配套措施：深化职称制度改革，落实“海河英才”卡制度，优化配套服务措施，扩大市级人才公寓规模，满足引进人才安居需求。

另外，天津市通过向企业放权，引导企业发挥技能人才培养的主体作用，探索适合本市的职业技能等级认定工作实施办法，有效推动了技能人才的培养和发展。在具体实施方面，天津市职业技能等级认定由人力资源和社会保障部门备案的用人单位和社会培训评价组织按照国家职业技能标准或行业企业评价规范开展，颁发职业技能等级证书。同时，天津市还启用了“天津市人力资源和社会保障局职业技能评价专用章”，以规范评价证书管理。

3.职业技能评价成效与面临的挑战

（1）成效

近年来，天津市在职业技能评价方面取得显著成效。通过优化技能人才评价方式，健全以职业能力为导向、以工作业绩为重点、注重职业道德和知识水平的评价体系，天津市成功培养了一支高素质的技术技能人才队伍。特别是在推进“海河工匠”建设工程和职业技能提升行动中，天津市不仅提升了技能人才的整体素质，而且为制造业等关键产业提供了强有力的人才支撑。

为了进一步完善技能人才评价机制，天津市采取了多项措施。例如，依据人力资源和社会保障部相关规定，天津市主动向企业放权，引导企业发挥技能人才培养主体作用，探索适合本地发展的技能人才评价模式。此外，天津市还实施了职业技能等级认定制度，将原有的职业资格鉴定制度转为更加科学的职业技能等级认定制度，从而提高了评价的公正性和透明度。

在具体实践中，天津市通过多种渠道和方法提升技能人才的评价质量。例如，通过建立职业技能等级认定工作质量监控体系，确保用人单位和社会培训评价组织按照国家职业技能标准或评价规范开展工作，并对评估结果进行公开。同时，天津市还积极利用大数据和人工智能技术，实现全业务在线办理，包括标准化申报、智能化审核和模块化考试等。

（2）面临的挑战

尽管天津市在职业技能评价方面取得了一定的成效，但仍面临一些挑战。具体体现在以下三个方面。

监管制度不健全：存在缺乏有效监管手段、日常检查流于形式、档案资料管理混乱等问题。

企业自主评价实施难度大：企业在开展技能人才自主评价时，需要制定具体的实施方案，并提前报备市鉴定中心，这增加了企业的负担和评价工作的复杂性。

培训质量评估问题：民办职业培训机构在培训质量上存在班期培训人数超标或出勤率低、资料不规范、课堂秩序混乱等现象，导致培训质量难以保证。

总之，如何确保评价过程的公平性和透明度，避免出现评价标准不统一、评价结果不公正等问题，是当前亟须解决的问题。此外，如何有效整合各方资源，形成合力，推动职业技能评价工作的深入开展，也是天津市需要面对的重要课题。随着大数据、人工智能等新技术的广泛应用，新一轮科技和产业革命对技能人才提出了更高的要求。天津市需要更多具有创新意识和创新能力的复合型技术技能人才来支撑高质量发展。这就要求天津市不断改革人才培养模式，打造专业特色，提升人才培养质量，快速响应区域产业发展对人才的需求。

三　河北省职业技能发展现状

（一）河北省技能人才发展现状

1. 技能人才总体规模与结构

河北省的技能人才队伍在近年来呈现稳步增长的趋势，具体表现在技能人才总量和结构的优化上。

从技能人才总量来看，河北省人力资源和社会保障厅发布的数据显示，2019年，河北省技能人才总量为510万人，到2024年，这一数字增长至600万人，增长了近20%。其中，高技能人才从2019年的140万人增长至2024年的180万人，占比从27.5%提升至30%。这一数据表明，河北省在技能人才的培养和引进方面取得了显著成效。

从技能人才结构的优化来看，2019年，河北省第一产业技能人才占比为20%，第二产业为45%，第三产业为35%；到了2024年，这一结构调整为第一产业技能人才占比为15%，第二产业为40%，第三产业为45%。这一变化反映了河北省产业结构调整和优化的成果，第三产业技能人才的比例显著提升，这与河北省政府推动第三产业结构调整的举措相吻合。

为了实现优化技能人才结构这一目标，河北省采取了多项具体措施。例如，《河北省职业院校专业结构优化调整实施方案》提出，通过增设新兴专业、改造升级传统专业、撤销不符合要求的专业，使职业院校的专业结构与产业结构匹配度、人才培养结构与行业企业需求结构契合度达到85%以上。此外，河北省还推动了“2+2+2”校企联合贯通培养项目，确保职业教育与企业需求紧密衔接。这些努力不仅提升了技能人才的数量和质量，而且为河北省经济社会高质量发展提供了强有力的支撑。

河北省通过优化培养结构，在建筑类专业方面，每年可培养约6万名高素质技术技能型人才。同时，河北省还通过实施高技能人才振兴计划、职业技能提升行动等措施，建立了133个高技能人才培训基地，并全面推行企业新型学徒制，2021年培养学徒2.3万人，目前学徒培养数量在全国排名第二。

总之，河北省通过一系列政策和措施，成功地实现了技能人才队伍的结构优化和技能人才数量的稳步增长，为全省经济社会高质量发展提供了坚实的人才保障。

2. 技能人才政策环境与相应支持

根据《关于加强新时代高技能人才队伍建设的意见》，到“十四五”时期末，河北省将建立更加完善的高技能人才培养体系和评价机制，进一步提升技能人才的社会地位和收入水平。这一目标在2023年12月人力资源和社会保障部与河北省签署的技能强省行动合作协议中得到体现。双方将在政策扶持、资金投入等方面进行重点合作，共同推动河北省技能人才的发展。具体而言，河北省的多项技能人才培养政策包括以下六个方面。

（1）设立技能人才发展专项资金。2019—2024年间，河北省财政累计投入8亿元，用于职业技能培训、竞赛和奖励。

（2）实施职业技能提升行动。2019年以来，全省开展各类职业技能培训630万人次。

（3）推行企业新型学徒制。截至2024年，新型学徒制参与企业达1 200家，培养新型学徒30万人。

（4）设立多个高技能人才培训基地和技能大师工作室。例如，在乡村振兴重点县建设了10个省级高技能人才培训基地和10个省级技能大师工作室。

（5）推行定向培训。为加快推进技能强省行动，河北省制定了《关于开展2023年职业技能培训提质增效行动的通知》，针对青年、下岗失业人员等城乡劳动者群体，大力开展订单、定岗、定向式就业职业培训，并对培训合格后实现就业的劳动者给予补贴。

（6）推出数字经济领域技术技能人才培育项目。河北省主要围绕智能制造、区块链、大数据工程技术人员等数字技术领域新职业，实施规范化培训、社会化评价和项目化管理。

这些政策和措施体现了河北省在技能人才培养方面的全面布局，旨在通过提升技能人才的社会地位和收入水平，促进经济和社会的全面发展。

3.技能人才供需状况与面临的挑战

河北省人才的供需状况呈现复杂多变的特点，尽管总量有所增加，但技能人才的结构和质量仍存在诸多问题。

一方面，河北省的职业教育与产业需求尚不完全匹配，导致高技能人才供不应求。许多企业，特别是中小型企业面临“招人难”的问题，同时，部分高技能人才则因年龄老化、跳槽频繁而面临困境。此外，河北省的劳动力整体素质不高，职业教育发展相对滞后，进一步加剧了这一矛盾。

另一方面，河北省正处于经济结构调整的关键期，对技能人才的需求日益增加，特别是先进制造业、大数据、区块链等新兴领域，对高技能人才的需求更为迫切。为了应对这一挑战，河北省政府采取了一系列措施，包括实施卓越工程师薪火计划、数字技术工程师培育项目等，并积极开展职业技能培训，提升劳动者的技能水平。

河北省职业教育面临的三大挑战：一是省域现代职业教育体系有待完善，需要在机制、产教融合等方面实现改革突破；二是高职教育办学条件有待改善，需加大经费投入以满足教学资源需求和数字化转型升级需求；三是高职教育的数字化转型有待深入，需结合产业数字化趋势对传统专业进行改造，消除信息孤岛和数据壁垒，提高院校治理水平和人才培养质量。

综上所述，河北省在高技能人才队伍建设方面取得了一定进展，但仍需进一步优化职业教育体系，加强校企合作，提升劳动者技能水平，以更好地适应经济结构调整和高质量发展的需求。

（二）河北省职业技能培训现状

1.职业技能培训体系建设与实施

河北省为构建高效的职业技能培训体系，采取了多项政策措施和技术手段。在政策上，河北省制定了《河北省“十四五”职业技能培训规划》等文件，明确了发展方向和目标，并通过补贴等方式激励职业技能培训。在技术上，引入实名制管理、人脸识别等先进手段，确保培训过程的合规性和有效性。

在精准性和针对性上，河北省特别关注特定群体的需求。对于高校毕业生和防止返贫监测对象，提供具有针对性的技能培训，并结合市场需求实行差异化补贴，助力其就业创业。同时，河北省也重视企业职工、农村转移就业劳动者等群体的培训需求，通过订单、定岗、定向式培训，确保培训效果。

在重点行业，如康养产业、冰雪运动、制造业和数字技能等领域，河北省实施了技能人才赋能行动。这些行动不仅提升了相关从业人员的专业技能，而且满足了产业发展对人才的需求，促进了经济社会的可持续发展。

河北省通过建立国际合作平台、组织国际交流活动、加强友好城市合作以及完善技能人才评价制度，推动技能竞赛体系建设和评价机制创新。通过这些措施，河北省引入职业技能培训国际理念标准，促进技能交流合作，提升技能竞赛和人才评价的国际化水平。

2.职业技能培训政策与相关支持

河北省在近五年间，通过一系列政策和措施，大力推动职业技能培训工作，以提升劳动者的技能水平和就业能力。2024年，河北省计划开展补贴性职业技能培训35万人次以上，新建省级高技能人才培训基地和技能大师工作室各10家，推动两个技工教育联盟进入全国技工教育联盟（集团）建设院校。该政策执行期限至2024年12月31日，延续实施技能提升补贴政策，为企业在职职工、失业保险金领取者等提供补贴。

河北省特别重视对高精尖缺职业技能的培训，以适应数字化、自动化等新兴技术的发展。《河北省就业工作领导小组办公室关于做好2024年职业技能培训工作的通知》明确提出，加快推进技能强省行动，促进高质量充分就业，更好服务新质生产力发展。此外，河北省出台的政策还包括对未就业高校毕业生的技能培训、青年职业技能培训专项计划、职业教育体系建设改革、高职扩招专项工作以及全面推行中国特色企业新型学徒制。

在技能提升补贴政策方面，河北省进行了优化，扩大了受益范围，降低了申领条件，提高了补贴标准，并推行便捷的申领模式。对新招用或转岗的技能岗位人员、建档立卡贫困劳动力和易地扶贫搬迁劳动力、预备技师及高级技能人才等给予不同层次的补贴，以促进就业、提升劳动者技能水平，为全省经济社会发展提供有力的人才支持和保障。

3.职业技能培训成效与面临的挑战

河北省近五年在职业技能培训方面取得了显著成效，但也面临一些挑战。2024年，河北省发布了多项政策文件，旨在加快推进技能强省行动，促进高质量充分就业。全省计划完成各类补贴性职业技能培训35万人次，并新增取得职业资格证书或职业技能等级证书的人数超过30万。这些措施不仅提升了劳动者的职业技能水平，而且为他们提供了更多的就业机会。此外，河北省还大力开展高精尖缺职业技能培训，重点针对防止返贫监测对象等群体，增强培训的精准性和实效性；新建省级高技能人才培训基地和技能大师工作室各10家，推动技工教育联盟进入全国技工教育联盟（集团）建设院校。

然而，河北省的职业技能培训仍面临一些挑战。一是培训质量和精准度不高，课程内容更新滞后，师资实践与研发能力弱，影响人才培养质量。二是师资力量不足，职业学校专业课教师水平不高且配备不足，缺乏“双师型”教师，实践能力培养不足。三是校企合作不深入，企业参与职业教育的动力不足，合作流于表面，缺乏约束力和驱动力。四是办学条件有待改善，职业学校校园面积、建筑面积不足，教师配备不达标，经费投入不足。五是生源不足和就业率存在问题，职业学校招生竞争激烈；学生就业率高但贡献率低。六是现代职业教育体系待完善，需要在机制、产教融合等方面实现改革突破。

总之，外部环境的复杂性、严峻性和不确定性上升，给经济社会发展带来了不少困难。河北省劳动力整体素质不高，人才结构不合理，特别是高技能人才供不应求的问题依然存在。此外，河北省的教育结构不够完善，职业教育发展相对滞后，需要进一步调整和优化。

河北省为解决劳动力整体素质不高和人才结构不合理的问题，采取了多项措施。首先，提升人才培养质量，实施"六卓越一拔尖"人才培养计划，加强基础学科和文、史、哲、经济学拔尖创新人才培养。其次，职业本科专业人才培养，明确相关院校职业本科专业学生在企业的实习实训时间原则上累计不少于6个月。再次，高层次人才引进，对全职到河北省工作的高层次人才给予最高1 000万元科研经费补贴和200万元安家补助。最后，实施"三三三人才工程"，加快高层次专业技术人才队伍建设。此外，河北省还注重农民工素质提升，推进新生代农民工职业技能提升计划，创建一批农村劳动力转移就业示范县。

案例2：聚焦沿海经济高质量发展　打造高技能人才培养高地

曹妃甸区，作为沿海经济的重要区域，正致力于通过高质量的人才培养，推动区域经济的快速发展。今年以来，曹妃甸区实施了"振兴沿海经济高质量发展高技能人才培养高地工程"，依托曹妃甸区职业教育集团，全力推进区职业技术教育中心的"提质培优"项目建设。

曹妃甸区紧贴市场需求，建立健全专业动态调整和设置机制，实施优势专业提质、新兴专业扩容、未来专业培育、特色专业赋能行动。区职业技术教育中心针对全区主导产业、创新产业、特色产业的需求，开设了11个专业，包括电气运行与控制、智能设备运行与维护、汽车制造与检测、焊接加工、电子商务、计算机平面设计等，实现了技术技能人才培养供给与区域产业需求的完美匹配。

为提升学员的适岗能力，曹妃甸区结合企业对一线技能人才的需求和区域经济发展现状，鼓励职业院校参照职业课程的最新标准，制定符合教学规律的课程目标、项目及内容。同时，根据学员特点，专业教师对课程进行教化处理，重构、开发、设计能够培养学生岗位胜任力的教学项目及内容，构建了以能力为本位、以职业实践为主线、以项目课程为主体的模块化专业课程体系。

曹妃甸区还积极推动产教融合，创新实施了一系列校企合作举措，如教师进企业、企业挂牌实训基地、技术专家进课堂、工学交替等，搭建了助力人才培养的校企合作平台。目前，曹妃甸区在企业挂牌的校外实习基地共有8家。

此外，曹妃甸区通过技能大赛激励人才竞进提升，推行“技能大赛引领，月技能考核机制”模式，组织学生每月进行一次月技能竞赛考核，并开展“职业教育活动周”等系列活动，组织中职学校间的校际技能切磋赛。同时，每年举办创意作品大赛，承办区级职工大赛，组织技能人才参加省、市级技能大赛，及时总结复盘，进一步提升综合实践能力。

曹妃甸区还广泛开展人才政策宣讲，开展岗前岗后职工素质提升、残疾人实用技术、退伍军人、农村劳动力转移、创业就业、下岗职工再就业、农村党员教育、大学生就业创业、特种作业安全等多种培训，大力开展社会服务教育、新型农民培训，满足全区经济发展对各类技能人才的需求。今年以来，开展设备安装质量员、市政工程施工员、市政工程质量员、专职安全员、保育员、养老护理、育婴员等培训，累计参训千余人。

通过这些举措，曹妃甸区正在积极打造高技能人才培养高地，为沿海经济的高质量发展提供有力的人才支持。

案例来源：河北日报（2023年11月23日）

（三）河北省职业技能评价现状

1.职业技能评价体系及其实施

河北省构建了以“中职打基础+企业炼技能+高职增能力”为核心的模块化课程体系，推出了“工学交替、阶段递进”的长学制人才培养模式，完善了办学质量监管评价机制，以绩效导向推动综合改革，有效提升了学生的专业技能和实际工作能力。

为了激发技能人才的积极性，河北省采用了多元化的考核评价方式，允许经认定的企业自主制定评价方案，将过程化、模块化考核等融入生产经营，增强了评价的科学性和公正性，赋予了企业更大的自主权。此外，河北省积极推进专项职业能力考核规范的制定，并通过试点考核和补贴激励，细化评价标准，确保精准反映劳动者技能水平。

随着数字经济的崛起，河北省加快了数字技能评价体系的建设，实施“新八级工”制度，依托龙头企业等资源进行数字技能等级认定，为数字人才提供了成长路径，支撑了全省数字经济的发展。总体来看，河北省在努力提升技能人才培养质量和就业竞争力的同时，实现了从学生到高效能员工的职业成长目标，为提高职业教育质量和社会经济发展提供了坚实的人才保障。

2.职业技能评价政策与相应支持

河北省在职业技能评价政策和资金支持方面也取得了显著进展。近年来，河北省通过一系列创新举措，不断规范和完善职业技能评价体系。

在政策上，河北省发布了明确的职业技能培训目录及补贴标准。例如，《关于进一步做好职业技能培训和评价工作的通知》明确了职业技能培训补贴政策的适用范围和标准。河北省通过“河北省职业能力建设管理服务系统”简化了企业或培训机构的开班和预约评价申请流程，进一步提高了工作效率。同时，河北省发布了《关于进一步加强高技能人才与专业技术人才职业发展贯通的实施方案》，为人才评价提供了多元化途径。

在技术上，河北省积极引入数字技术。例如，在“十四五”期间，河北省组织龙头企业、院校和行业组织开发了一批数字技能类职业培训评价规范，并推进了数字技能相关职业技能等级认定工作。

在企业层面，河北省鼓励企业自主开展技能人才评价，将评价融入日常生产经营，提升了评价结果的实用性和公正性。此外，河北省通过举办职业技能竞赛，激发了广大职工和学生的技能提升热情。

这些举措不仅促进了技能型人才的全面发展，而且为河北省的经济社会高质量发展注入了强劲动力，展现了河北省在职业技能评价领域的全面进步和积极作为。

3.职业技能评价成效与面临的挑战

近年来，河北省在职业技能评价方面取得了显著的成效。通过集中开展职业技能培训和评价问题专项治理行动，全面排查并打击虚假培训、售卖证书等行为，依法依规治理培训评价乱象，切实提升了职业技能培训和评价的质量。河北省支持雄安新区人才培养工作取得积极成效，京雄职业培训评价机构实现互认，确定了首批落地机构开展职业技能等级互认，70名技能人才获得电子商务师等认定证书。同时，河北省还通过实施百万农民工大培训、加强农村劳动力技能培训，持续提升农民工的技能素质和稳定就业能力，推进农村劳动力就地就近转移就业；支持企业以工代训，通过推动高精尖技能人才培训、支持自主选择培训、创建优质培训品牌等措施，不断提升劳动者素质，推动技能人才规模不断扩大。

尽管取得了一定的成效，但河北省在职业技能评价过程中仍面临诸多挑战。一方面，省域现代职业教育体系尚需完善，需要在机制、产教融合等方面实现改革突破。另一方面，高职教育办学条件有待改善，需加大经费投入，以满足教学资源需求和数字化转型升级需求。高职教育的数字化转型面临以下挑战，例如，部分人对职业教育的数字化转型存在误解，认为其只是简单的技术应用，而没有充分认识到其系统性和深层次的教育变革过程；在数字化转型过程中，教育和受教育成本增加；区域发展不均衡；教师和学生的数字化素养不足；资源建设与利用不足。以上问题均需结合产业数字化趋势对传统专业进行改造，消除信息孤岛和数据壁垒，提高院校治理水平和人才培养质量。技能型社会建设的核心在于优化技能人才评价体系，给予科学合理的评价，并建立系统的技能人才发展保障机制。

总体来说，河北省的职业技能评价工作仍需在体系建设、资源投入和数字化转型等方面继续努力，以应对当前面临的各种挑战。

四 京津冀职业技能协同发展现状

（一）京津冀技能人才协同发展现状

在京津冀协同发展的过程中，政策支持和制度创新是关键因素。北京市、天津市和河北省通过一系列政策措施，为技能人才的培养和发展提供了有力保障。北京市从全面加强新时代首都技能人才队伍建设，职业技能提升行动，高技能人才新政，数字技术技能人才培养和高技能人才研修工作方面做出了政策性支持。天津市出台了《天津市关于加强新时代高技能人才队伍建设的实施意见》，共9部分，29条落实举措，突出具体化、有创新、可操作、能落地的特点，全面部署高技能人才队伍建设。同时，天津市还与人力资源和社会保障部签署了《共建“技能天津”框架协议》，进一步完善技能人才培养、使用、评价和激励制度机制，构建了职业技能培训新体系，将所有技能人才培养政策进行整理、完善、创新和提升。河北省印发了《河北省推进技工院校工学一体化技能人才培养模式实施方案》；出台了《河北省数字经济领域技术技能人才培育项目实施方案》，引入现代化手段和方式开展培训，举办数字技术技能竞赛等活动；实施五项专项技能人才培养计划，适应承接北京非首都功能转移的需求。

京津冀三地在技能人才培养方面还建立了紧密的合作机制。2022年8月，天津市宝坻区、武清区、滨海新区，河北省雄安新区、廊坊市、唐山市及北京市通州区人力资源和社会保障部门联合签署《京津冀五区两市职业技能高质量发展战略合作框架协议书》，共同发起成立京津冀职业技能发展联盟。联盟的成立和运作，对于新质生产力与职业技能开发、实体经济转型升级具有重要意义。该联盟旨在加快京津冀人才一体化协同发展，推动职业技能培训项目的顺利实施，满足现代产业体系的人才需求。联盟通过共享培训平台、就业信息、技能水平评价等资源，有助于提升劳动者整体素质，实现高质量稳定就业。在新质生产力方面，联盟通过职业教育活动引领职教兴业、人力资源强业，促进劳动者整体素质提升。新质生产力是数字经济时代的新型生产力，要求劳动者具备专业知识和技能，同时具备创新能力、解决复杂问题的能力和跨领域协作能力。联盟通过签约特聘专家、认定优质公共实训基地等方式，为技术技能人才能力培养提供支持。实体经济转型升级需要产业结构优化升级，包括企业数字化转型、产业数字化等。联盟通过职业教育与企业合作开展实践教学、工学一体化教学等，培养适应新质生产力需求的高素质劳动者和高技能人才。此外，联盟还注重职业教育理论研究，推动职业教育高质量发展。

2023年7月，由北京市、天津市、河北省联合组建的京津冀协同发展联合工作办公室（以下简称“京津冀联合办”）正式成立，进一步加强了三地在技能人才培养方面的协调与合作。

京津冀联合办的主要职能和运作机制如下所述。

具体职能：

（1）聚焦跨区域、跨领域重点事项：京津冀联合办的主要职责是关注并推动解决涉及三个省市的跨区域和跨领域的重大问题。

（2）落实三省市层面协同机制确定的工作任务：京津冀联合办负责确保三省市在各自层面达成的协同机制得到具体实施。

（3）协调督促各专题工作组具体任务落地实施：京津冀联合办需要协调和监督各个专题工作组的具体任务，以确保这些任务能够有效执行。

（4）深入推进三年行动计划和年度重点任务：京津冀联合办将推进京津冀协同发展三年行动计划和年度重点任务的落实，确保这些计划和任务能够取得实际效果。

（5）疏解北京非首都功能：京津冀联合办将坚定不移地推动疏解北京非首都功能，这是京津冀协同发展的核心目标之一。

（6）支持高标准高质量建设雄安新区：京津冀联合办将共同落实支持雄安新区高标准高质量建设的政策措施。

（7）高水平建设北京城市副中心：京津冀联合办将致力于高水平建设北京城市副中心，并加快通州区与北三县的一体化高质量发展示范区建设。

具体运作机制：

（1）集中办公：三方工作人员集中办公，促使相互联系更紧密、沟通合作更顺畅。

（2）组织架构和工作规则：京津冀联合办的组织架构、工作职责和日常管理等制度已经明确。这些制度包括工作机制、相关工作规则以及联合办公室组建方案。

（3）定期召开会议和汇报机制：京津冀党政主要领导座谈会定期召开，审议通过工作机制和相关工作规则。此外，召开常务副省（市）长联席会，听取京津冀联合办公及15个专题工作组的工作情况汇报。

（4）设立专题工作组：京津冀联合办下设多个专题工作组，每个工作组负责不同的具体任务，以确保各项工作的顺利推进。

这些联动政策措施和实施方案旨在通过区域合作，提升技能人才培养的质量和效率，满足京津冀地区经济社会发展的需求。

案例3　京津冀技能协同发展新篇章——京冀高技能人才服务团河北行

在京津冀职业技能发展联盟成立后，北京市人力资源和社会保障局与河北省人力资源和社会保障厅联合实施了一项具有里程碑意义的实践活动——“北京高技能人才服务团河北行”。该活动于8月27日至31日在河北省邢台市成功举行，旨在通过高技能人才的实地服务，推动京冀两地技能人才交流合作，促进区域特色产业高质量发展。

1.活动背景

京津冀职业技能发展联盟成立，为区域内技能人才合作提供了新平台。京冀两地人力资源和社会保障部门共同策划，旨在加强技能人才交流与合作。

2.服务团组成

由15位来自北京市的国家级技能大师工作室带头人、院校负责人、学科带头人、技术能手组成。

3.活动实施

实地服务：服务团深入邢台市的6所技工院校和36家企业，进行技能培训和技术指导。

培训内容：包括“双师型”教师队伍建设、职普融通、产教融合、科教融汇等。

技术交流：举办专题培训讲座、技术交流座谈会，分享行业最新技术和发展趋势。

4.合作成果

此行建立了京冀双方院校、企业在技能培训和人才培养等方面的常态化沟通机制。推动了京冀技能合作的新发展，为邢台市技工教育和特色产业高质量发展提供支持。

5.后续计划

北京市人力资源和社会保障局将继续开展此类活动，建立长效合作机制。邀请更多高技能人才培养专家参与，为京津冀技能协同发展贡献力量。

案例来源：中国新闻网（2024年8月28日）

（二）京津冀职业技能培训协同开展现状

近年来，京津冀三地在职业技能培训领域的协同发展取得了显著进展。特别是在2024年，这一领域的合作进一步深化和拓展，为区域经济高质量发展提供了坚实的人才支撑。

1.协同机制的建立与完善

京津冀三地通过构建多方面的协同机制，推动了职业技能培训的高质量发展。例如，河北自贸试验区积极加强与天津自贸试验区、北京大兴机场片区的协同联动，通过建设“载体、体制、规划、工作”四大协同机制，促进区域内的资源共享和优势互补。此外，北京市政府鼓励与河北省在职业技能培训领域开展交流合作，构建以企业为主体、职业学校为基础的职业技能培训体系，强调企业的培训和平台建设方面的主体作用。

2.联盟与平台的创建

为了加快培养知识型、技能型人才，京津冀三地成立了多个职业教育联盟和集团，在技能人才培养、教师队伍建设、学生互访等方面开展交流与合作。例如，河北轨道运输职业技术学院牵头成立了京津冀技工教育联盟，联盟由三地的60家优秀技工院校、职业院校、企事业单位、行业组织构成，不仅为全国技工教育改革创新探索新路径，而且为雄安新区高标准高质量建设提供了坚实的技能和人才支撑。

3. 高级技术经理人培训

2024年5月8日，京津冀高级技术经理人培训班在北京成功举办，此次培训为期两天，由北京市技术市场协会、河北省技术市场协会、天津市技术市场协会等多个机构联合主办，来自京津冀高等院校、科技企业的专家共同参与。这种高级技术经理人的培训模式，不仅提升了区域内技术管理人员的专业水平，而且促进了区域内的科技创新和成果转化。

4. 区域性职业技能大赛

为了提升职业技能培训的针对性和有效性，2024年京津冀（五区三市）区域职业技能大赛在河北省唐山市召开。本届大赛旨在服务京津冀五区三市技能人才培养，营造尊重劳动、崇尚技能的社会氛围，促进产业升级和发展模式转型。同时，北京市职业院校技能大赛人力资源服务赛项也吸引了来自京津冀15所院校的29支队伍同台竞技，进一步推动了区域内技能人才的交流与合作。

5. 政策支持与实践案例

政策层面的支持是京津冀职业技能培训协同发展的关键因素之一。例如，《河北省“十四五”职业技能培训规划》明确提出了推动京津冀政府补贴职业培训项目共建共享，并支持中国（天津）职业技能公共实训中心面向京津冀三地开放。此外，北京市教育委员会发布的《关于申报“十四五”规划2024年度“现代职业教育体系建设改革”专项课题的通知》也强调了深入研究京津冀职业教育协同发展的重要性。

京津冀三地在职业技能培训领域的协同发展已经形成了较为完善的机

制和平台，通过高级技术经理人培训、区域性职业技能大赛等多种形式，不断提升区域内技能人才的培养质量和水平。这些举措不仅为区域经济的高质量发展提供了有力的人才保障，而且为其他地区提供了可借鉴的经验和模式。

（三）京津冀职业技能评价协同开展现状

随着京津冀协同发展战略的深入实施，京津冀三地在职业技能评价领域的合作不断深化，取得了显著成效。

1. 协同推进职业技能评价体系建设

北京市人力资源和社会保障局积极引导技能评价机构落地河北省雄安新区，为当地解决急需紧缺的职业社会培训评价资源问题提供了有力支持。同时，京冀两地的社会培训评价机构在雄安新区互认的首批职业技能等级认定工作正式启动，标志着京津冀在职业技能评价方面的协同力度进一步增强。

2. 职业技能大赛与“五业联动”模式

2024年，京津冀三地举办了多项职业技能大赛和交流活动。例如，在河北省香河县启动的通武廊职业学校技能大赛中，来自北京市、天津市和河北省的六所职业学校的师生齐聚一堂，切磋技艺，促进了职业教育水平的提升。此外，唐山市还举办了京津冀（五区三市）区域职业技能大赛，进一步推动了区域内各职业院校之间的技能交流与合作。

3. 高技能人才的培养与评价

为了加快培养高素质技术技能人才，京津冀三地共同举办了“智能建造”人才培养及职业技能等级评价研讨会，汇聚了来自中国建筑科学研究院天津分院、天津国土资源和房屋职业学院等多家单位的行业专家，共同探讨职业技能人才评价工作的未来发展方向。这种跨区域的协作不仅提升了区域内高技能人才的培养质量，而且为区域经济的发展提供了坚实的人才保障。

4.政策支持与机制创新

《国家发展改革委区域协调发展司2024年度研究课题征集公告》中指出，要研判国内外发展环境变化对京津冀协同发展的影响，并分析当前及今后一段时期面临的困难和问题，提出相应的政策建议。这些政策和机制的创新引导将为京津冀职业技能评价的协同发展提供有力的支持和保障。

通过构建完善的评价体系、举办各类技能大赛以及加强高技能人才的培养与评价，京津冀的职业技能水平得到了显著提升。未来，随着更多政策和机制的落实，京津冀职业技能评价的协同发展将更加深入，为区域经济的高质量发展提供更加坚实的人才支撑。

参考文献：

[1] 北京市人力资源和社会保障局.关于印发《北京市加快数字人才培育支撑数字经济发展实施方案（2024—2026年）》的通知.2024年7月11日.

[2] 本市鼓励企业实行“技高者多得”薪酬激励.北京青年报，2022年8月25日.

[3] 北京市教育委员会.北京市教育委员会关于印发《2024年北京市职业教育与成人教育工作要点》的通知.2024年5月15日.

[4] 北京推出十项行动助力高校毕业生等青年早就业、就好业.中国新闻网，2024年3月12日.

[5] 16项举措助力北京建设全球数字经济标杆城市.人民日报海外版，2024年7月17日.

[6] 北京市人民政府办公厅.北京市人民政府办公厅关于印发《北京市职业技能提升行动实施方案（2019—2021年）》的通知.2019年10月16日.

[7] 北京市人力资源和社会保障局. 北京市人力资源和社会保障局 北京市财政局等部门关于印发《北京市全面推行中国特色企业新型学徒制加强技能人才培养实施方案》的通知. 2022年06月15日.

[8] 人力资源和社会保障部职业能力建设司. 人力资源社会保障部关于健全完善新时代技能人才职业技能等级制度的意见（试行）. 2022年3月18日.

[9] 中华人民共和国教育部. 北京市深化供给侧改革 推进职业教育高质量发展. 2023年11月21日.

[10] 北京市朝阳区教育委员会. 北京市朝阳区中等职业教育质量年度报告（2022年）. 2021年11月1日.

[11] 北京市人力资源和社会保障局. 关于全面推进职业技能等级认定工作的通知. 2020年4月26日.

[12] 北京市职业技能鉴定管理中心. 北京市关于签订《2024年度职业技能等级认定质量管理责任书》的通知. 2024年3月26日.

[13] 逾400个职业开展技能等级认定. 北京日报，2022年8月24日.

[14] 北京市教育委员会. 北京市高等职业教育质量年度报告（2023）. 2023年2月1日.

[15] 潘银洁，焦海涛，韩佳瑞等. 大型能源集团技能人才评价模型构建及其应用. 中国煤炭，2022，48(12)：28–33.

[16] 天津市人力资源和社会保障局. 市人社局关于在全市开展2024年“天津技能周”活动的通知. 2024年4月16日.

[17] 天津市人力资源和社会保障局. 市人社局市发展改革委关于下达2024年天津市技工院校招生计划的通知. 2024年6月14日.

[18] 天津市人力资源和社会保障局. 天津出台加强新时代高技能人才队伍建设的实施意见. 2023年8月29日.

[19] 天津着力培养新时代高技能人才队伍. 人民日报，2023年9月18日.

[20] 天津市人力资源和社会保障局. 天津市关于《加强新时代高技能人才队伍建设的实施意见》解读. 2023年8月29日.

[21] 让“工学一体化”职教模式架起更多高技能人才成长阶梯. 中工网，2023年10月23日.

[22] 天津市人民政府办公厅. 天津市人民政府办公厅关于实施“海河工匠”

建设的通知. 2019年4月28日.

[23] 聚焦重点产业人才引育 为制造业发展提供有力人才支撑. 天津人才工作网, 2021年8月19日.

[24] 专业对接产业"四链融合" 构建信创人才培养新模式. 经济参考报, 2023年10月13日.

[25] 天津信息技术应用创新产业（人才）联盟成立. 新华网, 2020年7月5日.

[26] 天津市科学技术局、天津市天开高教科创园管理委员会. 7月12日 科技日报刊发:"软硬"兼施 天津构筑信创产业新高地. 2022年7月12日.

[27] 天津市人力资源和社会保障局. 中共天津市委天津市人民政府关于深入实施人才引领战略加快天津高质量发展的意见. 2021年8月3日.

[28] 天津市人力资源和社会保障局. 天津：出台实施意见加强新时代高技能人才队伍建设. 2023年9月11日.

[29] 天津市人民政府. 天津市职业技能培训规定. 2023年1月4日.

[30] 天津市人力资源和社会保障局. 市人社局关于印发《天津市职业技能培训监督管理办法》的通知. 2024年6月11日.

[31] 天津市人民政府. 天津市人民政府关于印发天津市中长期职业技能培训规划（2019—2025年）的通知. 2019年3月6日.

[32] 天津市人力资源和社会保障局. 市人社局市财政局关于印发《天津市市场紧缺职业需求程度及培训补贴标准目录（2024年版）》的通知. 2023年12月14日.

[33] 天津市人民政府. 天津市职业技能培训规定. 2023年1月4日.

[34] 天津市人力资源和社会保障局. 我市积极构建终身职业技能培训体系着力打造技能人才高地. 2023年8月24日.

[35] 天津市教育委员会. 教育部 天津市人民政府印发关于探索现代职业教育体系建设改革新模式实施方案的通知. 2023年5月31日.

[36] 天津市人力资源和社会保障局. 市人社局关于印发《天津市职业技能等级认定工作管理办法》的通知. 2023年12月22日.

[37] 天津市人力资源和社会保障局. 市人社局市财政局关于印发《天津市职业技能竞赛管理办法》的通知. 2024年6月25日.

[38] 向丽. 高质量发展视域下高职教师专业发展的新内涵与路径选择. 职业技术教育，2022，43: 53–58.

[39] 天津市人民政府. 教育部 天津市人民政府关于深化产教城融合打造新时代职业教育创新发展标杆的意见. 2021年12月31日.

[40] 天津市发展改革委、天津市教委关于公布第一批产教融合型企业名单的公告. 科创网, 2020年1月19日.

[41]2024—2030年中国天津市中等职业教育行业深度研究与战略咨询报告. 产业研究报告网. 2024年3月25日.

[42] 天津市人力资源和社会保障局. 市人社局市教委市发展改革委市财政局关于印发《天津市贯彻落实“十四五”职业技能培训规划实施方案》. 2023年1月13日.

[43] 天津市人力资源和社会保障局. 市人社局关于公布天津市第一批面向社会开展技能等级认定的72个职业（工种）及评价机构的通告. 2022年9月6日.

[44] 强化技能培训 打造人才队伍——天津优化政策助力技能人才发展. 中国劳动保障报, 2024年3月13日.

[45] 天津：高技能人才队伍培养成效显著. 中国发展网, 2023年8月16日.

[46] 天津市教育委员会. 天津市中等职业教育质量年度报告（2023年度）. 2024年2月1日.

[47] 人力资源社会保障部. 人力资源社会保障部与河北省签署技能强省行动合作协议. 2023年12月16日.

[48] 河北省人力资源和社会保障厅关于印发《河北省数字经济领域技术技能人才培育项目实施方案》的通知. 河北人社网, 2023年4月17日.

[49] 重一技之长 尽匠之所能——河北省政协督办重点提案推动高技能人才队伍建设. 人民政协报, 2021年11月29日.

[50] 河北出台“十四五”职业技能培训规划. 河北日报, 2022年4月25日.

[51] 关于2021年组织开展职业技能提升行动质量年活动的通知，河北人社网, 2021年5月13日.

[52] 河北省教育厅. 河北省高等职业教育质量年度报告（2023年度）. 2024年1月.

［53］河工新闻网．2024年河北省大力开展“高精尖缺”职业技能培训．2024年5月6日．

［54］河北省就业工作领导小组办公室关于做好2024年职业技能培训工作的通知．河北公共招聘网，2024年4月23日．

［55］河北省人民政府．河北省政府新闻办“河北省扎实推动高质量就业工作”新闻发布会文字实录．2023年12月13日．

［56］阚丽．高质量发展背景下提升高职院校职业技能培训供给力对策研究．武汉职业技术学院学报，2022，21(5)：49–54.

［57］河北省保定市清苑区职业技术教育中心．河北省保定市清苑区中等职业学校教育质量年度报告（2023）．2023年12月1日．

［58］河北省唐县职业技术教育中心．河北省唐县职业技术教育中心2023年度报告．2023年12月28日．

［59］河北省政府工作报告（2024年）．河北日报，2024年1月26日．

［60］河北人社网．河北省人力资源和社会保障厅关于印发《河北省专项职业能力考核工作指南（试行）》的通知．2024年4月15日．

［61］河北省集中开展职业技能培训和评价问题专项治理行动．中国就业网，2024年1月26日．

［62］我省支持雄安新区人才工作取得积极成效．河北日报，2024年5月8日．

［63］北京引导技能评价机构落地雄安．澎湃新闻，2023年11月24日．

［64］河北出台支持雄安新区人才工作十五条政策措施．澎湃新闻，2023年11月24日．

［65］石伟平，郝天聪．职业教育如何助力技能型社会建设：黄炎培职教思想的当代启示．现代远程教育研究，2023，35(1)：59–67.

［66］京津冀29支队伍同台比拼人力资源服务技能．新浪财经，2024年5月30日．

［67］京津冀高技能人才协同发力 北京引导技能评价机构落地雄安．中新网，2023年11月22日．

［68］京津冀师生技能“比武”促职业教育协同发展．新华网，2024年5月24日．

第四章 京津冀职业技能发展问题

一 北京市职业技能发展的主要问题

（一）北京市技能人才发展的主要问题

1. 技能人才储备有待加强

近年来，全市重大发展战略、科技创新以及产业布局得以推进的同时，人才发展环境也在持续优化，这使得人才的创新创造活力变得更加强劲，从而实现了人力资源的同步推进。2023年，北京市人力资源和社会保障局发布的《关于加强新时代首都高技能人才队伍建设的实施方案》提出，到“十四五”末，实现首都技能人才占就业人员的比例达到31%，高技能人才占技能人才的比例达到35%的目标。目前，北京市技能人才总量达到347万人，其中高技能人才118万人，高技能人才占技能人才比例达到34.01%。与新时代首都高质量发展的形势任务要求相比，技能人才储备仍显薄弱。

2. 重点领域人才储备有待充实

新兴领域的高技能人才相对稀缺，人才培养工作跟不上新形势下北京市技能型社会建设的需求。例如，数字技术技能人才，复合型、知识型、创新型高技能人才等。以数字技术技能人才为例，2023年，人瑞人才科技集团联合德勤中国、社会科学文献出版社发布的《产业数字人才研究与发展报告（2023）》显示，当前我国数字人才缺口约在2 500万至3 000万之间，且到2025年，行业数字人才的缺口将达到550万人。如何弥补数字技术技能人才的缺口，北京市人力资源和社会保障局联合印发了《北京市数字技术技能人才培养实施方案》，以部署实施每年培养1万名数字技术技能人才的计划做出了实质性的探索实践，但最终是否可以弥补，以及弥补到何种程度，是需要认真研究的问题。

3. 高技能人才多元培养体系有待完善

2023年，北京市人力资源和社会保障局印发的《关于加强新时代首都高技能人才队伍建设的实施方案》围绕高技能人才培养指出，要以市场需求为导向，强化政企社协同、产教训融合，从五个方面加大高技能人才培养力度。然而，校企合作深度不足、产教融合模式单一等都会限制高技能人才培养的效率和质量。例如，一方面，企业可能因追求短期经济效益而忽视与学校的长期合作，导致“招工即招生、入企即入校”的企业新型学徒制难以深入实施。另一方面，校企双方在课程设置、教学内容、师资共享等方面的合作往往停留在表面，缺乏深层次的融合。此外，产教融合的模式相对单一，主要依赖于传统的学徒制和企业学院等形式，缺乏创新性和灵活性。

4. 高技能人才激励机制有待健全

《关于加强新时代首都高技能人才队伍建设的实施方案》围绕高技能人才激励指出，要坚持崇尚技能、营造环境的工作原则，围绕人才需求，从加大评选表彰力度以及健全激励机制两个方面强化激励保障。然而，在加大评选表彰力度方面，如何加强荣誉奖励的持续激励作用对于高技能人才持续发挥其技能优势和创新潜能至关重要。目前，部分荣誉奖励存在“一次性”的特征。例如，北京市昌平区第二届“昌平金蓝领”职业技能大赛三个竞赛项目同时开赛，在各职业（工种）比赛中排名前三的昌平区选手由所在单位推荐参评“昌平工匠”，对符合条件的获奖选手授予“昌平工匠”

称号，纳入“昌平工匠”人才库，但是对获奖人才缺乏后续的跟踪支持和持续激励。在健全激励机制方面，推荐优秀高技能人才参与政治生活是重要举措之一。然而，当前政治参与渠道相对有限且有效性有待提升。一方面，部分高技能人才可能因工作繁忙或缺乏政治经验而难以有效参与政治活动；另一方面，现有政治参与渠道可能无法充分满足高技能人才的需求和期望。

5.高技能人才评价机制有待优化

《关于加强新时代首都高技能人才队伍建设的实施方案》围绕技能人才激励指出，要坚持机制创新、多元评价的工作原则，围绕企业需求健全评价机制，不拘一格评价选拔人才，从健全职业技能评价制度、推行职业技能等级认定以及完善职业技能竞赛体系三个方面可以更好地发挥好评价“指挥棒”作用。然而，首先，确保直接认定与破格晋升的公平性以及提高企业在技能评价中的参与度，都将增加职业技能评价制度设计与实施的难度。其次，在职业技能等级认定推行方面，自主评价的质量控制、社会化评价的公信力以及“学历证书+职业技能证书”制度的有效衔接和互认都是存在的主要问题。最后，若要完善职业技能竞赛体系，还要注意竞赛的普及性与影响力问题，比如区域联合办赛的协调难题、参与面与群众基础等。

（二）北京市职业技能培训的主要问题

1.精准培训定位与产业转型升级的契合度有待加强

2024年，北京市十六届人大二次会议第二场新闻发布会指出，本市人力资源和社会保障部门将依托技工院校、技能大师工作室、高技能人才培训基地等资源，持续开展精准培训。然而，在实际培训中，职业技能培训存在滞后性，内容更新缓慢，难以跟上产业变革的步伐；培训机构与企业之间的信息沟通不畅，可能导致培训内容定位模糊，难以精准对接当前及未来产业转型升级的需求。随着科技的飞速发展，新兴产业的崛起和传统产业的转型升级对技能人才的需求也在不断变化。如果培训项目不能紧跟这些变化，及时调整培训内容和方向，就可能导致培训成果与市场需求脱节。

2.培训资源的整合与优化有待加强

根据《人力资源社会保障部　财政部关于印发〈国家级高技能人才培训基地和技能大师工作室建设项目实施方案〉的通知》《北京市人力资源和社会保障局　北京市财政局关于印发〈北京市技能大师工作室建设管理办法〉的通知》《北京市人力资源和社会保障局关于开展2024年国家级和市级技能大师工作室申报工作的通知》，技能大师工作室、高技能人才培训基地等多种资源推进了北京市高技能人才队伍建设。然而，政府如何有效地整合、统一规划和协调这些资源是需要深究的问题。一方面，这些资源往往“各自为政”，可能导致培训资源分散，难以形成合力；另一方面，这种分散的状态不仅降低了培训资源的利用效率，还可能造成培训内容的重复和浪费。

3.培训模式的拓展与深化有待加强

当前的职业技能培训往往采用传统的课堂教学方式，缺乏创新性和灵活性。虽然这种方式在一定程度上能够传授知识，但难以激发学员的学习兴趣和积极性，也无法满足不同学员的学习需求。随着信息技术的发展，线上教育、混合式教学等新型培训方式逐渐兴起，但这些培训方式在职业技能培训中的应用还相对有限，需要进一步探索不同领域中职业技能的培训方式。例如，2022年，北京市人力资源和社会保障局发布的《北京市全面推行中国特色企业新型学徒制加强技能人才培养实施方案》指出，北京市将全面推行以“招工即招生、入企即入校、企校双师联合培养”为主要内容的新学徒培训模式，进一步完善了中国特色企业新型学徒制培训方式。

4.职业技能培训领域的广度有待及时提高

2023年，北京市人力资源和社会保障局发布《国家服务业扩大开放综合示范区和中国（北京）自由贸易试验区建设人力资源开发目录（2023年版）》，支持涉及重点产业领域的用人单位和劳动者开展职业技能培训，其中包括新一代信息技术、集成电路、医药健康等行业。随着科技发展，新兴领域的高技能人才也逐渐成为北京市着力培养的重点。例如，2024年，北京市政府新闻办公室组织召开的《北京市加快数字人才培育支撑数字经济发展实施方案（2024—2026年）》新闻发布会上提出，将着力培养数字战略科学家、数字领军人才、数字技术人才和技能人才等四类人才队伍。因此，推动数字人才培育，要求相应的技能培训也及时跟进。

（三）北京市职业技能评价的主要问题

1.对职业技能评价的质量管理有待加强

2024年，人力资源和社会保障部办公厅、公安部办公厅、市场监管总局办公厅印发了《关于加强职业技能评价规范管理工作的通知》，明确规定在组织相关的考核评价时，职业资格实施部门（单位）、职业技能等级认定用人单位和社会培训评价组织应该制定包含收费标准在内的管理办法，以便确保评价质量。但是，北京市目前的职业技能评价质量管理仍需加强。例如，2024年6月底，审计署发布2024年第1号公告《中央部门单位2023年预算执行等情况审计结果》，针对珠算技能等级鉴定，中国财政科学研究院下属北京财科珠峰科技有限公司在2021年至2023年变相收取已取消的珠算证书工本费共计10.25万元，其中2023年为2.96万元。

2. 对职业技能评价的监察力度有待加强

2024年，《关于加强职业技能评价规范管理工作的通知》明确提出，要加大监管查处力度，对有关单位开展的评价活动所发证书或在商业宣传时违规使用国徽等行为进行相应的处罚。一方面，该政策的发布表明国家对职业技能评价的重视程度。另一方面，北京市对部分行业的职业技能评价活动确实应当加强监察力度。例如，《中央部门单位2023年预算执行等情况审计结果》公布，2020年至 2021 年，应急管理部所属干部培训学院违规使用国徽标志印发培训证书，涉及培训收入2 041.81万元。此外，2018年至2023年，中国科学院所属心理研究所、下属培训中心颁发的两类非职业资格培训证书，存在易与国家职业资格认证混淆的内容，涉及培训收入2亿元，其中2023年为6 778.46万元。

3. 职业技能评价的范围有待扩大

针对新兴产业发展需要、地方特色产业需要和就业创业需求，职业技能评价可以通过选择市场需求大、可就业创业的最小技能单元（模块），并依据专项职业能力考核规范组织开展，这意味着针对专项职业能力考核，应该注重新型职业技能的发展，从而进一步完善可评价的职业技能范围。2024年，北京市人力资源和社会保障局等九部门共同发布了《北京市加快数字人才培育支撑数字经济发展实施方案（2024—2026年）》，重点布局人工智能、电子信息等专业集群，在职业教育中新增人工智能技术应用、工业互联网应用、区块链技术应用等数字技能相关专业22个，旨在培养数字领域的高素质技能人才。因此，北京市的职业技能评价也应该逐渐重视对数字技术技能的评价，从而助力数字人才队伍建设。

4. 职业技能培训机构的区域分布和可评定职业技能的种类分布有待均衡

截至2023年12月，经北京市职业技能鉴定管理中心备案的社会培训评价机构共有69家，可面向社会人员开展77个职业的技能等级认定。其中，69家机构分布在朝阳区、丰台区、大兴区等区域，且每个区域所能认定的职业种类个数并不一致。例如，朝阳区可认定机构多达15家，可认定无人机驾驶员、品酒师、电子商务师等多种职业种类跨度较大的职业，而通州区目前仅备案了2家社会培训评价机构，其可认定的职业种类也明显少于朝阳区。因此，针对职业技能等级认定，北京市区的社会培训评价组织在各区的分布不均，可评定的职业技能种类也随着区域的变动而存在显著差异。

二　天津市职业技能发展的主要问题

（一）天津市技能人才发展的主要问题

1.高技能人才和技能领军型人才队伍有待扩充

截至2023年8月，天津市技能人才273万，高技能人才84万，占比30.8%。对标《天津市关于加强新时代高技能人才队伍建设的实施意见》明确的“到‘十四五’末，高技能人才占技能人才的比例超过35%”的要求，天津市高技能人才的占比仍显薄弱。因此，虽然天津市人力资源和社会保障局针对2024年人才基本情况的专项统计调查工作仍在开展中，但天津市委、市政府仍需要进一步加大对高技能人才队伍的培育力度。此外，在84万的高技能人才中，作为行业高尖端、技能领军人才的高级技师人数只有4.7万，仅5.7%的占比表明高技能人才中的领军人才也需要重点培养，以便充分发挥其在技能人才队伍中的重要作用。

2.重点产业人才有待补充

《天津市制造业高质量发展“十四五”规划》指出了天津市将实施制造业立市的战略。基于该规划，目前天津市的产业结构确实主要立足于制造业，并且充分调动了全市的高技能人才扎根于该行业。据统计，天津市高技能人才在服务业与制造业两大领域的分布比例极为集中，几乎涵盖了全部高技能人才，其中制造业更是占据了六成以上的比例。然而，尽管天津市的现实发展符合“十四五”规划的战略方向，但在部分重点产业中，高技能人才的数量仍显不足。例如，机械制造、金属冶炼以及汽车制造等产业。因此，天津市在继续推进制造业高质量发展的过程中，应进一步加大对高技能人才的培养和引进力度，特别是相关重点产业领域，要采取更加灵活多样的方式培养、吸引和留住人才。

3.行业企业技能人才培养机制有待完善

行业企业作为高技能人才孕育与自我超越的基石，其主体作用的发挥直接关系到技能人才的成长质量与速度。然而，当前众多行业企业在这一角色上的展现尚显不足，培养体系的不完善限制了其作为高技能人才孵化器功能的充分发挥，进而阻碍了人才成长之路。2023年的调研显示，天津市重点企业行业在高技能人才培养上主要面临三大挑战：一是“重使用、轻培训”的偏颇观念盛行，忽视了长期投资于人才发展的重要性；二是部分企业对于《天津市技能人才薪酬分配指引》的落实力度不足，未能有效激发高技能人才的积极性与忠诚度；三是尽管政策层面持续推动产教融合、校企合作，但实践中仍普遍存在“学校热切而企业冷淡”的尴尬局面，导致合作深度不够，难以实现教育链、人才链与产业链、创新链的有效衔接。这些问题亟待解决，以激活行业企业的主体作用，为高技能人才的茁壮成长铺就坚实之路。

4.技能人才评价机制有待健全

《天津市关于加强新时代高技能人才队伍建设的实施意见》作为指导性文件，明确指出了构建多元化技能人才评价机制的重要性，旨在打破传统评价体系的束缚，更加全面、公正地衡量技能人才的综合能力与实际贡献。然而，在实际操作层面，尽管政策导向清晰，但技能人才评价体系的转型步伐仍显缓慢，现行的评价机制仍以职业资格认证和职业技能等级考核为核心，这种相对单一的评价模式难以全面反映技能人才在实践中的创新能力、问题解决能力及对行业的实际贡献。具体而言，当前评价体系过分依赖标准化考试和既定标准，忽略了技能人才在复杂多变的工作环境中展现出的灵活性、创造性和适应性。这种单一性不仅限制了技能人才个人价值的充分展现，而且制约了整个社会对高技能人才资源的有效配置和充分利用。部分拥有卓越实践技能和显著创新成果的人才，由于不符合传统评价体系的标准而面临边缘化风险，这阻碍了他们获得应有的认可与激励，影响了他们职业发展的积极性和整个行业的创新活力。

（二）天津市职业技能培训的主要问题

1.职业技能培训区域分配有待平衡

天津市先后出台了《天津市中长期职业技能培训规划（2019—2025年）》《天津市贯彻落实“十四五”职业技能培训规划实施方案》《关于深入实施人才引领战略加快天津高质量发展的意见》等一系列政策文件，旨在加快构建高技能人才培养体系。此外，为了推进职业技能培训法制化建设，天津市在全国率先出台首部省级层面的职业技能培训政府规章《天津市职业技能培训规定》。截至2024年3月，全市民办职业培训机构398所，其中，滨海新区63所，宁河区6所。可见，职业技能培训所属区域分配不均。这种不均衡分配可能会导致一系列问题，影响培训效果和社会效益的最大化。比如，部分地区缺乏有效的职业技能培训会限制劳动者提升自身技能，影响其就业机会和收入水平。

2.职业技能培训服务平台有待创新

天津市在推动经济社会高质量发展进程中，对人才的需求日益迫切，尤其是当前，高技能人才已成为产业升级与转型的关键。尽管天津市已依托政府力量，构建了以中国北方人才市场（天津市人才服务中心）和天津市公共就业服务网为核心的综合性人才服务体系，有效整合了人才信息资源，并提供了包括档案保管在内的多项基础管理服务，但在构建全面、高效的公共人才信息培训共享平台方面仍显不足，无法在高技能人才紧缺岗位的培训方面提供有效的指导和支持机制。这一现状制约了高技能人才的有效开发与合理配置。随着新兴产业的快速崛起和传统产业的转型升级，市场对高技能人才的需求呈现多元化、专业化的趋势，而现有服务模式在精准对接企业需求、提供定制化培训方案及后续跟踪服务等方面存在不足。缺乏一个集信息发布、技能培训、成果展示、供需对接于一体的综合性平台，使得高技能人才的培养路径不够清晰，培养周期延长，且难以迅速响应市场变化，最终影响了天津市整体产业的竞争力与创新能力。

3.职业技能培训质量有待提升

为推动职业技能培训事业的蓬勃发展，天津市精心布局，构建了一个多元化、立体化的培训体系，其核心在于强化企业主体地位，依托职业院校的坚实基础，充分发挥政府的引导作用，鼓励社会各界的广泛支持。为此，天津市出台了包括《天津市中长期职业技能培训规划（2019—2025年）》的一系列政策文件，旨在建立健全覆盖全体劳动者的终身职业技能培训制度，确保培训质量，源源不断地为社会输送高素质技能人才。为践行这些规划，天津市不仅制定了详尽的补贴实施办法和严格的监督管理机制，还积极举办各类培训活动，如天津市职业技能公共实训中心启动了首期企业培训师授课能力提升专项培训，并成功举办了针对民办培训机构、企业培训中心及社会培训评价组织的现场交流会，旨在全面提升培训效能与水平。然而，在深入调研后，一个不容忽视的问题浮出水面：尽管培训体系日趋完善，但仍有25.96%的企业面临技能人才严重短缺的困境，这一现象深刻反映了“就业难”与“技工荒”并存的供需结构性矛盾。可见，在持续优化培训体系、提升培训质量的同时，还需进一步精准对接市场需求，促进技能人才培养与产业需求的深度融合，从而有效缓解这一矛盾，为天津市乃至全国的经济发展注入更强劲的动力。

4.职业技能培训内容与产业的适配性有待提高

近年来，天津市在职业技能培训领域已取得显著进展，政府与企业携手投入大量资源，力求提升劳动力技能水平，但面对快速变化的市场需求，职业技能培训在一定程度上仍未能完全契合实际。据最新数据显示，尽管《天津市职业技能培训规定》明确强调培训需注重精准性和实效性，但实际执行过程中仍存在培训内容与企业实际需求脱节的问题，这在一定程度上影响了培训效果，限制了技能人才的高效供给。具体而言，尽管天津市技能人才总量已达到一定规模，但高技能人才的占比仍然不高。据统计，全市技能人才总量虽已突破270万人，但高技能人才占比尚未达到理想水平，这反映出在培训内容的针对性和实用性上仍有较大提升空间。部分培训项目因缺乏对市场需求的深入调研与分析，导致课程设置与企业需求不符，学员所学难以直接应用于工作岗位，影响了培训成果的实用性。

（三）天津市职业技能评价的主要问题

1.“新八级”职业技能等级制度的应用范围需进一步扩大

2022年，人力资源和社会保障部推出《关于健全完善新时代技能人才职业技能等级制度的意见（试行）》，标志着技能人才评价体系迈入新阶段，等级体系由五级扩展至八级，为技能人才提供了更广阔的成长空间。截至2024年7月，天津市已评聘首席技师9人，特级技师44人。首席技师、特级技师证书的颁发不仅是对职业技能人才卓越技艺的认可，而且标志着天津市企业“新八级”技能人才制度的正式落地。为紧跟产业转型升级步伐，特别是先进制造业、战略性新兴产业及重点服务行业的快速发展需求，“新八级”制度需持续深化推进。未来，天津市需加大对首席技师与特级技师的培养力度，不仅要在数量上实现增长，更要在质量上精益求精。同时，完善评聘流程的技术指导、信息管理系统及质量监管机制，确保评价体系的公正性、科学性和高效性。通过这些努力，天津市旨在构建一支高素质、高技能的人才队伍，为中国制造向中国创造的飞跃提供坚实的人才支撑，助力国家经济高质量发展。

2.职业技能等级认定的监督管理有待加强

《天津市职业技能等级认定违规处理暂行办法》的出台，为规范技能人才评价工作、维护评价的公平公正及保证职业技能等级认定的质量提供了坚实的制度保障。该文件明确界定了评价机构、工作人员及参评人员在认定过程中的违规行为及相应处理措施，特别是对参评人员的违规行为严惩不贷，如通过虚假手段取得资格、作弊等行为，将导致其参评资格暂停两年并撤销已获得的技能等级证书，这一举措旨在从根本上提升职业技能等级认定的公信力与有效性。尽管有如此严格的监管框架，但仍有部分机构未能严格遵守规定。据天津市人力资源和社会保障局最新发布的监督检查结果显示，2022年度在对职业技能等级认定机构的例行检查中，发现某公司存在严重违规行为，具体表现为超出其备案范围擅自开展职业技能等级认定活动。这一发现不仅暴露了该公司在管理上的疏漏，而且凸显了加强职业技能等级认定监管的必要性。随着职业技能等级认定工作的不断深入，监管部门需继续加大监督力度，利用大数据、云计算等现代信息技术手段，提升监管效率与精准度，确保职业技能等级认定的每一个环节都经得起检验，为技能人才的发展提供坚实的制度保障。

3.职业技能评价经验交流覆盖面有待扩大

尽管天津市已开放社会培训评价组织在全市范围内申报开展职业技能等级认定，但各组织间对于认定过程中的宝贵经验仍显缺乏充分的交流与共享，这在一定程度上限制了等级认定工作在全市范围内推进时的先进性和规范性。为积极应对此挑战，并进一步提升职业技能等级评价机构的专业水平和评价质量。2024年，“天津技能周”特别策划并成功举办了以“展技能人才风采，促评价机构建设”为主题的观摩交流活动。天津市人力资源和社会保障局职业能力建设处、天津市职业技能鉴定中心对该活动给予了高度重视与支持，同时吸引了市内36家社会培训评价组织的负责人及工作人员60余人积极参与，形成了良好的互动氛围，有效促进了行业经验的深入交流与互鉴。但是，此次培训的参与机构数量并未完全覆盖天津市的社会培训评价组织总数（48家），限制了优秀评价经验和实践案例的广泛传播与应用，影响了职业技能评价标准的更新迭代，进而可能妨碍技能人才的精准培养和高效配置。可见，职业技能评价的经验交流程度有待进一步提升。

三　河北省职业技能发展的主要问题

（一）河北省技能人才发展的主要问题

1.高技能人才数量有待提升，结构有待优化

当前，河北省面临着高技能人才供需失衡的严峻挑战。尽管“十三五”期间，河北省积极推进大规模、高水平的职业技能培训项目，旨在提升技能人才队伍的整体素质，然而，高技能人才在整体人才中的占比依然偏低，更为紧迫的是，这一供给状况远未能跟上河北省自身经济快速发展的步伐，

高技能人才的增长速度远远滞后于经济增长的需求。一方面，河北省高技能人才结构不合理的问题也日益凸显。从行业分布来看，高技能人才多集中于国有企业和传统行业，而新兴产业和高精尖产业则面临严重的人才短缺问题，这种不均衡分布限制了产业结构的优化升级。在技能等级结构上，河北省高技能人才占比仅为技能人才总数的29.6%，远低于全国平均水平，呈现典型的“金字塔形”结构，即低端技能人才数量庞大，而高端技能人才稀缺。另一方面，河北省高技能人才的年龄结构也呈现不合理态势，老龄化问题尤为突出。数据显示，30岁以下的新生代技能人才稀缺，而40岁以上人群占据了较大比例，这种年龄结构不仅影响了技能传承的连续性和技能创新的活力，也为未来的技能人才储备埋下了隐患。若不及时采取措施加以调整和优化，河北省很可能面临“断崖式”的人才短缺危机，对经济社会发展造成不可估量的影响。因此，加强高技能人才培养、优化人才结构、促进人才合理流动与配置，已成为河北省当前及未来一段时期亟待解决的重要课题。

2.高技能人才培养方式有待创新

自党的十九大以来，我国不断加大职业教育的投入力度，河北省也相继出台了一系列政策文件，以推动职业教育的快速发展。尽管这些政策在一定程度上扩展了高技能人才的培养途径，但在实际执行过程中，职业教育体系仍面临诸多挑战。首先，职业教育内容与实际工作需求之间存在脱节。虽然职业教育的普及为技能型人才的培养提供了更多机会，但教学内容常常不能满足企业的实际需求，导致学生毕业后难以快速适应工作岗位。这种现象在一些专业设置和课程体系构建中尤为明显，难以满足新时代经济社会发展的新要求。其次，高技能人才的培养过于依赖传统的“师徒制”模式。虽然这种模式在某些领域仍具有价值，但在现代产业快速发展的背景下，需要更多创新性和多元化的培养机制。职业教育与政府、企业以及其他行业的产学研合作机制尚未充分建立，缺乏有效的融合发展平台，限制了技能人才的培养和成长。最后，部分企业在职业技能培训和激励机制方面仍存在不足。企业未能构建完善的职业技能学习激励机制，导致岗位吸引力不足，技能人才难以获得足够的成长空间和职业发展机会。这些问题成为制约技能人才成长的重要瓶颈，影响了高技能人才队伍的整体质量和竞争力。

3. 技能人才评价体制机制有待完善

河北省职业教育在培养高技能人才方面存在一些亟待解决的问题。首先，传统的评价体系往往过于依赖教师的主观意见，忽略了技能型人才在“产学研一体化”培养模式中的实际需求。这种评价方式未能充分重视技能型人才在掌握理论知识的同时，培养和提升理论应用能力。其次，学校和企业等教育机构在评价高技能人才时，普遍采用单一的理论考试方式，缺乏对实际操作能力和创新能力的考核。这种评价机制不仅未能全面反映技能型人才的综合能力，而且未能有效激励他们在实际工作中发挥专业技能。最后，许多中小企业在高技能人才的考核与评价方面缺乏系统性和科学性。这些企业往往没有建立起与岗位需求相匹配的考核评价机制，导致一般性的理论与实践性测试无法准确评估高技能人才的专业水平和工作表现。这种不完善的评价体系，不仅影响了高技能人才的职业发展，而且在一定程度上削弱了他们的工作积极性和创新动力。

4. 技能人才激励效果有待提升

在我国，职业院校作为培育高技能人才的摇篮，其重要性不言而喻。以河北省为例，唐山工业职业技术大学、河北交通职业技术学院等院校在锻造技能精英方面扮演着至关重要的角色。然而，尽管政府已逐步提升对这类院校的重视，通过政策倾斜与财政注入给予支持，但与蓬勃发展的普通高等教育相比，对职业院校及其培养的高技能人才的关注与投入仍显逊色。在社会层面，对于高技能人才的价值认知尚存偏差，他们的辛勤付出与卓越贡献往往未得到充分认可与回馈，导致在薪酬福利、职业发展等方面，技能人才相较于科研、管理等领域的专家明显处于不利地位。这种价值观念的偏颇，不仅削弱了技能人才的工作积极性与创造性，而且限制了他们个人潜能的充分释放，进而影响到整个社会对技能创新的热情。此外，企业在构建高技能人才福利保障体系及激励机制上的不足亦不容忽视。部分企业缺乏长远眼光，未能为技能人才提供广阔的职业晋升机会，也未能提供足够的激励手段以激发其工作热情与忠诚度。在这种环境氛围下，高技能人才感受到的职业吸引力与竞争力均显不足，长此以往，或将引发人才流失，对企业的可持续发展乃至整个行业的竞争力均造成不利影响。

（二）河北省职业技能培训的主要问题

1.职业技能培训机制有待健全

河北省政府积极响应时代需求，先后出台了《关于加强新时代高技能人才队伍建设的二十条政策措施》《技能强省行动方案（2023—2027年）》《河北省“十四五”职业技能培训规划》及《河北省就业工作领导小组办公室关于做好2024年职业技能培训工作的通知》等一系列政策文件，旨在构建更加完善、高效的职业技能培训生态系统。近年来，河北省在推进职业技能培训体系建设方面取得了显著进展，但政府、行业、企业、院校等主体之间的协调合作、资源共享、信息交流及人员交流等体制机制建设尚存不足，各主体的优势未能得到充分发挥。首先，政府作为主导力量，需进一步加强统筹协调，优化政策环境，确保各项措施落地见效。其次，行业协会则需发挥桥梁纽带作用，在职业技能培训标准制定、产业信息分享等方面贡献专业力量，推动行业标准统一与技能水平提升。再者，企业作为职业技能培训的重要主体，其积极性与参与度直接关系到培训效果，但当前企业在鼓励员工参与培训、建设职业技能培训基地等方面的意愿需要加强。最后，院校作为教学资源、师资队伍和人才培养的富集地，其优势在职业技能培训中尚未得到充分挖掘。

2.职业技能培训项目的设计有待提升

《河北省就业工作领导小组办公室关于做好2024年职业技能培训工作的通知》的发布，标志着技能强省行动的开始，该通知明确界定了新一年度职业技能培训工作的宏伟蓝图与具体目标，旨在通过全面而深入的培训活动，为河北省的经济社会发展注入强劲的技能动力。该通知详细列出了培训对象，广泛涵盖了返贫监测对象、即将步入职场的毕业年度高校毕业生以及城乡未继续升学的应届初高中毕业生等六大群体，彰显了政策的广泛性。然而，在职业技能培训项目的精细设计上，河北省的举措尚存一定的提升空间。具体而言，培训内容、形式、时间安排等关键环节，作为决定培训成效的重要因素，目前尚未完全贴合培训对象的个性化特点与实际需求。尽管培训对象多样，但培训项目往往采用较为统一的模式进行，缺乏针对不同群体量身定制的差异化培训策略，难以充分挖掘每位学员的潜力与优势。此外，培训时间的安排也面临一定挑战。在传统形式中，培训时间往往被设定为固定的时间段，这种安排对于在岗人员而言尤为不便，容易导致工作与培训之间的时间冲突，影响他们的参与度和培训效果。因此，如何更加灵活地规划培训时间，确保每位学员都能在不影响工作的前提下，充分投入培训学习中，成为当前职业技能培训工作亟待解决的问题之一。

3.培训内容与市场需求匹配度有待提高

河北省在职业技能培训方面不断强调培训项目的针对性和培训方式的有效性，以适应不断变化的市场需求和经济发展。然而，在实施过程中，仍然存在一些挑战。随着产业升级和经济结构的调整，新的职业和岗位不断涌现，而传统的培训内容难以及时更新，导致培训出的技能人才难以适应市场需求。这种滞后性使得培训效果与实际需求之间存在一定的差距。同时，不同行业和企业的个性化培训需求日益凸显，需要更加精细化的培训设计和实施。然而，河北省在这方面的能力建设和经验积累还有待加强。例如，河北省人力资源和社会保障厅发布的《关于开展2023年职业技能培训提质增效行动的通知》中要求，各地要依据本地产业发展和劳动者培训需求，制定培训计划，但实际操作中，如何精准匹配培训内容与市场需求，仍是一个需要解决的问题。此外，河北省也在积极推进职业技能培训标准化建设，但如何将标准化与个性化需求相结合，提升培训的灵活性和适应性，仍是一个需要深入探讨的课题。

4.培训机构与师资队伍的能力有待增强

职业技能培训的质量在很大程度上取决于培训机构的专业水平和师资队伍的能力。河北省人力资源和社会保障厅在《关于开展2023年职业技能培训提质增效行动的通知》中强调了提升培训质量和效果的重要性，指出需要依据本地产业发展和劳动者培训需求，制定切实可行的培训计划。然而，如何确保培训内容与市场需求精准对接，仍是一个亟待解决的问题。此外，师资队伍的整体素质和水平也需要进一步提高，特别是在新兴领域和高端技能方面，专业人才的培养和引进显得尤为迫切。河北省的政策文件还要求加强培训机构之间的合作与交流，提升整体培训水平。例如，石家庄、邯郸等地重点开展电子信息、生物医药等领域的职业技能培训，而唐山、秦皇岛等地则重点开展精品钢铁、高端装备制造等领域的培训。这些措施表明，河北省正在积极推动职业技能培训提质增效，但提升培训机构及师资队伍综合素质的具体措施，仍是一个需要进一步探索的课题。

（三）河北省职业技能评价的主要问题

1. 对新兴职业和技能评价的覆盖面有待扩大

随着新兴产业的发展，新兴职业和技能不断涌现，但职业技能评价体系对这些领域的覆盖相对滞后。河北省技能人才评价工作网，河北省职业技能鉴定中心（局）备案的用人单位评价机构有501家（包含终止备案2家），央企在河北省职业技能鉴定中心备案的单位有63家。从总量上看，可进行职业技能评价的机构数量似乎可以满足河北省技能人才的发展需求。然而，随着科技进步和产业变革，特别是在人工智能、大数据等新兴领域，现有的职业技能评价体系已经无法跟上行业发展的步伐，导致这些领域的专业人才难以及时和准确地获得职业资格认证。这种滞后不仅影响了从业人员的职业发展，而且制约了新兴产业的健康成长。2024年，《河北省人力资源和社会保障厅关于征集职业技能等级认定社会培训评价组织的通知》发布，此举是为适应全省职业技能培训评价需求和技能人才队伍建设需要，从而决定征集部分新职业、康养产业和急需紧缺职业技能等级认定社会评价机构。可见，河北省对新兴职业和技能评价的覆盖面需进一步扩大和更新，以适应新兴职业的快速发展。

2. 对职业技能评价的质量监管有待进一步提升

职业技能评价的质量监管在建设技能人才强国中扮演着至关重要的角色，它确保了评价体系的公正性和准确性，为技能人才的培养和使用提供了明确的方向。2023年，河北省集中开展了职业技能培训和评价问题专项治理行动。该行动明确指出，要对人力资源和社会保障部门备案的评价机构及其开展的评价活动进行严格排查处理。对于存在问题的机构，要求其限期整改，而对于那些未按期整改的，将坚决终止备案。截至最新的数据显示，在河北省职业技能鉴定中心（局）备案的用人单位评价机构中，有 2 家终止备案，河北省职业技能鉴定中心（局）也有 24 家终止备案。这一数据从侧面反映了一些问题，说明在职业技能评价的实施过程中，并非所有的评价机构都能始终保持高质量的工作水准。可见，部分职业技能评价机构确实存在着不可忽视的质量问题，河北省对职业技能评价的质量监管不可松懈。

3.职业技能评价工作的经验交流有待加强

在职业技能评价工作日益受到重视的今天，全国范围内的交流互鉴显得尤为重要。例如，2024年，全国体育行业职业技能鉴定工作会的成功举办，不仅为行业内的专业人士搭建了宝贵的交流平台，而且为各地职业技能评价体系的完善与创新提供了灵感与借鉴。然而，河北省在职业技能评价工作的交流互鉴方面有待进一步加强。河北省政府近年来高度重视技能人才培养与职业技能评价工作，出台了一系列政策措施以支持和鼓励职业技能评价体系的完善，例如，《河北省技能人才评价宣传贯彻落实国家职业标准试点实施方案》的出台。在此背景下，河北省区域内的职业技能评价工作交流显得尤为重要。通过举办职业技能评价工作交流会、研讨会，不同职业技能评价机构可以分享各自在评价体系建设、评价标准制定、评价过程管理等方面的成功经验和创新做法。这种跨区域的互学互鉴，不仅能够促进先进经验和做法的快速传播，而且有助于激发不同职业技能评价机构在职业技能评价工作中的创新思维，共同探索出更加符合市场需求、更具实效性的评价模式。此外，河北省还可以借助现代信息技术手段，如建立职业技能评价工作信息共享平台，实现评价信息的实时共享与交流。这样的信息共享平台不仅可以提高信息交流的效率和准确性，而且能够为政策制定者提供更为全面、准确的决策依据，推动全省职业技能评价工作的整体提升。

四、京津冀职业技能协同发展的主要问题

（一）京津冀技能人才协同发展的主要问题

1. 产教融合深度有待增强

京津冀区域职业教育与产业需求的深度融合是推动区域经济高质量发展的关键。京津冀区域内的职业教育院校数量众多，为区域人才培养提供了坚实的基础。2024年9月2日，北京市朝阳区第三届职业培训发展大会举办，朝阳区成立全市首个“京津冀+”青年职业技能实训联盟，构建“产教研培评”技能联合体，此次大会不仅标志着朝阳区在推动青年职业技能培训方面迈出了坚实步伐，而且为京津冀乃至更广泛区域的职业教育与产业发展深度融合树立了新典范，开启了技能人才培养与区域经济协同发展的新篇章。但京津冀职业技能发展联盟秘书长侯燕军也曾指出，当前的人才培养现状与实体经济紧密结合的人才培养与使用体系建设方面，仍存在一定差距。这种差距导致了一个普遍现象，即职业教育与市场需求之间存在偏差，被称为“两张皮”现象。“两张皮”现象的存在，意味着职业教育的培养方向与市场需求之间并未形成紧密的对接。在当前经济快速发展和产业快速变革的背景下，这种现象的存在无疑制约了京津冀三地职业教育的发展和区域经济的转型升级。根据京津冀职业技能发展联盟的观察，职业院校的专业设置同质化现象严重，院校之间缺乏特色和差异化发展。这种同质化现象不仅限制了教育与产业需求的精准对接，而且影响了职业教育的多样性和创新性。新兴产业的快速发展，使用工单位对技能人才的需求日益多样化和个性化。然而，职业院校的专业设置和培养模式却未能及时适应这种变化，导致培养出的技能人才难以满足市场的实际需求。此外，京津冀区域的职业教育与企业之间的合作机制还不够健全，虽然一些职业院校已经开展了校企合作，但合作的深度和广度还不够，企业参与职业教

育的主动性和积极性还有待提高。这导致职业教育的培养内容与企业的实际需求脱节，技能人才的培养质量难以得到有效保障。在京津冀协同发展的大背景下，职业教育与产业需求的深度融合显得尤为重要。然而，目前京津冀区域在这一方面的融合程度还不够高，职业教育的培养方向与市场需求之间的偏差以及职业院校专业设置的同质化现象，都制约了职业教育的发展和区域经济的转型升级。

2. 技能人才的跨区域流动机制有待完善

京津冀区域作为我国经济发展的重要增长极，其技能人才的流动对于推动区域经济一体化和产业升级具有重要意义。然而，当前区域内技能人才的流动机制尚不完善，存在诸多制约因素。一方面，行政区划的限制是一个显著问题。京津冀三地虽然地理相邻，但各自的行政管理体系和政策规定存在差异，这导致技能人才在跨区域流动时面临不少障碍。例如，虽然目前京津冀推出了第一批165项资质资格相互认证，但不同地区在职业技能的职称评审、职业资格认证等方面标准不统一，使得技能人才难以在区域内顺畅转换工作。另一方面，京津冀区域的内部发展不平衡也影响了技能人才的流动意愿。北京作为政治、文化、教育和科技中心，对人才具有强大的吸引力，而津冀两地则相对处于人才净流出状态。这种不平衡的人才分布，可能加剧区域内人才流动的难度。2023年8月，京津冀人才一体化发展部际协调小组第五次会议提出了一系列举措，包括实施“联系京津冀”人才合作项目，旨在推动三地人才服务部门共享政策和资源，打造互融互通的人才发展生态。然而，这些措施的实施效果和具体进展仍需时间来验证。2024年2月，京津冀协同发展人工智能助力人才培养先行先试改革示范园区的成立，标志着三地在教育资源共享、人才培养模式创新方面迈出了重要一步，有望为技能人才的跨区域流动提供更加有力的平台和机制。尽管京津冀区域在技能人才流动机制方面已经取得了一些进展，但要实现区域内人才资源的合理配置和有效利用，仍需进一步打破行政壁垒，统一标准，完善社会保障体系的衔接，推动区域内部的均衡发展。

3. 技能人才信息共享平台有待完善

京津冀区域作为中国北方经济的重要引擎，其人才资源的流动与配置对区域发展至关重要。然而，京津冀三地的人才数据库系统目前相对独立，信息更新不及时和不全面，成为制约区域人才流动及其优化配置的瓶颈。第一，由于人才数据库相对独立，企业在招聘过程中面临信息不对称的问题。天津市的企业在寻找特定技能人才时，可能并不知晓北京市或河北省就有合适的人选。这种信息孤岛现象，不仅限制了企业招聘的范围，而且影响了招聘的效率和效果。企业为了寻找合适的人才，不得不投入更多的时间和资源，这无疑增加了招聘成本。第二，技能人才在求职过程中同样受到信息不对称的困扰。一些人才可能具备天津市企业所需的技能和经验，但由于缺乏对天津就业市场的了解，错失了就业机会。这种情况不仅影响了人才的职业发展，而且造成了人才资源的浪费。尽管京津冀区域在推动人才一体化发展方面已经取得了一些进展，但在人才数据库建设和信息共享方面仍有较大的提升空间。

4. 技能人才联合培养力度有待增强

在京津冀区域技能人才发展的宏伟蓝图中，深入贯彻并积极响应国家关于加强职业技能评价规范管理工作的最新政策导向，是推动区域人才战略与经济社会发展深度融合的关键一环。当前，国家正处于创新驱动发展战略的深入实施阶段，新质生产力的崛起成为引领未来经济增长的核心动力，它不仅聚焦于前沿技术的突破，而且更强调关键核心技术的自主掌握与广泛应用，为实体经济转型升级注入了强劲动力。在此背景下，京津冀区域必须敏锐捕捉并精准对接国家发展政策的新要求，特别是在技能人才联合培养与职业技能开发领域。新质生产力的快速发展，要求技能人才队伍不仅要具备扎实的专业技能基础，而且要具备快速学习新知识、新技术、新工艺的能力以及创新思维和跨界融合的能力。因此，京津冀应依托区域内的高等院校、科研院所及企业，共同开展新质技能人才的定向培养与再教育，确保新质技能人才队伍能够紧跟技术革新步伐，满足实体经济转型升级的迫切需求。

（二）京津冀职业技能培训协同开展的主要问题

1.职业技能培训政策协同与信息共享有待加强

当前，京津冀区域在推进职业技能培训政策协同与信息共享方面仍面临挑战，这一现状直接制约了区域内职业技能培训体系的整体效能和资源配置的最优化。由于协同机制的不完善和信息共享平台的缺失，三地在政策执行、资源调配及培训成效上呈现出一定的差异性和不均衡性，难以充分发挥区域协同发展的潜力与优势。2024年，京津冀职业能力建设工作联席会议强调，为实现“技能京津冀”的宏伟蓝图，三地必须推进技能人才队伍建设的协同发展，其中包括共享技能培训的公共服务资源，如技工院校的教学资源、公共实训基地的实践平台以及数字培训资源的创新应用等。通过这些资源的统筹整合，旨在打破地域界限，推动三地职业技能培训一体化平台建设，为技能人才的培养提供更为广阔、高效的舞台。可见，京津冀在职业技能培训领域面临着政策协同与信息共享的迫切需求。

2.职业技能协同培训的长效机制有待完善

京津冀区域在携手推进职业技能培训的过程中，构建一个稳固且持久的合作机制显得尤为关键，这对于保障培训工作的连续性和稳定性具有决定性作用。近期，京雄职业技能培训协作的实践为此提供了有力辅证。北京市人力资源和社会保障部门紧密围绕雄安新区的功能定位与实际需求，系统地梳理并整合了北京市顶尖职业技能培训机构的丰富资源，这些资源广泛覆盖了从电子商务师到智能楼宇管理员等37大类别共计221项专业培训项目，构成了一个全面且高质量的培训资源库。通过高效的信息共享机制，这些资源迅速传递至雄安新区，有效促进了市场化培训资源向该地区的精准投放，为当地量身定制了高效的职业技能培训方案。尽管在资源共享和项目合作层面已迈出坚实步伐，但如何进一步稳固这一合作态势，将其转化为一种常态化、制度化的协作模式，仍是当前面临的重要课题。这要求双方在现有基础上不断探索和完善合作机制，确保培训工作的连续性和稳定性，避免出现因外部因素干扰而导致的短期行为或合作断层。同时，如何激发并维持政府、企业、培训机构等各方参与者的积极性，构建一个多方协同、共同参与的合作生态，也是构建长效机制不可或缺的一环。

3.京津冀职业技能协同培训体系有待完善

京津冀职业技能协同培训体系对于促进区域经济一体化、提升劳动者技能水平和满足企业用工需求具有关键性作用。2024年，京津冀大工匠学院授牌活动举办，北京城市学院、天津职业技术师范大学、河北工业职业技术大学成为首批主体单位，7家企事业单位、机构成为首批京津冀大工匠学院（天津）培训实践基地。然而，目前的协同培训体系在一些方面仍有待改进。一是培训实践基地的覆盖范围和行业领域有待进一步扩大。虽然已有部分企业和机构成为培训实践基地，但在一些新兴行业和领域，还需要更多企业参与进来，以满足不同行业对技能人才的需求。例如，在人工智能、大数据等领域，需要更多的专业培训实践基地来提供实践机会和技术支持。二是京津冀职业技能培训的深度协同还需要三地政府、教育机构、行业协会和企业等多方的共同努力。各方需要加强沟通与协调，建立统一的职业技能培训和评价标准体系，推动培训资源的整合与共享。三是加强职业技能培训与产业发展需求的对接，提高培训的针对性和实效性。例如，

《京津冀协同发展报告（2024）》中指出，区域高质量发展的动能优势初步显现，特别是提到围绕新技术、新场景、新赛道的建设，三地联合打造氢能、生物医药等6条重点产业链。因此，京津冀三地的协同职业培训应聚焦这些新兴领域，开发与之相匹配的课程和实训项目，确保培训内容与市场需求高度契合。同时，京津冀三地还需要加大对职业技能培训的投入，利用互联网、大数据等现代信息技术手段，创新培训模式，提高培训效率和效果，培养更多高素质技术技能人才，为京津冀协同发展注入新动力。

（三）京津冀职业技能评价协同开展的主要问题

1.职业技能评价机构协同程度有待提高

虽然京津冀区域在职业技能评价机构的协同方面已经取得了一定的进展，如北京市的两家机构：北京市成人按摩职业技能培训学校和中教畅享（北京）科技有限公司，在雄安新区开展职业技能等级评价考试，但总体来看，三地评价机构的协同程度仍有待提高，包括评价机构之间的信息共享、资源互补、合作机制等方面。评价机构的协同不仅涉及技术层面的对接，而且涉及管理层面的协调。可见，京津冀需要就职业技能评价机构进一步加强合作，促进三地人才评价协同机制的完善。依托首都优势资源，北京市协同天津市、河北省共同出台《京津冀人才一体化发展规划（2017—2030年）》《京津冀人社部门人才工作协同发展合作框架协议》等政策文件，需要京津冀三地人力资源和社会保障部门加强合作，发挥“首都优势”引领三地高技能人才评价，建立更加紧密的合作关系，共同推动评价机构的协同发展。

2.京津冀全国性社会培训评价组织的区域扩展有待加强

京津冀区域在职业技能等级认定机构区域分布方面存在一定的发展瓶颈。目前，京津冀职业能力建设工作联席会明确指出，需要推动坐落在京津冀的全国性社会培训评价组织在三地人力资源和社会保障部门备案，并开展相应的职业技能等级认定工作。这一措施旨在通过统一的标准和流程，提高职业技能等级认定的权威性和认可度，进而促进区域内技能人才的培养和流动。在推动职业技能等级认定工作的过程中，需要考虑如何与区域内的产业发展需求相匹配，确保职业技能等级认定能够真正反映劳动者的实际技能水平，满足企业的用工需求。同时，加强与教育培训机构的合作，推动职业技能培训与职业技能等级认定的有效衔接，形成完整的技能人才培养和评价体系。

3. 京津冀职业技能评价结果互认机制有待完善

京津冀区域在职业技能评价结果互认方面确实存在进一步深化的需求。职业技能评价对技能人才的职业发展和就业机会至关重要，它不仅能够证明个人的技能水平，而且能增强个人在劳动市场中的竞争力。目前，京津冀区域在职业技能等级认定的互认机制上还有待完善。北京市于2024年推动出台了养老机构等级评定结果和老年人能力评估结果互认政策，评定结果在京津冀全域内互认，这一政策的实施为养老服务领域的技能人才提供了更为广阔的发展空间和更多的就业机会，但类似的互认政策在其他职业技能领域尚未普及。职业技能等级认定互认的深入，意味着劳动者在京津冀任何一个地区获得的职业技能等级认定都能在其他地区得到认可，这将极大地促进区域内技能人才的流动和就业。然而，要实现这一目标，需要解决一系列问题，例如，不同地区在职业技能评价标准、评价流程、证书管理等方面存在差异。京津冀三地需要加强人力资源和社会保障部门之间的沟通和协调，建立统一的评价体系和互认机制，确保评价结果的权威性和公正性。在实际操作中，京津冀三地需要考虑如何提高劳动者对职业技能评价结果互认政策的认知以提高他们的参与度，如何加强职业技能培训机构与企业之间的合作以确保培训内容与企业需求相匹配，提高培训的针对性和实效性。同时，京津冀三地也需要加强职业技能评价结果互认政策的宣传和推广，让更多的劳动者和企业了解和利用这一政策，从而推动区域内职业技能人才的培养和流动。

参考文献：

[1] 北京市人力资源和社会保障局. 高技能人才国情市情研修班举行 本市技能人才总量达347万人. 2024年4月13日.

[2] 王剑，赵森，李宇红. 首都核心功能强化背景下北京高技能人才培养问题研究. 中国职业技术教育，2021(36): 82–87.

[3] 曲忠芳，李正豪.《产业数字人才研究与发展报告》：我国数字人才缺口超过2500万. 腾讯新闻，2023年3月21日.

[4] 北京市人力资源和社会保障局. “每年培养1万名数字人才” 前景可期.2023年7月18日.

[5] 北京市门头沟区人力资源和社会保障局. 本市发布《关于加强新时代首都高技能人才队伍建设的实施方案》集中推出18条工作举措助力高技能人才培养. 2023年7月20日.

[6] 北京市昌平区人力资源和社会保障局. 北京市职业技能评价网上服务平台. 2024年6月27日.

[7] 北京市人民政府门户网站. 市十六届人大二次会议举行第二场新闻发布会 北京交出增进民生福祉优异答卷. 2024年1月25日.

[8] 人力资源社会保障部，财政部. 人力资源社会保障部 财政部关于印发《国家级高技能人才培训基地和技能大师工作室建设项目实施方案》的通知. 2022年9月14日.

[9] 北京市人力资源和社会保障局，北京市财政局. 关于印发《北京市技能大师工作室建设管理办法》的通知. 2023年3月17日.

[10] 北京市人力资源和社会保障局. 关于开展2024年国家级和市级技能大师工作室申报工作的通知. 2024年3月21日.

[11] 北京市人力资源和社会保障局等. 关于印发《北京市全面推行中国特色企业新型学徒制加强技能人才培养实施方案》的通知. 2022年6月15日.

［12］北京市人力资源和社会保障局．关于发布《国家服务业扩大开放综合示范区和中国（北京）自由贸易试验区建设人力资源开发目录（2023年版）》的通告．2023年9月4日．

［13］北京市人民政府门户网站．着力培育四类数字领域人才队伍．2024年7月11日．

［14］人力资源社会保障部办公厅，公安部办公厅，市场监管总局办公厅．关于加强职业技能评价规范管理工作的通知．2024年5月9日．

［15］中华人民共和国审计署．2024年第1号公告：中央部门单位2023年预算执行等情况审计结果．2024年6月25日．

［16］北京职业教育新增22个数字技能相关专业．央广网，2024年7月11日．

［17］北京市人力资源和社会保障局．北京69家人社部门备案的机构可以考证！职业技能等级认定社会培训评价机构名单及联系方式．2024年8月19日．

［18］职业技能等级认定政策宣传——社会培训评价组织哪里找？通州就业服务，2024年5月13日．

［19］天津：高技能人才队伍培养成效显著．中国发展网，2023年8月16日．

［20］天津市人力资源和社会保障局．关于开展2024年天津市人才基本情况专项统计调查工作的通知．2024年3月19日．

［21］王培培，张雨晴．天津高技能人才培养体系建设的现状与对策．求知，2023，(12)：42–45.

［22］天津市人民政府办公厅．关于印发天津市制造业高质量发展“十四五”规划的通知．2021年7月1日．

［23］天津市人力资源和社会保障局．天津市关于《加强新时代高技能人才队伍建设的实施意见》解读．2023年8月29日．

［24］天津市人力资源和社会保障局．育“海河工匠”建“技能天津”为高质量发展提供优质技能人才支撑．2023年12月4日．

［25］天津市人力资源和社会保障局．天津市民办职业培训机构目录（2024年3月）．2024年7月5日．

［26］天津市人民政府．关于印发天津市中长期职业技能培训规划（2019—2025年）的通知．2019年3月6日．

［27］天津市人力资源和社会保障局．市实训中心成功举办首期企业培训师

授课能力提升培训班 . 2024 年 5 月 21 日 .

［28］天津市人民政府 . 天津市职业技能培训规定 . 2022 年 12 月 19 日 .

［29］人力资源社会保障部 . 关于健全完善新时代技能人才职业技能等级制度的意见（试行）. 2022 年 4 月 28 日 .

［30］天津市人力资源和社会保障局 . 我市颁发首批特级技师、首席技师职业技能等级证书 . 2024 年 7 月 17 日 .

［31］天津市人力资源和社会保障局 . 关于印发《天津市职业技能等级认定违规处理办法》的通知 . 2024 年 7 月 26 日 .

［32］天津市人力资源和社会保障局 . 关于对天津市绿化工程有限公司违规开展职业技能等级认定及相关处理情况的通报 . 2022 年 11 月 9 日 .

［33］天津市人力资源和社会保障局 . 我市组织开展职业技能等级评价机构观摩交流活动 . 2024 年 6 月 12 日 .

［34］张庆，卢越 . 新时代背景下河北省高技能人才队伍建设路径研究 . 河北企业，2024(02): 137-139.

［35］刘静 . 技能人才培养与产业转型协调发展问题研究 . 河北企业，2020(1): 107-108.

［36］廖尾英，王新雷，刘秋红，等 . 河北省产业结构调整背景下提升职业技能培训精准性的策略探析 . 工业技术与职业教育，2022, 20(05): 99-101.

［37］河北省人力资源和社会保障厅，河北省财政厅 . 关于开展 2023 年职业技能培训提质增效行动的通知 . 2023 年 6 月 30 日 .

［38］河北省人力资源和社会保障厅 . 河北省“十四五”职业技能培训规划 . 2022 年 4 月 21 日 .

［39］河北省就业工作领导小组办公室 . 关于做好 2024 年职业技能培训工作的通知 . 2024 年 4 月 23 日 .

［40］河北省人力资源和社会保障厅，河北省财政厅 . 河北省关于开展 2023 年职业技能培训提质增效行动的通知 . 2023 年 3 月 30 日 .

［41］职业技能等级评价机构公示查询系统 . 河北省职业技能鉴定中心（局）备案的用人单位评价机构 . 2024 年 8 月 19 日 .

［42］河北省人力资源和社会保障厅 . 征集新职业、康养产业和急需紧缺职业技能等级认定社评机构的通知 . 2024 年 4 月 17 日 .

[43] 赵晓华，陈昱廷. 河北开展职业技能培训和评价问题专项治理行动. 石家庄新闻网，2023年8月16日.

[44] 体育总局职鉴指导中心. 省市经验交流. 2024年6月21日.

[45] 河北省人力资源和社会保障厅. 关于印发《河北省技能人才评价宣传贯彻落实国家职业标准试点实施方案》的通知. 2024年2月19日.

[46] “京津冀+”青年职业技能实训联盟成立. 新京报，2024年9月3日.

[47] 中国智慧职业教育联盟秘书长侯燕军. 对京津冀技能人才队伍建设高质量发展的几点看法. 2023年9月18日.

[48] 于祥明. 国家发展改革委：京津冀推出了第一批165项资质资格相互认证. 上证报中国证券网，2024年2月27日.

[49] 武红利. 京津冀人才一体化发展按下加速键. 北京日报，2023年8月29日.

[50] 杜燕. 京津冀携手打造适应区域产业发展高技能“人才圈”. 中国新闻网，2024年2月21日.

[51] 尹德挺，于倩. 推动京津冀协同发展不断迈上新台阶. 光明日报，2024年5月6日.

[52] 天津人社. 2024年京津冀职业能力建设工作联席会在津召开. 2024年3月11日.

[53] 北京劳动就业报. 技能人才培养，京津冀这样协同发力. 2024年2月28日.

[54] 韩雨晨. 京津冀大工匠学院在津揭牌成立. 天津日报，2024年4月23日.

[55] 北京市人力资源和社会保障局. 京津冀高技能人才协同发力 北京引导技能评价机构落地雄安. 2023年11月22日.

[56] 褚夫晴.《京津冀人才一体化发展规划（2017—2030年）》发布. 央广网，2017年7月7日.

[57] 赵为. 京津冀人社部门签署人才工作协同发展合作框架协议. 新华网河北频道，2023年8月2日.

[58] 天津市人力资源和社会保障局. 2024年京津冀职业能力建设工作联席会在津召开. 2024年3月21日.

[59] 北京市民政局，天津市民政局，河北省民政厅. 关于印发《关于进一步深化京津冀养老服务协同发展的实施方案》的通知. 2024年4月3日.

第五章　京津冀与其他经济圈的职业技能发展比较

一　京津冀与长三角职业技能发展的比较

长三角地区面积仅占全国国土面积的3.7%，人口总量占全国的1/6，经济总量占全国的1/4。作为我国经济发展最活跃、开放程度最高、创新能力最强的区域之一，长三角高质量一体化发展是中国式现代化的重要组成部分。截至2024年1月底，长三角三省一市（上海市、江苏省、浙江省、安徽省，以下简称“三省一市”）政府工作报告公开的数据显示：2023年，上海市GDP达4.72万亿元，增长5%；江苏省12.82万亿元，增长5.8%；浙江省8.26万亿元，增长6%；安徽省4.71万亿元，增长5.8%，总规模迈上30万亿元新台阶，占全国经济比重达到24.2%。其中，科技创新、现代化产业体系、新质生产力、数字—实体经济融合是三省一市总结过去一年成绩、阐明重点工作时使用的高频词，高技能人才培育在四地政府工作报告的重点工作中均有体现。

随着经济与科技发展需求的转变，高技能人才需求较以往更为旺盛和迫切，技能型人才的结构性变革是破解就业结构性矛盾、服务产业体系转型升级的必经之路。2022年10月，中共中央办公厅、国务院办公厅印发《关于加强新时代高技能人才队伍建设的意见》指出，要加大高技能人才培养力度、完善技能导向的使用制度、建立技能人才职业技能等级制度和多元化评价机制并做好保障。以三省一市为主体的长三角地区结合实际，陆续出台配套政策文件，对“十四五”期间技能人才发展作出如下规划：上海市预计建设高技能人才培养平台100家，选树高技能领军人才1 000名，新增高技能人才20万名，到2025年，上海市技能人才占就业人员比例超过30%，高技能人才占技能人才比例超过35%，力争到2035年，高技能人才的数量、结构与基本建成具有世界影响力的社会主义现代化国际大都市相适应；江苏省预计到2025年，全省高技能人才总量将达到530万人，每万名劳动者中高技能人才数将达到1 000人，江苏大工匠、江苏工匠将分别达到81人和807人；浙江省预计新增制造业高技能人才40万人、数字高技能人才10万人、现代农业和现代服务业高技能人才50万人，全省高技能人才总量达到500万人以上，占技能人才比例超过36%，到2035年，高技能人才数量、结构与经济社会发展需求基本匹配，高技能人才总量达到800万人以上，占技能人才比例超过40%，基本建成社会崇尚技能、人人享有技能的技能型社会；安徽省明确，到2025年底，全省技能人才占就业人员的比例达到30%以上，高技能人才占技能人才的比例达到1/3，到2035年底，全省技能人才队伍进一步壮大、素质大幅提高，高技能人才总量和结构比例接近长三角区域平均水平，为打造“三地一区”、建设现代化美好安徽提供强有力的技能人才支持。

以培养高技能人才为先导，带动技能人才队伍梯次发展，是高水平推进技能型社会建设的关键。落实这一目标，需要构建党委领导、政府主导、政策支持、企业主体、社会参与的高技能人才工作体系，围绕技能人才培养、使用、评价和激励四方面开展全方位部署，深入分析地区技能人才发展现状，着力建设技能培育体系，为全面建设社会主义现代化国家提供有力的人才和技能支撑。

（一）长三角地区技能人才发展现状

长三角地区产业高度密集，人才高度集聚，产业链完整清晰，为产教深度融合、产教双向奔赴协同育人提供了得天独厚的条件。

1. 长三角地区产业分布及就业情况

在就业人员总量方面，长三角地区就业人员总量达到约1.32亿人。总体而言，各地区产业就业人员分布的趋势为第三产业占比居多，第二产业居中，第一产业较少。其中，江苏省就业人员产业分布与长三角地区的整体情况较为一致。上海市与安徽省则呈现产业互补态势，上海市在三省一市的产业就业人员结构纵向对比上明显偏重第三产业，第一产业占比相对较少；安徽省则在三省一市中较为偏重第一产业，第三产业占比相对较少。长三角地区就业人员产业分布情况详见表5-1。

表5-1　长三角地区就业人员产业分布情况

区域	就业人员（万人）	第一产业		第二产业		第三产业	
		人数（万人）	占比（%）	人数（万人）	占比（%）	人数（万人）	占比（%）
长三角	13 242.2	1 659.8	12.5	5 032.67	38	6 549.73	49.5
上海*	1 376.2	40.8	3	335.67	24.4	999.73	72.6
江苏	4 805	626	13	1 951	40.6	2 228	46.4
浙江	3 885	203	5.2	1 726	44.4	1 956	50.3
安徽	3 176	790	24.9	1 020	32.1	1 366	43

数据来源：地方统计年鉴。其中江苏、浙江、安徽的数据来源于各省2023统计年鉴中2022年各产业就业人员分布情况，上海*数据来源于2020统计年鉴中2019年各产业就业人员分布情况。

2. 长三角地区技能人才存量及新增情况

技能人才是支撑中国制造、中国创造的重要力量。建设制造强国、质量强国、技能中国，全面建设社会主义现代化国家，实现中华民族伟大复兴的中国梦，需要以充足的技能人才为基石。总体而言，长三角地区技能人才供给有量和质的提升，体现为人才队伍规模不断壮大和配比结构持续优化。从技能人才存量来看，上海市技能人才总量超过300万人，高技能人才约占技能人才总量的35%。江苏省技能人才总数已突破1 450万人，每万名劳动者中高技能人才数达到975名。浙江省人力资源和社会保障厅的数据显示，截至2022年底，浙江省技能人才总量达到1 195万人，占全部就业人员的比重超过30%。其中，高技能人才395.2万人，占技能人才的33.1%。浙江省人民政府办公厅《关于开展省域技能型社会建设的指导意见提出》，到2027年，全省技能人才总量要达到1 500万人以上，占从业人员比重超过37%；高技能人才总量达到550万人以上，占技能人才比重超过37%。安徽省人民政府公开的数据显示，2023年，技能人才和高技能人才总量分别达到724.4万、217.4万。

近年来，长三角地区重视技能人才的培养和发展，通过开展技能培训、竞赛，建设工匠学院以及制定相关政策等方式，吸引和培育了大量技能人才，人才集聚态势日趋明显。从长三角地区2023年和2024年新增技能人才分布情况可看出，长三角地区的技能行动实施正在逐步实现高技能人才队伍梯次占比扩大化，在技能人才结构性变革上成效突出，详见表5-2。

表5-2　长三角地区2023年和2024年新增技能人才分布情况

区域	技能人才新增人数（万人）	高技能人才新增人数（万人）	高技能人才占比（%）
长三角	—	—	—
上海	—	0.98	—
江苏	—	27.49	—
浙江	99.8	41.2	41.3%
安徽	30	12	40%

数据来源：上海的数据来源于上海市人力资源和社会保障局发布的《新增培养高级工及以上技能人才4.5万人次——进展情况》，数据统计范围为2024年1–5月；浙江的数据来源于浙江省人力资源和社会保障厅（2023年10月公开）；江苏的数据来源于2024年发布的2023年度江苏省人力资源和社会保障事业发展统计公报；安徽的数据来源于安徽日报2024年2月报道。

3.长三角地区技能人才需求情况

在数字化经济发展浪潮下，长三角地区正加快推进产业转型升级，从传统制造业向高端制造业、智能制造业、战略性新兴产业等方向发展。其中，上海市以制造业高质量发展为首要任务，初步构建“（2+2）+（3+6）+（4+5）”体系，“2+2”指先进制造业与现代服务业深度融合和数字化与绿色低碳系统转型；“3+6”对应三大先导产业（集成电路、生物医药、人工智能）和六大重点产业（电子信息、生命健康、汽车、高端装备、先进材料、时尚消费品）；“4+5”是抢先布局数字经济、绿色低碳、元宇宙、智能终端四大新赛道产业和未来健康、未来智能、未来能源、未来空间、未来材料五大未来产业方向。2024年1月2日，上海市人力资源和社会保障局发布的《上海市急需紧缺高技能人才职业（工种）目录（2024年）》聚焦三大先导产业、制造业重点产业领域、航运服务产业领域、第一和第三产业重点行业等领域，符合该目录内职业（工种）要求的可按规定享受本市人才引进等政策支持。江苏省聚焦先进制造业、战略性新兴产业和主导产业发展需求，以紧缺型目录为牵引，加强高技能人才建设，每季度集中发布一批高技能人才培训补贴紧缺型职业（工种）目录，一线劳动者参加紧缺目录内的职业（工种）培训并取得证书，可根据不同职业和等级申领相应的培训补贴；浙江省高技能人才规模建设重点支持数字经济、先进制造业和现代农业、现代服务业，结合职业工种、紧缺程度、培训评价成本和技能等级等因素，制定本省职业培训项目补贴标准目录；安徽省重点打造高技能领军人才队伍、制造业技能根基人才队伍、数字技能人才队伍和乡村工匠人才队伍，大力实施人才兴皖工程，并为所需人才提供相应的薪资待遇，所编制的《2023年安徽省重点领域急需紧缺人才需求目录》涵盖多个重点领域，包括农业、制造业、金融业、教育、卫生、文化等11个领域。

（二）长三角地区职业技能培训现状

技能人才掌握专门的理论知识和专业技术，具备一定水平的操作技能，并能够将之运用到生产实践中进行创造性活动，在推动技术创新、实现科技成果转化等方面发挥着不可或缺的作用。培养造就一支规模宏大、结构合理、技艺精湛、素质优良的技能人才队伍，是加快产业转型升级、提高产品核心竞争力和自主创新能力的人力资源保障。

1.长三角地区推出职业技能培训政策依据与具体举措

在政策依托层面，长三角地区认真落实党中央、国务院决策部署，坚持立德树人根本任务，多方位部署技能型社会建设，以健全终身职业技能培训制度为方向，为职业技能培训提供政策支持与保障。其中，上海市人力资源和社会保障局2023年11月发布了《关于加强新时代高技能人才队伍建设的实施意见》，在加大高技能人才培养力度方面，构建以行业企业为主体、职业学校为基础、政府推动与社会支持相结合的高技能人才培养体系，发挥行业企业培养高技能人才的主体作用，鼓励职业学校和培训机构开展高技能人才培养，推动产教融合培养高技能人才，加强急需紧缺高技能人才培养。2021年，《江苏省“十四五”技能人才发展规划》明确了2025年的发展目标和完善技能人才培养体系的一系列举措，包括以校企合作、产教融合为基础提升技能人才培养质量，依托各产业、行业和技工院校加强高技能人才培养培训载体建设等。浙江省人民政府办公厅在2024年1月发布的《关于开展省域技能型社会建设的指导意见》中提出，以高质量打造“浙派工匠”金名片为基础，瞄准产业需求，完善技能人才培养规划，推进行业、区域间技能人才协同培养，加快构建具有浙江特色的现代职业教育体系和终身职业技能培训制度，健全与产业发展相适应的技能人才全方位、全链条培养体系，大力培养重点产业急需紧缺高技能人才。安徽省人民政府办公厅于2024年7月印发《安徽省技工教育高质量发展行动计划（2024—2027年）》，大力实施人才兴皖工程，推动技工教育高质量发展，开展技工强省建设，计划中提出了6个具体“行动”，面向技工院校提质扩容、实训基地共建共享、产教深度对接融合、师资引育培强、育人质效提升和技能生态涵养创优，旨在实现技能人才培养的规模化和专业化。

在具体举措方面，2024年度，上海市人社局将技能培训作为促进就业工作的重点，大力推行“120万职业技能培训计划”，以紧缺职业（工种）和新技能培训项目为动态“风向标”，向重点领域高技能人才倾斜，突出就业导向，联动多方主体，针对重点人群分类分级打造支持方案，快速提升就业者劳动技能。江苏省人力资源和社会保障厅围绕特色产业发展、数字技术、服务发展新质生产力开展各类活动，促进技能培训迭代升级，主要做法包括：推进“江苏工匠”岗位练兵职业技能竞赛活动，为非遗传承者和新职业、新技能、新工艺劳动者搭建技能成长舞台；将数字技能纳入省政府主办的江苏技能状元大赛项目，为数字职业人才发展搭建“舞台”；组织年度高级技师岗位技能提升培训，培育重点行业领军人才；等等。浙江省人力资源和社会保障厅重点部署2024年省级职业技能竞赛，预计组织开展省级职业技能竞赛35项，主要涉及制造业、服务业等多个职业（工种）。安徽省人力资源和社会保障厅着重加强培训基础能力建发，发布《加强全省技工院校教师队伍建设的若干措施》和《加强全省技工院校专业建设的若干措施》，持续推进师资队伍建设和优质培训载体培育。

2. 长三角地区开展职业技能培训的基本情况

（1）三省一市职业技能培训机构、技工院校分布情况

从职业技能培训机构的地理分布来看，上海市目前有475所职业技能培训机构。从机构的地理分布来看，目前上海市内拥有最多培训机构的区域为浦东区，最少的区域为崇明区（见图5–1）。根据上海市教育工作年报

（2023年），全市共有普通中等职业学校70所，其中职业高中22所，中等专业学校42所，中等技工学校6所；另有成人中专学校6所。

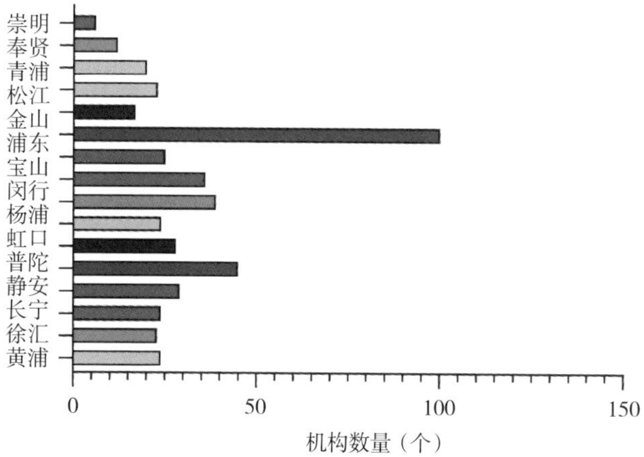

图5-1　2024年上海市职业技能培训机构地理分布

数据来源：上海市人力资源社会网。

截至2024年1月，江苏省职业技能培训机构达1 729所，职业技能等级认定机构达3 696所。从2024年江苏省发布的职业技能培训目录来看，江苏省范围内，无锡市、徐州市培训机构的数量较多，其他地区分布较为均匀，平均每个地区覆盖有100余所培训结构，能较好地支撑职业技能培训的开展（图5-2）。

根据江苏省人力资源和社会保障厅发布的《2021—2023年度事业发展统计公报》，该省参与职业技能鉴定和等级认定并获取证书的人数不断上升。同时，技工院校数量及在校生人数在近三年内有一定幅度的提升，开展社会培训人次也逐年增多。2023年末，技工院校总数达117所。上述统计情况详见表5-3。

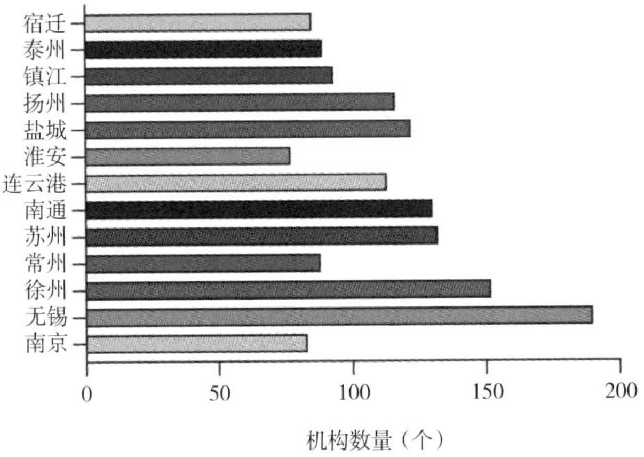

图5-2　2024年江苏省职业技能培训机构地理分布

数据来源：江苏省人力资源和社会保障厅发布的2024年江苏省职业技能培训机构目录。

表5-3　2021—2023年江苏省开展职业技能鉴定、技工院校数量和社会培训情况

年份	职业技能鉴定和等级认定			技工院校		社会培训人数（万人）
	参与人数（万人）	取证人数（万人）	占比（%）	院校数量（所）	在校生人数（万人）	
2021	98.95	85	86	109	26.84	43.3
2022	110.9	94.16	85	112	27.62	45.9
2023	123.8	103.92	84	117	28.26	48.88

数据来源：江苏省人力资源和社会保障厅2021—2023年度事业发展统计公报。

此外，浙江省共有职业技能等级认定机构6 570家，其中用人单位6 157家，社会培训评价组织413家，技工院校数量为108所（统计范围为2022年度）。根据安徽省职业能力处公布的《2024年安徽省技工院校招生公告》，安徽省目前拥有的技工院校数量为88所。其中，安徽阜阳技师学院、安徽六安技师学院、安徽铜陵技师学院等11所院校在2023年度技工院校办学水平评估中获优秀。

（2）三省一市职业技能培训实施现状及特色做法

2021年以来，长三角地区在推进职业技能提升行动、开展职业技能培训方面覆盖情况如下：上海市、江苏省和安徽省大致每年补贴性培训人次总数达到318.24万人次；上海市和浙江省年度参加职业技能评价人次达148.56万人次，约有119.69万人次取得职业技能证书，通过率约为80.57%；江苏省、安徽省全年共计有184.8万人次参加职业资格评价或职业技能等级认定，取得职业资格证书或职业技能等级证书的有157.52万人次，通过率约为85.24%，取得高级工以上职业资格（职业技能等级）证书的有40.29万人次，约占取证人数的25.58%。上述统计情况详见图5-3。

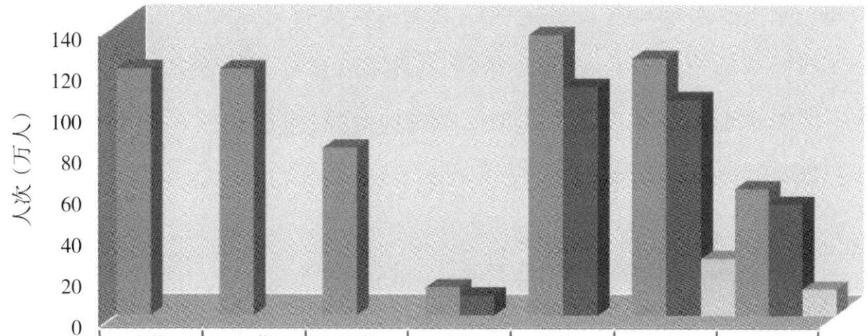

	补贴性技能培训人次			职业技能评价参加人次		职业资格评价或职业技能等级认定人次	
	上海	江苏	安徽	上海	浙江	江苏	安徽
总人次	118.85	118.66	80.73	13.55	135.01	123.80	61.00
取证人次				9.49	110.20	103.92	53.60
高级工以上取证人次						27.49	12.80

图5-3 各省市职业技能培训实施现状

数据来源：为各省市人力资源和社会保障厅（局）发布的事业发展统计公报。其中上海市、江苏省、浙江省和安徽省的统计年度分别为2021年、2023年、2022年和2022年。

各省市人力资源和社会保障厅（局）发布的公告显示，2024年4月，上海市推行了“技能大赛+校企合作+推广大使”模式，启动嘉定区第十九届职业技能大赛，借助大赛平台，开展校企合作，实现技能人才高效匹配。同时，聘请高技能人才作为推广大使，广泛宣传职业技能培训评价补贴政策和职业技能大赛。江苏省着力推进技能人才培训基地建设，加大政府补贴性培训力度，多形式建设数字技能培训基地，将工业视觉系统运维、跨境电子商务运营、人工智能训练师等数字技能列入省政府主办的江苏技能状元大赛项目。2024年度，浙江省以高质量就业为导向，布局建设覆盖城乡的“30分钟职业技能培训圈”，以此衔接零工市场平台，加强职业技能培训基础能力建设，其中，嘉善通过统筹各方资源，构建了技能培训资源数字地图，实现技能提升便捷化；衢州柯城基于社区零工之家搭建培训场所，形成网格化的技能培训和服务体系；温州市启动“温州技能夜校”建设，联动各类院校、机构、企业、基层站点，广泛构建线下线上培训平台，推进职业技能培训全时段、全区域覆盖。安徽省重点开展“新徽菜・名徽厨”行动，实施培训补贴、创业帮扶、品牌培育等多项激励支持政策，实现职业技能培训开展、开放平台构建和职业发展空间拓展，预期在2025年开展徽菜师傅技能培训不少于7万人次。

（三）长三角地区职业技能评价现状

1.三省一市职业技能等级认定机构分布情况

当前，长三角地区的全国性评价机构有212所，占全国总数的5.9%，包括用人单位192所，社会评价组织19所，后者主要分布在浙江省和安徽省。省属评价机构14 476所，占全国总数的40%，包括用人单位12 489所，社评组织1 244所，技工院校743所。其中，浙江省聚集了大量的用人单位评价机构（64%的机构分布在浙江省内）；社会评价组织机构在各省市分布较为均匀，技工院校评价机构则以江苏省为主要阵地，分布在江苏、浙江和安徽三省。上述统计情况详见图5-4。

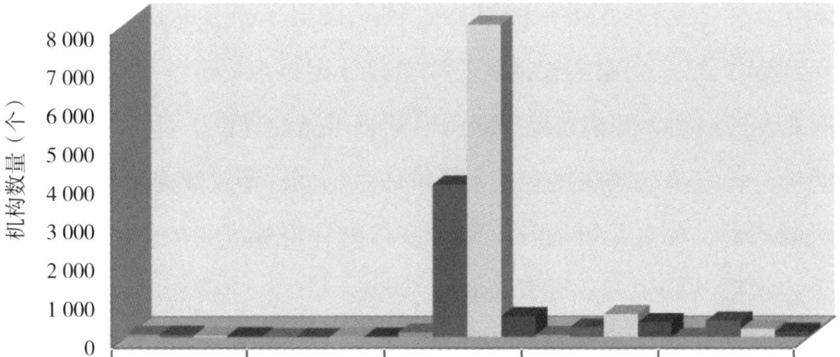

	全国性评价机构分支		省属评价机构		
	用人单位	社会评价组织	用人单位	社会评价组织	技工院校
■上海	66	0	118	51	0
■江苏	66	0	3 883	237	410
■浙江	34	8	7 958	580	206
■安徽	26	11	530	376	127

图5-4　各省市职业技能等级机构数量

数据来源：职业技能等级评级机构公示查询系统数据，更新时间为2024年7月15日。

2.三省一市职业技能评价制度

在职业技能评价制度构建层面，在中共中央、国务院关于建立技能人才职业等级制度和多元化评价机制精神的指导下，各省市大力推行职业技能等级认定工作，通过开展企业职业技能等级认定试点工作，支持企业自主运用评价方式开展技能人才职业技能等级评价。如2024年4月，上海市人力资源和社会保障局在《关于进一步加强职业技能等级规范管理工作的通知》中明确的主要举措包括大力推进企业技能人才自主评价、加快推进社会化职业技能等级认定和系统推进院校职业技能等级认定。2023年9月，江苏省人力资源和社会保障厅发布的《江苏省职业技能等级直接认定试点工作方案》以保障企业在技能评价中的主体地位为指引精神，在传统的理论知识考试、技能操作考核的基础上创新设置了直接认定工作机制，在2023年遴选了32家企业实施技能等级直接认定试点。这些举措为拓宽技能人才职业发展通道，架构技能等级晋升的多维路径提供了有力的制度保障。

此外，长三角地区在技能人才评价体系层面，不仅致力于省（市）内的评价机制构建，而且为打通长三角地区技能评价标准一体化、谋划长三角地区人才素质共同提升不断开展探索实践。其中，上海市、江苏省、浙江省人力资源和社会保障部门联合印发《长三角生态绿色一体化发展示范区技能人才协同评价实施方案》，形成了示范区内职业资格证书、职业技能等级证书和专项职业能力证书互认制度，这对评价机构有效衔接，强化技术资源共建共享，实现长三角生态绿色一体化发展有重要意义。

（四）京津冀与长三角职业技能发展相比的优势

在技能人才协同培养模式的建立上，京津冀地区的顶层设计和统筹指导在区域协同发展中发挥了更明显的作用。在顶层设计上，京津冀地区通过《京津冀协同发展规划纲要》《京津冀教育协同发展行动计划（2023—2025年）》等政策文件，明确了技能人才协同发展的目标和路径，着力打造适应区域产业发展的高技能“人才圈”，创新建设包括职普融通共同体、产教融合联合体、科教融汇集合体的“三体”培养高素质技术技能人才体系。在统筹指导上，2022年8月，天津市宝坻区、武清区、滨海新区，河北省雄安新区、廊坊市、唐山市及北京市通州区的人力资源和社会保障部门联合签署《京津冀五区两市职业技能高质量发展战略合作框架协议书》，共同发起成立京津冀职业技能发展联盟，谋划地区协同发展；2024年3月，京津冀职业能力建设领域相关的职能部门联合召开了京津冀职业能力建设工作联席会，以推动三地职业技能培训平台一体化、专家资源一体化、全国性社会培训评价组织建设、联合举办职业技能大赛和成立经济及技工教育联盟为抓手，深化“技能京津冀”建设 。相比于京津冀地区，长三角地区在技能人才协同培养模式的探索上略显不足，主要还是依靠社会力量驱动，例如，2023年，由南通人才发展集团联合华为技术有限公司、中国电子系统技术有限公司共同打造了集数字技能人才培训、产教融合、技能转换、上岗培训、管理实践、职业鉴定于一体的数字技能人才公共实训基地。总体而言，京津冀地区更侧重于跨区域的协同培养和教育资源共享；长三角地区更注重数字技能人才的培养，并与数字经济的发展趋势紧密结合。

从产业发展来看，京津冀地区的协同发展战略作用明显，2022年，京津冀地区三产占生产总值的比重分别为4.78%、29.61%和65.61%；长三角地区三产占生产总值的比重分别为3.75%、41.04%和55.20%。由此可见，京津冀在产业结构优化方面效果卓越。从产业结构变化来看，京津冀城市群第三产业比重明显提升，服务业成为第一大产业。根据北京市统计局发布的数据，近10年来，京津冀产业结构已稳定升级转型为“三二一”产业格局，2023年，京津冀第三产业比重比2013年提高了近10个百分点，三产构成由2013年的6.2∶35.7∶58.1变化为2023年的4.6∶27.7∶67.7，第三产业比重提高9.6个百分点。其中，北京市三产占比保持在八成以上，天津市三产占比超六成，河北省三产突破五成且提升最快，三地三产比重较2013年分别提高5.3个、8.6个和11.4个百分点。上述统计情况详见图5-5。

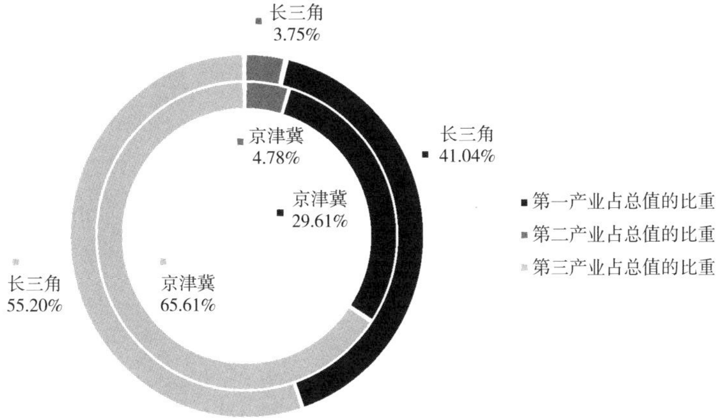

图5-5　京津冀与长三角三产占生产总值的比重

注：数据来源为2023中国统计年鉴。

从区域发展指数来看，京津冀和长三角总体均呈稳步上升趋势，但京津冀地区的总体水平更高，且在2020—2022年的增长速率尤为突出，京津冀在总体区域发展上增势更为强劲。其中，京津冀的创新指数在2022年达到历史新高（176.7），在集聚高质量发展动能层面呈现出一定优势。上述统计情况详见图5-6。

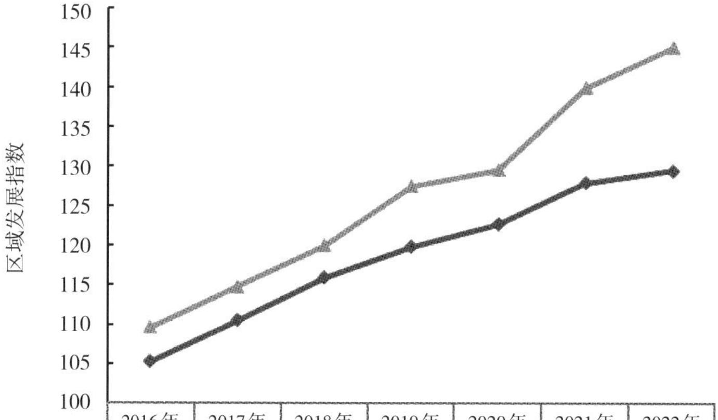

	2016年	2017年	2018年	2019年	2020年	2021年	2022年
京津冀	109.6	114.8	120.0	127.5	129.6	139.9	145.0
长三角	105.3	110.5	115.9	119.8	122.7	127.9	129.5

图5-6　京津冀与长三角的区域发展指数

注：数据来源为国家统计局。

《京津冀产业协同发展研究报告（2023）》显示，2014—2022年，京津冀地区互相投资11 196次，互设分支机构30 257家。其中，北京市在天津市和河北省共设立分支机构23 198家，投资企业6 664次；天津市在北京市和河北省共设立分支机构4 813家，投资企业3 273次；河北省在北京市和天津市设立分支机构2 246家，投资企业1 259次。京津冀在创新链、产业链的构建中，积极探索一方主导、多方参与，双方或三方主导、多方参与的协同创新模式，在深化京津冀职业技能协同发展上形成了强大合力。

总体而言，京津冀协同发展战略实施十年来，京津冀三地始终深入贯彻落实习近平总书记对京津冀协同发展工作的重要指示精神，紧密围绕《京津冀协同发展规划纲要》和各阶段重点任务，在科技创新与产业协同发展等方面取得了诸多进展。截至2023年，京津冀区域协同创新指数达297.6，较长三角区域协同指数高出35.12。在区域战略规划层面，从各地2024年政府工作报告看，京津冀和长三角对产学研协同创新，共促新质生产力发展所作出的谋划，着力点有所不同。其中，京津冀着力于打造全国创新驱动经济增长新引擎，长三角更为注重先进制造业集聚区的建设。相较而言，京津冀地区对各地创新协同和产业协作更为明确，如北京市在深化协同创新和产业协作方面，提出要积极推进京津冀国家技术创新中心建设，引导支持三地创新主体共建成果孵化与中试基地。加快“六链五群”产业布局，“一链一策”开展产业链延伸和协同配套。着力打造京冀曹妃甸协同发展示范区、京张体育文化旅游带，推动燃料电池汽车示范城市群建设。唱好京津“双城记”，抓好天津滨海—中关村科技园等合作园区建设。上述情况详见表5-4。

表5-4　2024年京津冀、长三角地区政府工作报告摘编

地区	2024目标任务摘选
北京	深化协同创新和产业协作，加快发展新质生产力
天津	发挥京津协同创新和产业协作优势，在把握未来趋势发展新质生产力中做实增量
河北	深化协同创新共同体建设，努力探索发展新质生产力的新路子
上海	打造长三角区域发展共同体，大力发展新质生产力
江苏	布局建设高水平创新联合体，加快发展新质生产力
浙江	锚定发展新质生产力，加强省级特色产业集群“核心区+协同区”建设
安徽	构建“政产学研金服用”融合互动机制，发展壮大新质生产力

（五）京津冀与长三角职业技能发展相比的不足

从经济发展情况来看，京津冀人口总量及生产总值相较于长三角仍有较大差距，京津冀地区的总体实力相对较弱（见图5-7）。经济硬实力的差距也在一定程度上对各地技能人才的薪酬分配有影响。技能劳动者工资是引导劳动者进行技能人力资本投资的内在动力，有助于树立尊重劳动、尊重技能、尊重创新的观念，进而壮大技能人才队伍，优化技能人才结构。

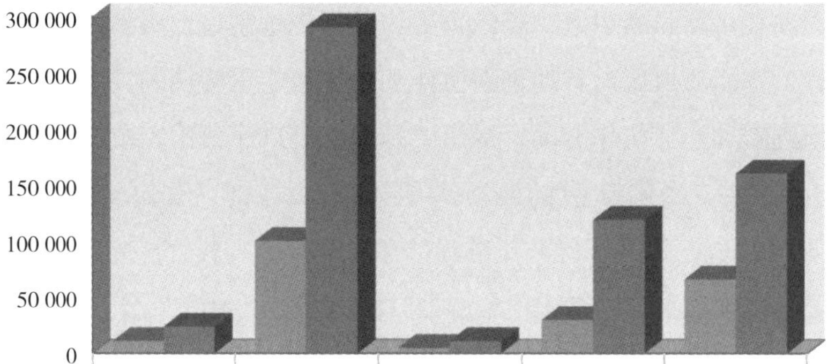

	总人口（万人）	生产总值（亿元）	第一产业（亿元）	第二产业（亿元）	第三产业（亿元）
京津冀	10 967	100 292.7	4 795	29 694.1	65 803.6
长三角	23 694	290 288.8	10 894.8	119 140.4	160 253.6

■ 京津冀 ■ 长三角

图5-7　京津冀与长三角人口分布及生产总值情况

数据来源：2023中国统计年鉴。

从技能人才薪酬分配来看，上海市在技能人才薪酬分配上具有明显优势，能够为技能人才向上发展发挥更强的信号作用，而京津冀地区的北京市中级和高级技能人才的薪酬较长三角地区的上海市仍有一定差距。京津冀与长三角技能人才全年薪酬情况详见图5-8。

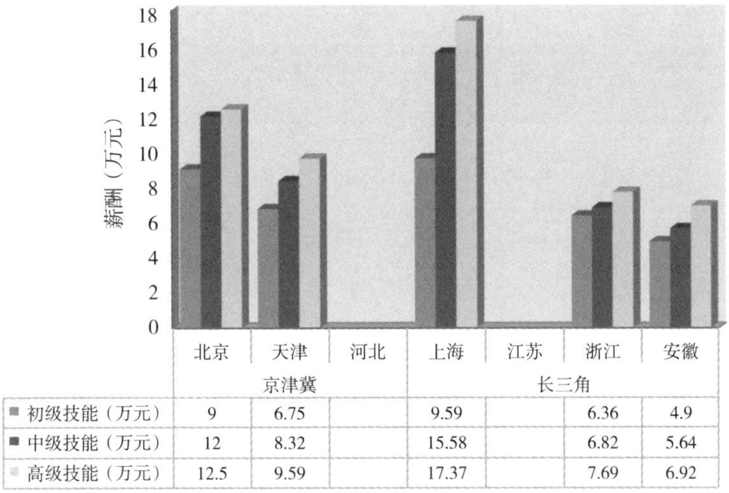

	北京	天津	河北	上海	江苏	浙江	安徽
初级技能（万元）	9	6.75		9.59		6.36	4.9
中级技能（万元）	12	8.32		15.58		6.82	5.64
高级技能（万元）	12.5	9.59		17.37		7.69	6.92

图5-8　京津冀与长三角技能人才全年薪酬中位值（2022年）

数据来源：2023年各省市人力资源和社会保障厅（局）发布的人力资源市场薪酬大数据报告。

此外，在职业技能等级认定机构分布上，虽然京津冀地区整体上分布的全国性评价机构更多，但是在各类省属评价机构数，尤其是用人单位的总数上较长三角地区有较大的差距（见图5-9）。未来，京津冀地区应进一步丰富技能人才评价载体，完善技能导向的薪酬制度，加强多元化评价机制的构建，为技能人才发展筑造绿色、健康、便捷的成长通道。

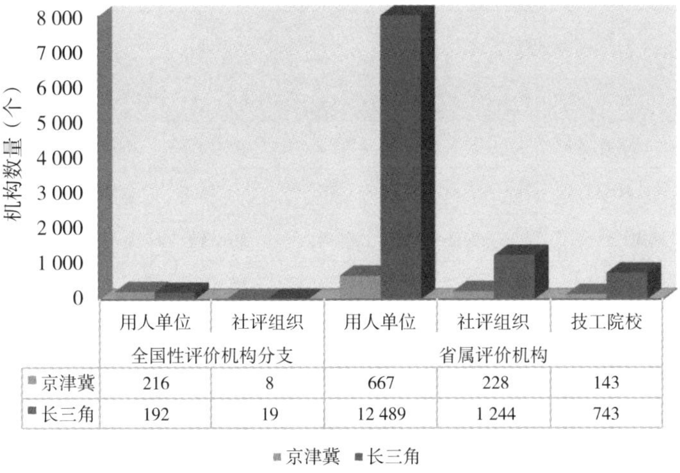

	用人单位	社评组织	用人单位	社评组织	技工院校
京津冀	216	8	667	228	143
长三角	192	19	12 489	1 244	743

图5-9　京津冀和长三角地区职业技能等级机构数量

数据来源：职业技能等级评级机构公示查询系统数据，更新时间为2024年7月15日。

二 京津冀与珠三角职业技能发展的比较

珠三角地区以广东省的广州、深圳、珠海、佛山、江门、东莞、中山、惠州和肇庆为主体，辐射泛珠江三角洲，并且长期与港澳特别行政区紧密关联。珠三角地区是我国改革开放的先行地区，是我国重要的经济中心，经过改革开放四十余年的发展，已经成为全国市场化程度最高、市场体系最完备的地区。

截至2023年，从总量上看，9个城市上一年的地区GDP达到11.02万亿元，与2022年相比增长1.82万亿元。广州经济总量突破3万亿元，深圳成为广东第二个万亿元消费城市，佛山成为广东第二个规模以上工业总产值突破3万亿元的城市。其中，广州、深圳第三产业占比突出，佛山、东莞、中山、惠州等城市则在第二产业的发展上非常突出。珠三角地区制造业占全年国民生产总值增长值的40.56%，第三产业占比也达到57.71%。总的来看，以实体经济为本，制造业仍然是广东省的当家产业，对于珠三角地区更是如此。上述统计情况详见表5-5。

表5-5 广东省和珠三角地区九市2023年GDP统计

区域	2023年GDP（亿元）	同比增长	三产占比			2024年GDP增长目标
			第一产业	第二产业	第三产业	
广东	135 673.16	4.8%	4.80%	40.00%	55.60%	5%
珠三角	110 214.7	/	1.74%	40.56%	57.71%	/
广州	30 355.72	4.6%	1.05%	25.61%	73.34%	不低于5%
深圳	34 606.41	6%	0.10%	37.60%	62.30%	5.5%
珠海	4 233.21	3.8%	1.70%	44.20%	54.10%	6%
佛山	13 276.14	5%	1.70%	56.60%	41.70%	5.5%
江门	4 022.25	5.5%	8.60%	46.10%	45.30%	5.5%以上
东莞	11 438.13	2.6%	0.30%	56.60%	43.10%	5%

续表

区域	2023年GDP（亿元）	同比增长	三产占比			2024年GDP增长目标
			第一产业	第二产业	第三产业	
中山	3 850.65	5.6%	2.40%	51.10%	46.50%	6%
惠州	5 639.68	5.6%	5.30%	54.40%	40.30%	6%以上
肇庆	2 792.51	3.7%	17.90%	41.30%	40.80%	5%

数据来源：各省市国民经济和社会发展统计公报。

珠三角地区2024年初主要的经济数据显示，本地区工业增加值增速非常突出。珠三角有7市规模以上工业增加值增速不低于全国平均增速（7%），其中东莞（20.2%）、珠海（19.7%）、深圳（13.5%）、中山（13.2%）、惠州（10.2%）5市增速超过10%，特别是东莞，以20.2%的增幅跃居珠三角第一。在这背后，是广东头号支柱产业——电子信息制造业正在加快回暖，东莞跃升的关键就在以智能手机为代表的电子信息制造业；中山计算机、通信和其他电子设备制造业增加值增长37.4%，比上一年同期提高了44.1个百分点；深圳规模以上计算机、通信和其他电子设备制造业增加值增长19.1%，3D打印设备、电子元件产量分别增长68.7%、66%；惠州电子行业增加值增长20.3%，比上一年同期提高了25.8个百分点；广州电子产品制造业增加值增长16.5%，工业机器人、服务机器人、模拟芯片等新一代信息技术产品产量增长70%以上。这反映出珠三角地区制造业发展占主导地位的现实情况。

技能人才则是支撑广东制造、广东创造的重要力量，对科技创新和产业发展不可或缺。早在2008年12月，国家发展和改革委员会就发布了《珠江三角洲地区改革发展规划纲要（2008—2020年）》，对职业教育与培训、职业人才的培养提出了指导意见，并且着重提出了缩小城乡差异的要求，关注对农村地区职业教育的扶持和发展。一方面，强调优先发展教育，优化基础教育结构，以中等职业教育为重点，大力发展职业教育，率先实现农村中等职业教育免费；推进校企合作，建设集约化职业教育培训基地，面向更大区域配置职业技术教育资源，把珠江三角洲地区建设成为我国南方重要的职业技术教育基地。另一方面，在就业与社会保障领域，强调强化农村劳动者职业技能培训，提高其转移就业能力，把珠三角地区打造成为全国农村劳动者转移就业职业技能培训示范区；着力提升劳动者职业技能素质，建设全国一流的职业技能开发评价示范基地。

（一）珠三角地区技能人才发展现状

1.珠三角地区产业分布及就业情况

对广东省及珠三角地区的就业人员与所在产业状况进行统计，能够基本了解珠三角地区技能人才在各产业的分布情况。总体来看，广东省就业人员主要分布在第三产业，第二产业人数比例相对较小。综合珠三角9市就业情况，就业人员数约为4 758.66万人，其中第一产业190.71万人，占比4.01%；第二产业为1 949.76万人，占比40.97%；第三产业为2 618.19万人，占比55.02%。技能人才分布情况基本与广东省一致，但是珠三角内部存在一定差异。广州、深圳就业人员绝大部分分布在第三产业，占比分别为72.99%和60.73%，远高于其他地区，这与其产业结构是一致的；东莞和中山就业人员主要分布在第二产业，占比分别是64.16%和57.61%，高于第三产业从业人员比例；惠州、佛山及珠海从业人员在第二产业和第三产业的比例则比较接近（见表5-6）。结合珠三角地区三类产业GDP来看，珠三角地区的产业结构与就业结构之间的协调性有待加强。

表5-6　广东省与珠三角9市就业人员产业分布情况（2022年）

区域	就业人员（万人）	第一产业		第二产业		第三产业	
		人数（万人）	占比（%）	人数（万人）	占比（%）	人数（万人）	占比（%）
广东省	6 904.00	722.00	10.46	2 524.00	36.56	3658	52.98
珠三角	4 758.66	190.71	4.01	1 949.76	40.97	2 618.19	55.02

续表

区域	就业人员（万人）	第一产业		第二产业		第三产业	
		人数（万人）	占比（%）	人数（万人）	占比（%）	人数（万人）	占比（%）
广州	1 119.82	46.84	4.18	255.66	22.83	817.31	72.99
深圳	1 193.41	0.65	0.05	467.95	39.21	724.81	60.73
珠海	135.13	2.19	1.62	58.21	43.08	74.73	55.30
佛山	575.57	14.56	2.53	295.68	51.37	265.33	46.10
江门	263.04	32.31	12.28	88.80	33.76	141.93	53.96
东莞	679.31	3.96	0.58	435.87	64.16	239.48	35.25
中山	262.71	6.76	2.57	151.34	57.61	104.62	39.82
惠州	330.51	33.89	10.25	151.54	45.85	145.08	43.90
肇庆	204.19	50.48	24.72	48.03	23.52	105.68	51.76

数据来源：各省市2023年统计年鉴。

2.珠三角地区技能人才总量与高层次人才总量

技能人才是推动地区经济发展和产业升级的重要力量，各地区对技能人才的需求也日益增长。广东是制造业大省，截至2024年初，技能人才总量达1 979万人，居全国前列，其中高技能人才690万人；“国家卓越工程师”4人、“国家卓越工程师团队”4个。对珠三角地区各市技能人才总量和高层次人才数量的官方数据进行整理，可以进一步了解珠三角地区技能人才的分布情况以及高技能人才所占比例情况，详见表5-7。

表5-7　珠三角地区技能人才总量与高层次人才占比（截至2023年底）

地区	城市	技能人才总量（万人）	高技能人才（万人）	高技能人才占比（%）
广东省		1 934.00	657.00	33.97
珠三角		—	—	—
	广州	388.82	140.63	36.17
	深圳	402.30	153.39	38.13

续表

地区	城市	技能人才总量（万人）	高技能人才（万人）	高技能人才占比（%）
珠海*		—	24.75	—
佛山		124.00	39.00	31.45
江门		55.31	18.81	34.01
东莞		146.30	52.67	36.00
中山		76.50	26.60	34.77
惠州**		66.00	21.00	31.82
肇庆		67.39	22.70	33.68

数据来源：各市人社局网站或地方新闻报道；*珠海官方数据未检索到截至2023年底的技能人才总量；**惠州市数据截至2023年7月。

从技能人才总量来看，深圳以402.30万人位居首位，广州以388.82万人紧随其后，广州和深圳作为广东省的经济中心和创新高地，在吸引和培养技能人才方面具有显著优势，因此其总量远高于其他地区。此外，佛山、东莞的技能人才总量也超百万人。从高技能人才占比情况来看，广东全省整体占比约为三分之一。其中，深圳市不仅技能人才总量占优，高技能人才比例也较为领先，接近40%。广州与东莞高技能人才比例也达到35%以上，佛山与惠州的高技能人才比例则相对较低。

结合珠三角地区城市GDP与规划增长目标来看，珠三角地区各市的技能人才总量有待增加，尤其是为了适应数字化发展要求，高技能人才比例有待进一步提升。

3.珠三角地区技能人才需求情况

2021年广东省人力资源和社会保障厅发布的《2020年粤港澳大湾区（内地）急需紧缺人才目录》显示，粤港澳大湾区内地九市急需紧缺人才需求数量最多的是制造业（19.97万人），超过总需求人数的一半（61.93%）。紧跟其后的是新一代信息技术产业（2.41万人），交通运输、仓储和邮政业

(1.26万人)，建筑产业（1.21万人)，批发和零售业（1.20万人)。各市需求排名前三的主要是产品开发师、渠道经理和软件工程师，企业对技能人才的需求量最大，占需求总量的近五成，然后是专业技术人才，需求占比为33.40%，管理人才需求占比为15.96%。

从产业需求来看，研发工程师、软件工程师、销售经理等岗位在战略性新兴产业中仍处于比较重要的位置。对新一代信息技术产业以及信息传输、软件和信息技术服务业，未来岗位需求排名前三的为软件工程师、项目经理和销售经理。对于高端装备制造产业，未来岗位需求最高的是各类型工程师。对生物医药与健康产业，未来岗位需求主要集中在产品研发、销售等相关岗位。传统行业中的制造业在未来需要补充大量高级技术类、工程类、业务类等基础人才，同时需要工程师等中高端技术人才。

（二）珠三角地区职业技能培训现状

1.珠三角地区职业技能培训情况

从《2023年广东省教育事业发展统计公报》来看，截至2023年，广东省的中等职业教育学校（不含人力资源和社会保障部门管理的技工学校）共有372所。招生33.65万人，比上年减少1.26万人，下降3.6%；在校生96.51万人，比上年增加2.28万人，增长2.4%。中等职业教育专任教师4.72万人，比上年增加1297人，增长2.8%。全省高等教育在校生449.17万人，比上年增加6.51万人。普通高等学校校均规模1.74万人，其中，本科院校2.04万人（包括3所本科层次的职业院校)，高职（专科）院校1.29万人。全省普通、职业本专科共招生83.20万人，比上年增加3.64万人，增长4.57%。本科层次职业学校在校生3.04万人，比上年增加5766人，增长23.4%；高职（专科）在校生119.51万人，比上年减少12.92万人，下降9.8%。全省共有高等教育专任教师14.43万人，其中，高职（专科）学校5.43万人。民办中等职业学校106所（不含技工学校数据），在校生23.24万人。民办高校53所，其中，本科层次职业学校2所；高职（专科）学校27所。

从珠三角各地区来看，截至2023年，广州市全年普通（职业）本专科招生46.26万人，在校生146.86万人，毕业生46.17万人；技工学校招生9.31万人，在校生27.62万人，毕业生7.20万人。深圳市2023年中等职业学校招生1.51万人。珠海市各类中等职业学校（含技工学校）招生1.18万人，下降3.1%；在校生3.69万人，增长1.2%；毕业生1.05万人，增长8.2%。江门市中等职业学校招生1.26万人，在校生3.45万人，毕业生0.99万人。东莞市中等职业学校28所（含技师、技工学校7所），招生2.76万人，在校生8.56万人，毕业生2.43万人。中山市中等职业学校在校生2.96万人，增长6.4%。惠州市拥有中等职业学校26所，招生2.19万人，在校生6.00万人，拥有技工学校9所，招生8 131人，在校生2.96万人。肇庆市中等职业学校招生2.38万人，在校生6.64万人，毕业生1.87万人。

2024年4月，广东轻工职业技术大学获批本科层次职业学校后，广东省共有本科层次职业学校4所，其中民办2所，公办2所，全部位于珠三角地区。本科层次职业学校情况详见表5-8。

表5-8　广东省本科层次职业院校基本情况

学校名称	获批详情	办学性质	所在位置
广东工商职业技术大学	2018年经教育部批准成为全国首批十五所职业本科高校之一	民办	肇庆市
广州科技职业技术大学	2018年升格为本科层次职业学校，2019年经教育部批准，更名为“广州科技职业技术大学”	民办	广州校区和茂名滨海校区
深圳职业技术大学	2023年6月，教育部批准以深圳职业技术学院为基础整合资源设立深圳职业技术大学，学校成为教育部印发实施《本科层次职业学校设置标准（试行）》以来，第一所以优质“双高”学校为基础设置的本科层次职业学校	公办	深圳市西丽校区、华侨城校区、深汕校区

续表

学校名称	获批详情	办学性质	所在位置
广东轻工职业技术大学	2024年6月以广东轻工职业技术学院为基础设立的广东轻工职业技术大学，办学层次亦由大专升为本科，是广东第二所公办本科层次职业学校	公办	广州校区和佛山南海校区

根据广东省人力资源和社会保障厅公布的2024年全省招生技工院校名单来看，广东省2024年招生的技工院校共138所。其中，省属技工院校32所，位于珠三角地区的有27所，占比84.4%。位于珠三角地区的省属技工院校中，公办技师院校13所，民办14所，其中4所高级技校皆为民办（见图5-10）。

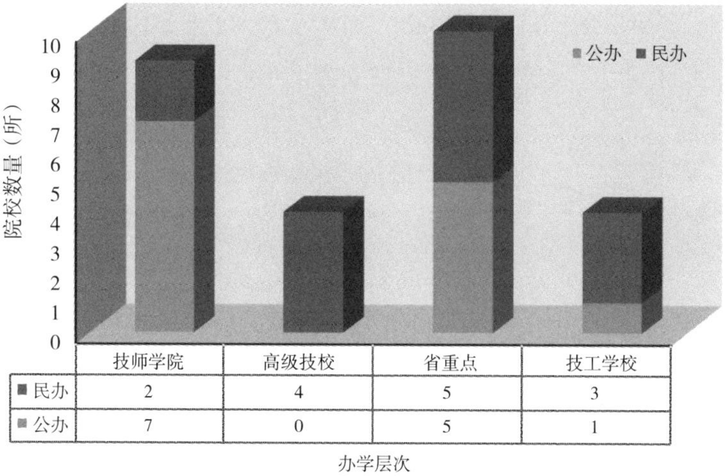

图5-10　位于珠三角地区的广东省属技工院校（2024年招生）

2024年，广东省招生的非省属技工院校共106所，其中珠三角地区68所，占比64.15%，包括公办学校27所，民办学校41所（见图5-11）。其中，广州市技工院校最多，达20所，占珠三角地区总数的29.41%；深圳市紧随其后，共11所，占珠三角地区总数的16.18%。广州市和深圳市技工院校中大多是民办性质的，尤其是深圳市的技工院校中，80%以上为民办。

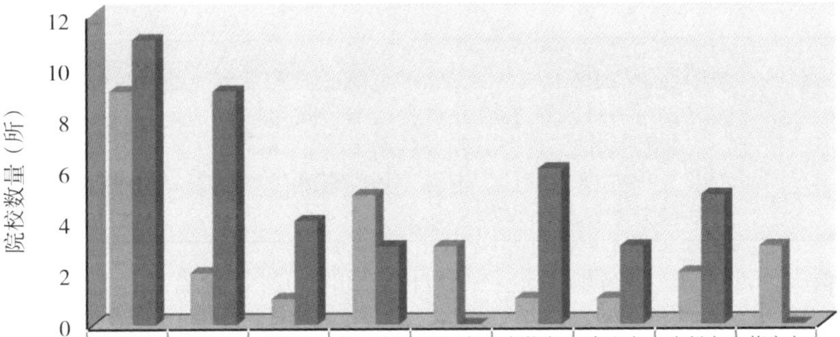

	广州市	深圳市	珠海市	佛山市	江门市	东莞市	中山市	惠州市	肇庆市
公办	9	2	1	5	3	1	1	2	3
民办	11	9	4	3	0	6	3	5	0

图5-11　珠三角地区技工院校学校性质分布（2024年招生）

从珠三角地区各市技工院校办学层次来看，68所技工院校中包括国家重点1所，位于佛山；省重点20所；省一类4所（见图5-12）。

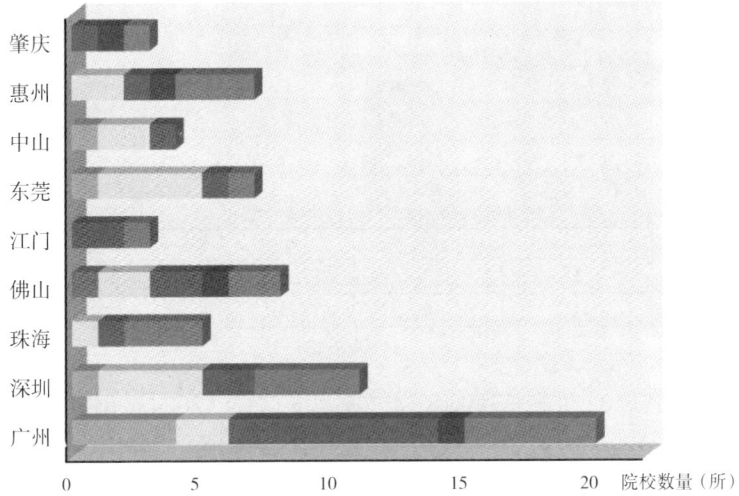

	广州	深圳	珠海	佛山	江门	东莞	中山	惠州	肇庆
高级技校	4	1	0	0	0	1	1	0	0
国家重点	0	0	0	1	0	0	0	0	0
技工学校	2	4	1	2	0	4	2	2	0
技师学院	8	2	1	2	2	1	1	1	1
省一类	1	0	0	1	0	0	0	1	1
省重点	5	4	3	2	1	1	0	3	1

图5-12　珠三角地区技工院校学校办学层次（2024年招生）

为了提升广东省职业技能人才的培训工作，各市针对民办职业技能培训机构进行认定，并在政府网站或人力资源和社会保障局信息公开栏目中，对民办职业技能培训机构的情况进行公示与更新。总的来看，广州市和深圳市的民办职业技能培训机构数量较大，数据也较详细，各辖区都有更新。详见表5-9。

表5-9　珠三角地区民办职业技能培训机构数量分布

培训机构	民办职业技能培训机构数量	统计截止时间
广州	222	2024年5月
深圳	215	2024年5月
珠海	79	2024年7月
佛山	29	2023年初
江门	—	—
东莞	138	2023年11月
中山	—	—
惠州	49	2024年3月
肇庆	—	—

从详细数据来看，广州市民办职业技能培训机构主要分布在天河区，占比19.4%；深圳市主要分布在龙华区和龙岗区，占比17.2%（见图5-13、图5-14）。

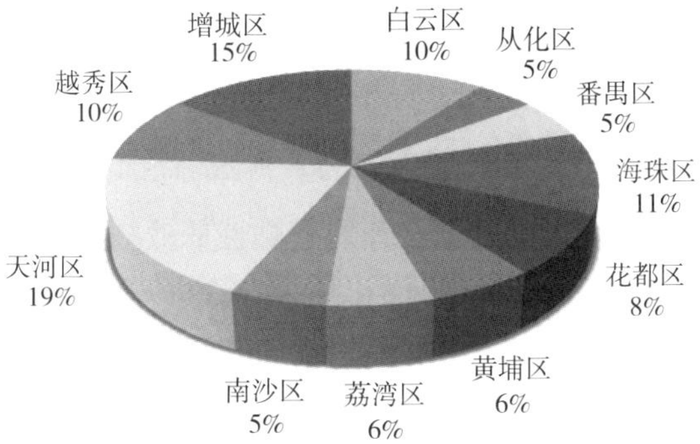

图5-13　民办职业技能培训机构在广州市各区的分布

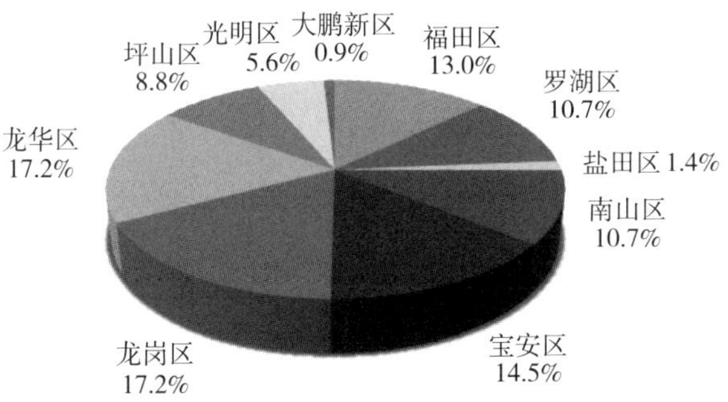

图5-14 民办职业技能培训机构在深圳市各区的分布

此外，从“十三五”时期的成就来看，职业技能培训对广东经济社会高质量发展的支撑作用明显增强。“十三五”时期，广东省开展补贴性职业技能培训约794万人次，培训质量不断提升，尤其是“粤菜师傅”“广东技工”“南粤家政”三项工程，累计开展培训348.96万人次。广东省在“十三五”期间大力推行企业职工适岗培训、企业新型学徒制培训、以工代训等，稳企扩岗效能不断释放。2024年初，广东省开展“粤菜师傅”培训4万人次以上，新增取得职业资格或技能等级证书劳动者50万人次以上，开展“南粤家政”培训16万人次以上；新增25个省级技工教育优质专业，技工院校招生规模稳定在19万人以上。预期到“十四五”期末，广东省全省累计开展各类职业技能培训700万人次；通过高质量职业技能培训和技能人才评价认定，劳动者技能素质明显提升，技能人才特别是高技能人才规模逐步扩大，到2025年底，全省高技能人才达580万人。

珠三角地区九市分别在人力资源和社会保障“十四五”规划中对职业技能培训的目标进行了阐述。各市人力资源和社会保障“十四五”规划中大多涉及了技工院校年招生人数、开展补贴性职业技能培训人次、“粤菜师傅”培训人次与“南粤家政”培训人次目标的现有基数与“十四五”目标数量。详见表5-10。

表5-10　珠三角地区技能人才总量与高层次人才占比（截止2023年底）

城市	指标	技工院校年招生人数（万人）	开展补贴性职业技能培训人次（万人次）	"粤菜师傅"培训人次（万人次）	"南粤家政"培训人次（万人次）
广州	2020年基数	3	[164.6]	[2]	[12]
	2025年目标	3	[100]	[3.6]	[23]
深圳	2020年基数	—	[237.7]	[1.6]	[9.17]
	2025年目标	—	[140]	[1]	[20]
珠海	2020年基数	1.16	—	—	—
	2025年目标	2.3	—	—	—
中山	2020年基数	[0.85]	[8]	[0.25]	[1.6]
	2025年目标	[2.15]	[14]	[0.375]	[2.4]
惠州	2020年基数	1.08	[13.74]	[0.76]	[2]
	2025年目标	1.05	[18]	[1]	[4]
肇庆	2020年基数	0.8948	[10.48]	[0.5]	[2]
	2025年目标	0.78	[12]	[1]	[4]

注:[ ] 表示五年累计数。

可以看出，珠三角地区主要城市在职业技能培训方面，侧重于广东省部署的"粤菜师傅""广东技工""南粤家政"三项工程，其中，广州市在"十四五"期间，着力于增加"粤菜师傅"和"南粤家政"的培训人次。广州市人力资源和社会保障局2023年工作总结显示，广州市持续在深化"三项工程"上破题发力，持续提振从业自豪感，2023年培训认定"粤菜师傅"7 162人次，举办"重塑广州'十大名鸡'品牌邀请赛"；在第五届粤港澳大湾区"粤菜师傅"职业技能大赛获4个一等奖，一等奖数量连续四届蝉联全省第一。同时，广州市"广东技工"品牌影响力越来越大，新增取得职业资格证书11.48万人次；2所技师学院入选省高水平技师学院创建单位，占全省1/5；5所民办技校入选省示范性技工学校，占全省1/4；在全国第二届职业技能大赛上获13金、4银、7铜、26优胜奖，位居全国副省级城市第一。“南粤家政”服务能力越来越足，开展“南粤家政”培训9.4万人次；建设176个“南粤家政”基层服务站和420个二级站点；在第三届“南粤家政”技能大赛斩获3个一等奖，数量居全省第一。

深圳市自2020年以来，累计发放各类培训补贴资金约44.5亿元，443.1万人次享受到政府补贴性培训，有力提升了劳动者素质，有力缓解了“就业难、技工荒”的就业结构性矛盾。在“十四五”时期，职业技能领域着重增加“南粤家政”的培训人次。总的来看，珠三角地区的广州市和深圳市在开展补贴性技能培训方面具有数量优势。

中山市、惠州市和肇庆市在“十四五”期间，致力于在开展补贴性职业技能培训方面获得较大增量。截至2023年底，中山市已投入职业技能提升政策资金超5亿元，开展各类补贴性职业技能培训超68万人次。

珠海市人力资源和社会保障“十四五”规划方案中涉及的技能培训相关数据较少，但是从珠海市人力资源和社会保障局2023年总结及珠海市2024年度政府工作报告中可以发现，珠海市正在大力培育“珠海产业新工匠”，全面实施“产业新工匠培育工程”，与行业协会、行业龙头企业合作签约“工匠学院”15所，精准培养紧缺产业工程师、技能工匠超1.8万人，服务企业2 251家。同时，持续推进产业工人技能提升暨企业员工培训“百万行”三年行动，全年累计完成线上线下培训46.14万人，完成年度任务的115.37%，累计79.4万人次。珠海市职工在线教育培训平台“技行珠海”平台二期的建设目标已完成，全年新增线上课件逾2 700个，其中“4+3”产业课程覆盖率超过85%。截至2023年底，平台上线“珠海通”“安全通”“技能通”等视频课件累计超5 000个，累计注册企业超8 800家，累计学习人数超20万人，累计学习时长180万小时，累计兑现企业精准培训奖补资金1 736.76万元。

佛山市人力资源和社会保障“十四五”规划方案中，对人才队伍的建设侧重于高级职称人才数量与高技能人才数量的增长。结合佛山市产业结构特点，加大了领军人才、制造业人才引育力度，全年为4 494名各类人才发放补贴3.25亿元，深入实施“粤菜师傅”“广东技工”“南粤家政”三项工程，打造“匠才之都”。佛山市在全省率先推出新增员工补贴，技能提升培训7.4万人次；围绕产业需求，累计扶持建成20个市级高技能人才培训基地、6家市级技能大师工作室和30家市级技师工作站。

江门市则着力实施“人才倍增”工程，推动高水平人才高地建设，持续贯通高技能人才和专业技术人才职业发展通道，累计有107名高技能人才经过通道获得职称，培育技能人才大军。江门市技师学院荷塘校区一期工程建成并投入使用，台山市技工学校新校区动工建设。江门市新增建设“园区技校”技能人才培训载体119家，为656家次重点企业培训产业工人5 927人次。壮大“乡村工匠”人才队伍，大力开展“乡村工匠”职称评审，“乡村工匠”专业技术人才总量增至1 570人，位居全省首位。“乡村工匠”培训1 993人次，新增取得“乡村工匠”相关技能等级证书或专项职业能力证书1 324人次。依托江门市“乡村工匠”联盟提供培训和技术辅导服务。

东莞市针对“三项工程”的开展，设计了详细的工作方案，东莞市人民政府办公室于2022年印发了《关于持续推进“三项工程”深化“技能人才之都”建设的工作方案》的通知，持续推进“粤菜师傅”“广东技工”“南粤家政”三项工程，用以深化“技能人才之都”建设。

反应珠三角地区各市技能人才培训的另一个重要指标则是职业教育发展情况。现有“十四五”发展规划报告中，中山市和珠海市都在“十四五”规划中针对技工院校招生人数进行了设计。

总的来看，珠三角地区各市的职业技能培训现状，反映出了其对于高技能人才的需求。面对产业的转型升级，各市致力于提升现有技能人才水平，加强职业技能培训的投入。珠三角地区技能人才培训现状也反映出广东省在职业技能培训方面的困境。广东省的职业技能培训总量虽位居全国前列，但培训层次和质量仍有待提高；企业主体作用未充分发挥，职业培训服务产业发展效能尚有不足；人力资源结构不优，高技能人才特别是领军型高技能人才比例不高，基础能力建设薄弱，支持服务体系亟须完善，社会氛围有待培育等问题突出。因此，在新时期的职业技能培训规划中，广东省强调以高技能人才培养为主要目标，加快培养一支规模宏大、质量过硬、结构合理的高素质技能人才队伍。这与珠三角地区各市技能人才培训的实践目标是一致的。

2. 珠三角地区职业技能培训现有措施与特色

广东省于2021年12月发布了《广东省职业技能培训“十四五”规划》，聚焦健全产业导向的职业技能培训制度、构建共建共享的职业技能培训体系、推进建设崇尚技能的技能型社会等方面，提出了一系列政策举措。

政策解读1

《广东省职业技能培训“十四五”规划》政策举措：

一是健全产业导向的职业技能培训制度。健全终身职业技能培训制度，全面推进职业技能培训市场化社会化改革，充分发挥企业培训主体作用，广泛开展企业职工岗位技能提升培训，建立与产业联动的培训动态调整机制，实现职业技能培训与产业发展、市场需求协调联动，完善职业培训补贴政策，创新就业导向的职业培训补贴机制，推进职业技能培训信息化，为劳动者建立终身职业技能培训电子档案。

二是提升职业技能培训供给能力。大力实施重点培训计划，加强全民数字技能培训、创业培训，大力开展新产业、新业态、新基建、新职业等“四新经济”职业培训，开展职业技能培训共建共享行动，逐步形成覆盖全省的公共职业技能培训和创业实训网络。

三是提高职业技能培训质量。坚持职业院校学制教育和职业培训并举，强化职业院校培训能力建设，全面推行中国特色学徒制，加大企业中、高级技能人才供给，推进民办职业培训机构规范化发展，鼓励优质民办培训机构做大做强，加强教材、师资队伍等职业技能培训基础建设，创新培训方式方法，积极推行“互联网+”职业技能培训。

四是优化技能人才生态环境。深化技能人才评价制度改革，大力推行行业、企业、院校广泛参与、共建共评共治共享的职业技能等级制度，畅通技能人才多通道职业发展路径，完善优秀技能人才选拔机制，广泛开展各级各类职业技能竞赛，加大优秀技能人才激励力度，大力弘扬劳模精神、劳动精神、工匠精神。

——《广东省职业技能培训“十四五”规划》政策解读　来源：广东省人力资源和社会保障厅

为了适应广东省对高技能人才的需求，2024年2月，广东省颁布了《广东省高技能领军人才培育计划（2024—2026年）》。围绕国家重大战略、重大工程、重大项目、重点产业需求，动员和依托社会各方面力量，在先进制造业、现代服务业等有关行业重点培育领军人才，力争用3年左右时间，新培育领军人才1.5万人次以上，带动新增高技能人才500万人次左右。

2024年5月23日，广东省印发了《关于加快培养高素质技能人才助力制造强省建设的实施方案》，自2024年6月1日起施行，有效期至2027年12月31日。该方案主要围绕广东省目前制造业技能人才队伍总量优势明显但结构不优质量不高等痛点难点靶向施策，提出了一系列针对性较强的措施。

政策解读2

《关于加快培养高素质技能人才助力制造强省建设的实施方案》的总目标：到2027年，培养造就一支数量充足、结构合理、素质优良、技艺精湛的制造业技能人才队伍，确立我省高质量建设制造强省人才优势，

> 基本形成与先进制造业发展需求相适应的人力资源开发利用新格局。重点解决以下四个方面问题。
>
> 一是针对企业技能人才工作主体作用不明显的问题，提出强化企业主体作用实施领军人才培育计划，以龙头企业为主导建优产教评技能生态链，推动形成行业企业为主体的职业技能培训体系等举措。
>
> 二是针对制造业高技能人才有效供给不足的问题，充分发挥人社职能作用，提出实施技工教育与制造业共同成长工程，从创建产教评示范院校、建设与制造业紧密对接的省级优质专业、紧跟制造业前沿提前布局新专业、开展以企业岗位技能要求为评价标准的产教评技能大赛等方面提出措施。
>
> 三是针对评价方式未能充分激发人才活力特别是评价体系跟不上新业态新职业新工种发展需求的问题，提出支持链主企业牵头制订制造业行业企业评价规范，支持制造业企业自主开展高技能人才评价，打破学历资历和逐级评价等限制采取直接认定方式开展评价等举措。
>
> 四是针对制造业产业对技能人才吸引力不强的问题，提出鼓励制造业企业设置技能工资单元，研究制定我省制造业技能人才薪酬分配指引，引导增加制造业一线劳动者报酬，扩大制造业高技能人才获表彰比例，鼓励各地开展技能型社会建设试点等措施。
>
> ——《关于加快培养高素质技能人才助力制造强省建设的实施方案》政策解读　来源：广东省人力资源和社会保障厅

此外，广东省于2024年5月30日通过了《广东省技能人才发展条例》，自2024年7月1日起实施，这是全国首部关于技能人才发展的地方性法规。

广东省关于人才技能发展的政策，为广东各市的技能人才发展确定了大的方向。珠三角地区城市结合自身产业结构、人才结构现状，制定了关于职业技能培训与认定的措施与方案，尤其是高技能人才培养的措施和方案，详见表5-11。

表5-11　珠三角地区城市关于技能人才培训的主要措施和方案

城市	文件名称	主要措施
广州	《广州市人力资源和社会保障局 广州市财政局关于印发广州市职业技能竞赛管理办法的通知》(2024年2月)	规范全市职业技能竞赛活动，建立健全广州市职业技能竞赛体系，完善高技能人才培养、选拔和激励机制，充分发挥职业技能竞赛的引领作用，进一步加快建设知识型、技能型、创新型劳动者大军，为广州市经济社会发展提供技术技能人才支撑
	《广州市人力资源和社会保障局关于组织开展职业技能培训课程标准开发工作的通知》(2020年7月)	参考职业或岗位、技术工艺、设备材料以及生产方式等要素，以国家职业标准或行业企业典型工作任务为依据，制定《职业技能培训课程标准开发要求》，主要包括培训说明、培训目标、课时分配、培训要求与培训内容、推荐教材、培训场地及设施设备等
深圳	《深圳市职业技能培训补贴办法》(2023年11月)	根据深圳市经济社会发展需求，进一步优化补贴机制，针对不同对象、不同培训主体更精准、高效地实施培训补贴；重点围绕“20+8”产业集群、现代服务业、优势传统产业等重点行业和社会民生重点领域开展培训；聚焦本市新产业、新业态、新基建、新职业，加大技能培训支持力度
	《深圳市人民政府办公厅关于印发深圳市健全终身职业技能培训制度工作方案的通知》(2022年9月)	从技能提升激励、载体平台建设、畅通成长通道等方面推动建设技能型社会，培养造就一支技艺精湛、素质优良的技能人才队伍，打造湾区技能人才培养高地
	《深圳市终身职业技能培训载体认定和奖补管理办法》(2022年12月)	规定高技能人才培训基地、技能大师工作室、乡村振兴技能工作站等三类载体认定、奖补、管理等工作，明确载体认定、运营、奖补等具体要求和程序，明确监管机制，确定市、区人力资源部门以及市职训指导中心责任分工
珠海	《珠海市“产业新工匠”培育工程实施方案（2023—2025年）》	坚持制造业当家、产业第一，从培养、使用、评价、激励四个方面着手，进一步加快珠海市工匠型产业工人队伍建设，助推珠海经济高质量发展，加大产业新工匠培养力度，完善产业新工匠使用机制，完善产业新工匠评价机制，完善产业新工匠激励机制
	《珠海市市级高技能人才实训（培养）基地认定办法》(2018年8月)	统筹开发使用政府及社会培训资源，围绕紧缺职业（工种），从实训项目、实训装备、课程设置、师资建设等方面，构建成较为完备、系统的高技能人才实训（培养）体系，总结高技能人才实训（培养）的基本规律和科学方法，进一步增强规模化、系统化培训高技能人才的能力，实现高技能人才规模、质量和结构与经济社会发展相适应、相协调，为全市经济社会发展提供强有力的技能人才支撑

续表

城市	文件名称	主要措施
佛山	《佛山市人民政府办公室关于印发佛山市职业技能提升行动实施方案的通知》（2021年4月）	行业协会、民办职业培训机构的数量巨大，发挥着提高培训质量效果的作用，是一支重要的培训力量。明确所有补贴培训项目要全部向具备合格资质的社会培训机构开放。发挥行业协会、龙头企业等培训主体作用，对受经济环境等影响的困难企业开展提升职工职业技能水平和转岗转业能力的各类培训，支持帮助困难企业稳定职工队伍，促进再就业。支持社会培训和评价机构发展，建立同业交流平台
江门	《江门市“侨都工匠”评选和扶持办法》（2022年4月）	大力弘扬工匠精神，打造具有江门特色的工匠培育激励机制，鼓励各行各业培养更多高素质技术技能人才、能工巧匠、大国工匠，服务江门市经济社会发展
	《江门市人力资源和社会保障局关于江门市实施“南粤家政”工程促进就业若干措施》（2021年1月）	为深入实施“南粤家政”工程，全面推动江门市家政服务业提质扩容，鼓励家政从业人员提升职业技能，设置“南粤家政”培训基地补贴、“南粤家政”培训师范基地补贴、“安心家政”大师工作室和大师工作室领衔大师补贴，设置技能晋升培训项目开发补贴等
东莞	《东莞市职业技能竞赛办赛补助资金使用实施细则》（2024年3月）	充分发挥职业技能竞赛在促进技能人才培养、推动技能人才评价和弘扬工匠精神的重要作用，为经济高质量发展提供人才支撑
	《关于持续推进“三项工程”深化“技能人才之都”建设的工作方案》（2022年5月）	持续推进“粤菜师傅”“广东技工”“南粤家政”三项工程，力争到2025年年底，引育至少1名世界技能竞赛冠军，高技能人才占技能人才比例达到40%，选树100名技能领军人才，向社会提供1 000门培训课程，推动100万人实现学历技能素质提升等，将东莞打造成为全国技能人才的向往之地和成长之地
中山	《中山市人才发展促进条例》（2023年12月）	全市首部人才立法，落实中山“人才23条”，新增高技能特聘人才专项评审。积极参与粤港澳大湾区城市高层次人才、高技能领军人才资格互认，服务互通。健全高技能人才培养体系。构建以行业企业为主体、职业（技工）院校为基础，围绕国家、省、市重大战略、重大工程、重大项目、重点产业对高技能人才的需求，加大急需紧缺高技能人才、高技能领军人才培养力度，实施高技能领军人才培育计划，持续推进“中山工匠”评选

续表

城市	文件名称	主要措施
中山	《中山市新时代人才高质量发展二十三条》(2022年4月)	推进职业教育高质量发展，支持中山职业技术学院、中山火炬职业技术学院做大做强，评选一批职业教育名师名校长，发挥领军人才的示范引领作用，提升职业教育师资水平。推动职业技工教育融合发展，实施“技工院校腾飞计划”，探索多元投入、集团化办学模式，支持企业兴办技工院校，支持市技师学院创建全国优质技工院校、优质专业。出台专项政策加强高技能人才引育集聚，完善高技能人才多元评价机制，全方位培养支撑制造业高质量发展的知识型、技能型、创新型劳动者大军
惠州	《关于惠州市高技能人才培训基地建设项目实施管理办法》(2023年12月)	从2023年起，每年面向企业遴选2个惠州市高技能人才培训基地建设项目，培训基地建设项目实施期限为期2年。培训基地的主要功能是面向企业在职职工开展技能研修、技能提升培训活动，承担技能人才考核与评价、职业技能竞赛、技能培训或研修课程开发、技能成果交流展示等任务。通过实施培训基地建设项目，构建完备的培训体系、形成规模化培训示范效应、总结技能人才培养规律
肇庆	《肇庆市贯彻落实省“民生十大工程”五年行动计划就业领域实施方案（2023—2027年）》(2024年7月)	计划实施技能人才产业支撑行动，组织实施产业技能根基工程，统筹政府、企业、院校和社会力量的优势资源，对接产业链，建设集招工、培训、评价、就业、提升一体闭环的技能人才供应链，支持企业与院校联合培养高技能人才。支持各地围绕重大工程、重大项目、重点产业需求，组织开展急需紧缺职业、新职业、新技能等培训，有针对性地培养产业技能人才。持续落实“粤菜师傅”工程，依托院校、培训机构和企业等载体，每年培训“粤菜师傅”1 500人次以上，持续举办各类“粤菜师傅”技能竞赛、烹饪技能展示等特色主题活动；深入推进“广东技工”工程，大力发展职业教育，健全终身职业技能培训制度；全面实施“南粤家政”工程，重点实施母婴、居家、养老、医护四大培训项目
	《肇庆市人力资源和社会保障局关于进一步做好企业职业技能等级认定工作的通知》	健全技能人才评价体系，进一步推动企业职业技能等级认定工作，加大高技能人才培养和认定力度，对开展职业技能等级认定的企业给予工作经费补助

续表

城市	文件名称	主要措施
肇庆	《肇庆市家政服务培训示范基地认定管理暂行办法》(2020年9月)	推进家政行业职业化、专业化、标准化、国际化和高质量发展，结合肇庆市大力实施“肇庆家嫂”品牌计划，重点围绕居家服务、母婴服务、养老服务、医疗护理服务4个培训项目进行技能人才培养，提高肇庆市家政从业人员的业务素质和职业操守，打造信得过、靠得住、叫得响的“肇庆家嫂”服务品牌，培育“放心好用、诚信自重”的家政从业队伍

（三）珠三角地区职业技能评价现状

1.珠三角地区职业技能等级认定机构分布情况

2023年广东省人力资源和社会保障事业统计公报显示，至2022年末，广东全省共有职业技能等级评价机构2 423个，职业资格评价或职业技能等级认定考评人员8.9万人。2022年共有91.47万人次参加职业资格评价或职业技能等级认定，73.89万人次取得职业资格证书或职业技能等级证书，其中20.99万人次取得高级工以上职业资格证书或职业技能等级证书，1.66万人次取得技师以上职业资格证书或职业技能等级证书。

近期，在职业技能等级评级机构公示查询系统中可以查到，在广东省人力资源和社会保障部门备案的职业技能评价机构共3 339家，包括全国性评价机构分支82家，其中用人单位55家，社会评价组织27家；省属评价机构3 257家，其中大部分是用人单位，共2 502家，社会评价组织414个，技工院校341所（见图5-15）。在广东省人力资源和社会保障部门备案的评价机构数量庞大，在全国排名前列。

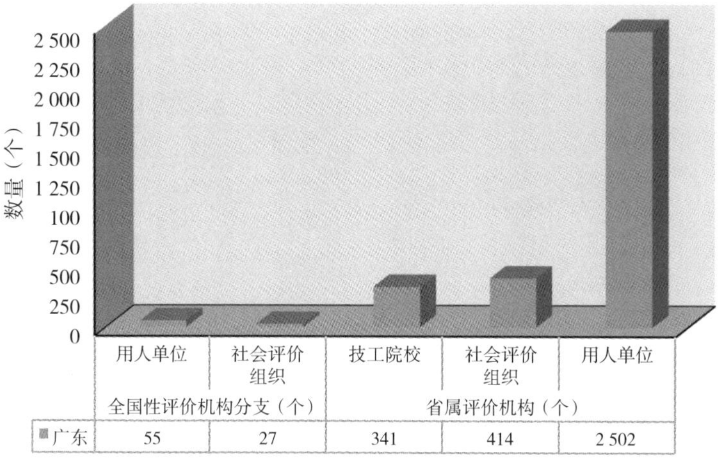

图5-15　不同类评价机构在广东省的分布

数据来源：职业技能等级评级机构公示查询系统数据，更新时间为2024年7月15日。

对在广东省人力资源和社会保障部门备案的职业技能评价机构的所在地市进行整理发现，在3 339家评价机构中，1家全国性用人单位评价机构分支位于北京；3家省属的社会培训评价组织位于澳门；2家省属的社会培训评价组织位于香港；剩余3 333家评价机构都位于广东省内，其中，2 782家位于珠三角地区，占总数的84.47%（见图5-16）。数量最大的仍然是省属用人单位评价机构，共2 152家，占广东省省属用人单位的86.01%；在广东省人力资源和社会保障部门备案的全国性评社会培训评价组织分支有96.30%位于珠三角地区。

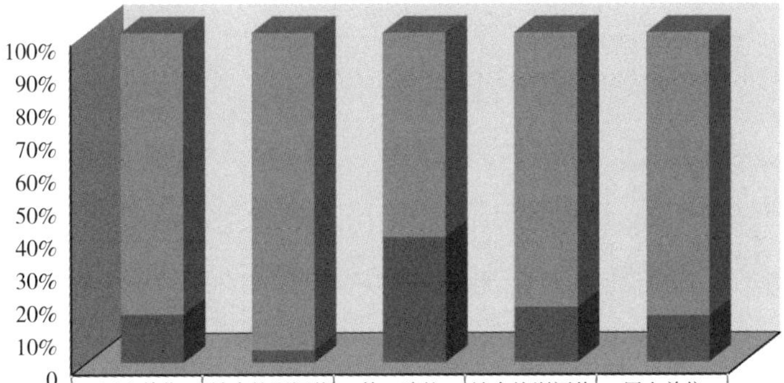

	全国性评价机构分支（个）		省属评价机构（个）		
	用人单位	社会培训评价组织	技工院校	社会培训评价组织	用人单位
珠三角	47	26	212	345	2 152
非珠三角	8	1	129	69	350

图5-16 不同类型评价机构在广东省珠三角地区的比例堆积图

数据来源：职业技能等级评级机构公示查询系统数据，更新时间为2024年7月15日。

从珠三角地区各市评价机构的分布情况来看，在广东省人力资源和社会保障部门备案的全国性评价机构分支共82家，珠三角地区就有73家。其中，广州市的全国性评级机构分支最多，有47家；深圳市和佛山市各11家；珠海市和东莞市各2家。珠三角地区的省属评价机构有2 709家，占广东省省属评价机构总数的83.17%。其中，广州市的省属评价机构数量最多，东莞市的省属用人单位评价机构最多，共600家（图5-17）。

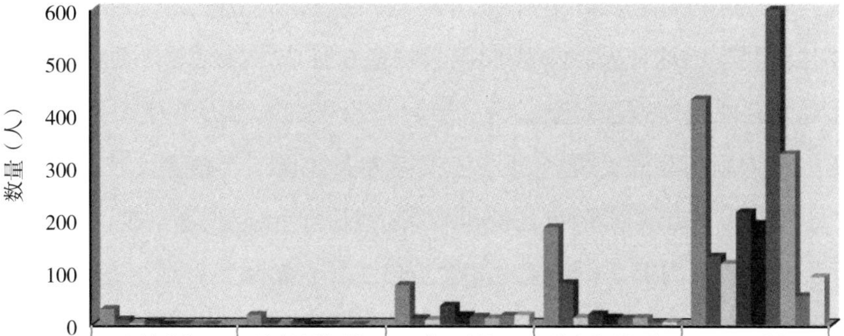

	全国性评价机构分支（个）		省属评价机构（个）		
	用人单位	社会培训评价组织	技工院校	社会培训评价组织	用人单位
广州	29	18	75	185	429
深圳	9	2	12	79	130
珠海	2	0	9	13	116
佛山	6	5	36	20	214
江门	0	0	18	14	192
东莞	1	1	15	12	600
中山	0	0	12	13	325
惠州	0	0	17	4	55
肇庆	0	0	18	5	91

图5-17　不同类型评价机构在珠三角各市的分布

数据来源：职业技能等级评级机构公示查询系统数据，更新时间为2024年7月15日。

总的来看，在广东省人力资源和社会保障部门备案的职业技能评价机构数量庞大，在全国排名前列，且主要集中在珠三角地区。这反映出珠三角地区在职业技能评价领域的活跃性和重要性，这种情况为该地区的人才培养和产业发展提供了有力的支持。

2.珠三角地区加强技能培训评价的措施

随着新技术、新业态持续发展，产业对新技能人才需求巨大，对职业技能人才的需求呈现多元化，职业技能培训项目也趋于多样化。传统的院校主导的技能人才培养模式逐渐跟不上快速发展的新技术新产业。在《广东省职业技能培训“十四五”规划》中就提到要优化技能人才生态环境，深化技能人才评价制度改革，大力推行行业、企业、院校广泛参与、共建共评共治共享的职业技能等级制度，畅通技能人才多通道职业发展路径，完善优秀技能人才选拔机制。为求破题，广东省人力资源和社会保障厅推动龙头企业联合生态企业、合作院校等大力建设“产教评”技能生态链，其中包括创新推出生态链自主评价政策，培育产业发展新动能。生态链自主评价跳出企业内部评价模式，将企业自主评价对象拓展到生态链内企业，使得生态链可以聚焦新职业新岗位，贴合行业实际开发人才培养评价标准，提升人才培养评价工作匹配产业发展的能力。广东省发布的《高技能领军人才培育计划（2024—2026）》提出，要支持符合条件的大型企业、产教评技能生态链链主企业聚焦岗位需要，按照规定开发产业适应性评价标准，健全特级技师、首席技师岗位设置。同时，加大政策资金支持，要求各级人力资源和社会保障部门、财政部门结合本地实际，用好就业补助资金、地方人才队伍建设经费等，支持做好高技能领军人才培养，按规定落实好职业培训补贴、职业技能评价补贴、高技能人才培养补助等政策。广东省于2024年4月印发了《广东省“产教评”技能生态链评价机构开展自主评价考务工作指引》，进一步规范了产教评技能生态链评价机构的职业技能等级认定考务管理工作。

珠三角地区对职业技能人才、高技能人才的需求量巨大，为了保证职业技能人才储备的质量，尤其是培养出真正适应产业发展现状的高技能人才，除了广泛开展职业培训以外，还要更加重视职业技能评价质量的提升。

广州市在2022年印发了《广州市职业技能培训评价专家聘任管理工作指导意见》，建设了在市职业能力建设指导中心直接领导下，对全市职业技能培训评价工作进行专业技术研究，提供技术咨询、技术支持和技术服务的专家组织。2024年7月，广州市发布通知，为了进一步加强职业技能培训评价专家队伍建设，对职业技能培训评价专家库进行增补。广州市人力资源和社会保障局2024年重点工作计划中提到，要探索实施境外职业技能水平直接采认，制定境外职业技能比照认定目录，深化“一试多证”技能人才评价。

深圳市2023年11月发布的《深圳市职业技能补贴办法》中包括职业技能评级补贴，提到企业组织职工开展技能评价，职工取得补贴目录内相应职业技能等级证书后，企业可申请职业技能评价补贴。

珠海市在2018年发布了《珠海市市级高技能人才实训（培养）基地认定办法》。2023年7月，珠海市人民政府办公室印发了《珠海市“产业新工匠”培育工程实施方案（2023—2025年）》，强调从培养、使用、评价、激励四个方面着手，进一步加快工匠型产业工人队伍建设。在完善产业新工匠评价机制方面，该方案提出健全技能等级自主认定制度，大胆“放”权，鼓励重点企业积极开展内部评价，实现评价范围、评价等级、评价规范、评价方法“四个自主”。建立健全“新八级工”制度，支持重点企业设置学徒工、初级工、中级工、高级工、技师、高级技师、特级技师、首席技师构成的职业技能等级（岗位）序列。

佛山市在2021年发布了《佛山市人民政府办公室关于印发佛山市职业技能提升行动实施方案的通知》，支持社会培训和评价机构发展，建立同业交流平台，强调加快完善职业资格评价、职业技能等级评价与认定、专项职业能力考核及国家认可的特种作业培训等考核评价方式，加强安全生产资格考试体系建设。2022年《佛山市职业技能升级行动市级奖补项目实施办法（试行）》发布，提出打通技能人才培养、使用、评价、激励全链条，为打造粤港澳大湾区极点城市、全省地级市高质量发展领头羊、面向全球的国家制造业创新中心提供有力的技能人才支撑。为进一步调动企业首席技师工作的积极性，加快推动企业自主培训和评价体系建设，设置了市级企业首席技师奖励补贴项目。

江门市人力资源和社会保障局在2022年印发了《江门市职业技能培训评价社会监督评估制度》，于当年2月15日开始实施。该文件提出，由职业技能培训、评价社会监督专家对市内各类职业技能培训、评价机构组织的职业技能培训、评价工作进行监督评估。这一制度的实施，能够有效提高企业、院校、培训机构自主开展培训及评价考试的真实性和含金量，确保职业技能提升补贴资金绩效及使用安全，对推进职业技能等级认定和培训合格证制度具有保驾护航的重要作用。江门市还是全国首个与澳门联合举办育婴员职业技能竞赛的地市，为港澳同胞核发"一试双证"技能证书111人次，使得人才流动有效畅通；与香港广东青年总会、澳门城市大学等13家港澳院校、团体签订创新创业、人才引进战略合作协议。江门市推动港澳专业技术人员职业资格互认，新增21名港澳人员经评审取得职称。江门市人力资源和社会保障局2024年的工作计划中提到，要深入开展江澳"一试双证"技能评价合作，积极参与开展粤澳咖啡师职业"一试多证"技能评价。

东莞市在2022年5月印发了《东莞市职业技能培训评价标准开发与认定办法》，以国家职业技能标准、行业企业典型工作、关键岗位任务等为依据，制定了职业技能培训课程标准和职业技能评价标准，广邀高等院校、职业院校、企业、行业组织等机构参与到标准开发与认定工作中来，共同打造更具有本地产业特色的评价标准体系，以作为相关单位培训和评价技能人才的一把"标尺"。2023年，深圳市在全省率先探索高级技师自主评价。

中山市的"产教评"技能生态链着重于通过龙头企业出标准、出岗位、出师傅，院校出学生、出教师、出教学资源，政府出政策、出资金、出管理，建立以产业岗位标准为引领、以院校学生和教学资源为基础、以职业技能等级评价为纽带的技能人才培养机制。

惠州市在2024年发布的《关于惠州市高技能人才培训基地建设项目实

施管理办法》中提到，对获得惠州市高技能人才培训基地建设项目的企业，一次性给予20万元的项目资助，要求项目实施一年后，围绕2个以上职业（工种），从培训模式、课程设置、教材开发、师资建设、培训装备和能力评价等方面，构建较为完备、系统的高技能人才培训体系。

肇庆市为了发挥企业在人力资源开发和配置中的重要作用，建立健全技能人才培养机制，在2022年印发了《肇庆市建立企业技能人才自主评价体系实施方案》，向用人主体放权，按照“谁用人、谁评价、谁发证、谁负责”的原则，推动建立以市场为导向、以企业等用人单位为主体、以职业技能等级认定为主要方式的技能人才评价制度。2023年肇庆市政府工作报告中提到，未来要持续擦亮“肇庆名厨”“肇庆工匠”“肇庆管家”招牌，推进省家政服务人员培训与评价标准化试点。

总的来看，珠三角各市都着力于职业技能培训评价体系的改进与提升，在提高技能评价补贴力度的同时，以《广东省职业技能培训“十四五”规划》中提出的建立行业、企业、院校广泛参与、共建共评共治共享的职业技能等级制度为基本目标，广泛加强行业、企业在职业技能评价中的自主权；以粤港澳大湾区发展规划为基础，积极开展与香港、澳门的交流与合作，积极开展“一试双证”技能评价。

（四）京津冀与珠三角职业技能发展相比的优势

从各省市2023年国民经济和社会发展统计公报的数据来看，京津冀与长三角地区产业分布情况不同。详细数据如图5-18所示。

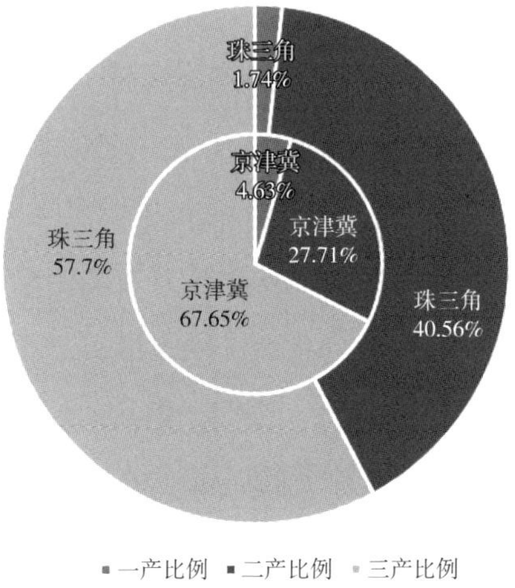

图5-18 京津冀与珠三角地区产业结构对比（2023年数据）

京津冀地区的产业结构持续优化升级，新兴经济快速发展，2023年三产构成变化为4.6∶27.7∶67.7，第三产业比重比珠三角地区高。其中，北京市三产占比保持在80%以上，天津市占比超60%，河北省突破50%且提升最快。京津冀协同发展战略对三地职业技能人才的发展提供了有力的支撑，在产业转移、承接和优化升级的过程中，促进了职业技能的交流与融合，实现了优势互补。2020年，京津冀数字经济人才占全国的比重为19.6%，珠三角地区则相对较低，占比为16.9%。此外，目前珠三角地区的产业发展过程中仍然存在一系列问题，制造业强盛既是优势也是弊端，主要在于产业升级压力比较大，传统制造业面临转型升级的迫切需求，而与之相适应的高端职业技能人才相对短缺，制约了产业向高端化、智能化发展的步伐。在技能人才与产业发展的适应过程中面临着企业技能人才工作主体作用不明显、制造业高技能人才有效供给不足、评价方式未能充分激发人才活力、制造业产业对技能人才吸引力不强等问题。

京津冀地区科研院校和机构集中，在科研创新、人才培养方面有深厚的底蕴，能够为职业技能发展提供全方位的理论基础和技术支持，在培养与吸引高端技能人才方面也有强大优势。而珠三角地区在高等教育和科研资源方面与京津冀相比存在较大差距，不利于前沿技术研究和高端职业技能人才的系统培养。

（五）京津冀与珠三角职业技能发展相比的不足

第一，珠三角地区占据有利位置，形成粤港澳大湾区，充分利用毗邻港澳的地理优势，发挥粤港澳协同作用，探索出了引才新模式、新路径。深圳靠近香港特别行政区有前海，珠海靠近澳门特别行政区有横琴，南沙有南沙国家自主创新示范区，这几大创新高地聚集了很多新质创新创业企业，这对当地产业创新发展具有重要推动作用，北京市重点高校较为密集，但是新质产业活力相比粤港澳大湾区有一定差距。从新质生产力的发展水平来看，整体上粤港澳地区强于京津冀地区，粤港澳地区已初步形成以战略性新兴产业为先导、先进制造业和现代服务业为主体的产业结构；从新质生产力年均增速来看，粤港澳地区为16.711%，高于京津冀地区的5.578%。2024年1月，粤港两地签署了《关于推进粤港人才合作的框架协议》，加快了人才发展深度融合。得益于珠三角地区外向型经济发展模式，相对于京津冀，珠三角地区与国际市场联系更加紧密。

第二，珠三角地区相对于京津冀地区，具有强大的制造业基础，拥有完善的产业链和丰富的生产经验，形成了众多专业化的产业集群，如东莞的电子信息产业集群、佛山的家电产业集群、中山的灯饰产业集群等，并且深圳、东莞、佛山等地在电子信息产业上形成了紧密的产业链协同，这都提高了产业的竞争力和创新能力，与之相适应的是培育了大量专业化的技能人才。此外，珠三角在新兴产业领域展现出强大的优势，在电子信息、生物医药、新能源等方面发展迅速。深圳在数字经济、高端医疗器械等产业具有领先地位，积极培育合成生物、细胞与基因、量子信息等未来产业新增长点。广州在新能源汽车、新型储能等产业取得了显著进展。而京津冀地区的区域发展不平衡，从产业结构来看，京津冀三地产业结构差异较大，在职业技能发展的资源和水平上，津冀两地相对落后于北京市，导致技能人才分布不均衡。同时，京津冀地区的数字经济产业集群尚未形成，京津冀各行业的产业数字化程度不同，关键行业如互联网、电子通信、消费品、制药医疗等行业数字化水平低于珠三角、粤港澳。京津冀与珠三角地区省市产业结构占比情况详见图5-19。

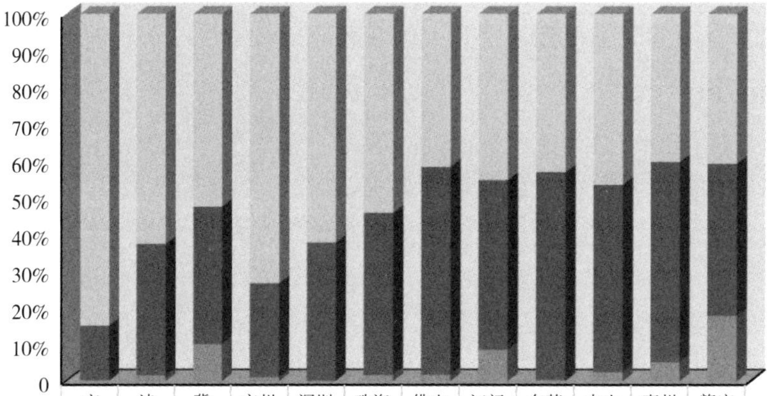

	京	津	冀	广州	深圳	珠海	佛山	江门	东莞	中山	惠州	肇庆
	京津冀			珠三角								
三产	37 130	10 486	23 043	22 262	21 566	2 291.4	5 533.6	1 820.1	4 923.7	1 790.6	2 273.3	1 139
二产	6 525.6	5 982.6	16435	7 775.7	13 015	1 872.1	7 513.7	1 855.1	6 478.2	1 965.9	3 070.4	1 154.6
一产	105.5	268.53	4 466.2	317.78	24.71	69.71	228.78	347.01	36.25	94.13	296.06	498.94

单位：亿元

图5-19　京津冀与珠三角地区省市产业结构占比对比（2023年数据）

第三，从在各省市备案的评价机构数量对比中可以发现，珠三角地区省属评价机构中的用人单位评价机构数量遥遥领先（见图5-20）。珠三角地区市场灵活性更强，企业应对市场变化反应迅速，使得职业技能人才的培训更加贴近市场需求。但是京津冀地区市场机制相对不够灵活，企业对市场变化和需求响应速度比较慢，职业技能培训和评价的市场化程度不够高。

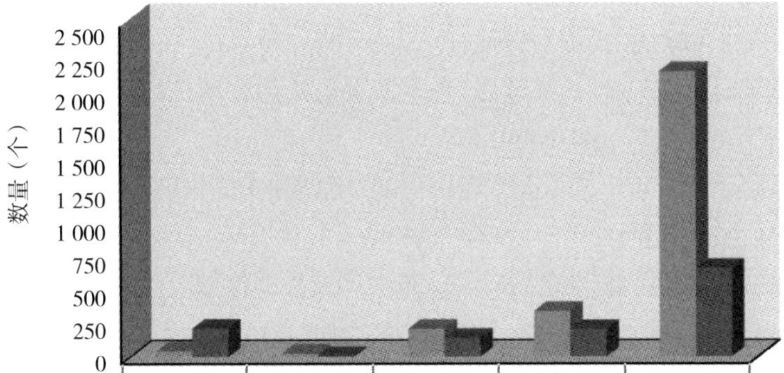

	全国性评价机构分支（个）		省属评价机构（个）		
	用人单位	社会评价组织	技工院校	社会评价组织	用人单位
■ 珠三角	47	26	212	345	2 152
■ 京津冀	216	8	143	208	667

图5-20　京津冀与珠三角地区技能等级评价机构数量对比

数据来源：职业技能等级评级机构公示查询系统数据，更新时间为2024年7月15日。

参考文献：

[1] 王德忠，杜文俊，陈朋，袁顺波，吴海升. 长三角高质量一体化研究报告. 北京：社会科学文献出版社，2023: 1–34.

[2] 孙兴洋. 在推动长三角一体化发展中展现职教担当. 中国教育报，2024年2月20日.

[3] 宁高平，王丽娟. 新时期技能人才培养培训机制研究. 宏观经济管理，2019,（08）: 59–67+74.

[4] 李国平，吕爽. 京津冀科技创新与产业协同发展研究. 首都经济贸易大学学报，2024, 26（03）: 27–37.

[5] 周烨. 产学研协同创新共促新质生产力发展——2024年各地政府工作报告热点摘编. 中国科技产业，2024,（03）: 26–32.

[6] 贾若祥，王继源，窦红涛. 以新质生产力推动区域高质量发展. 改革，2024,（03）: 38–47.

[7] 武义青，李涛.数字经济引领京津冀产业协同发展——2022京津冀协同发展参事研讨会综述.经济与管理，2022，36(05)：39-44.

[8] 向晓梅，李宗洋，姚逸禧.粤港澳大湾区产业结构与就业结构的协调性研究.亚太经济，2023，(04)：130-139.

[9] 陈小平.新质生产力人才评价机制：粤港澳大湾区的经验与启示.人口与经济，2024，(04)：14-18.

[10] 刘建华，闫静，王慧扬，等.重大国家战略区域新质生产力的水平测度及差异分析.重庆大学学报（社会科学版），2024，30(04)：79-90.

[11] 郑彬.两类产业集群环境下职业教育产教融合比较研究——来自粤港澳大湾区的案例分析.成人教育，2023，43(01)：71-78.

[12] 叶堂林，刘哲伟.京津冀与珠三角协同创新比较分析.北京社会科学，2024，(02)：20-34.

第六章　京津冀职业技能协同提升的行动路径

一　持续实施职业技能提升行动

习近平总书记高度重视职业教育发展，总书记参加十四届全国人大二次会议江苏代表团审议时指出，我们要实实在在地把职业教育搞好，要树立工匠精神，把第一线的大国工匠一批一批培养出来。我们要在中国式现代化建设中认识和把握新时代职业教育的新使命，在培育新质生产力、建设现代化产业体系中彰显职业教育的新担当，在促进人的全面发展、服务全体人民共同富裕中展现职业教育的新作为，在数字化赋能、高水平对外开放中拓展职业教育发展的新空间。

北京市人民政府办公厅印发《北京市职业技能提升行动实施方案》提出，要将职业技能培训作为保持就业稳定、缓解结构性就业矛盾的关键举措。天津市人力资源和社会保障局、教育委员会、发展和改革委员会、财政局印发《天津市贯彻落实“十四五”职业技能培训规划实施方案》的通知强调，开展大规模职业技能培训，是提升劳动者就业创业能力、缓解结构性就业矛盾、促进扩大就业的重要举措，是推动高质量发展的重要支撑。河北省人力资源和社会保障厅、教育厅、发展和改革委员会、财政厅联合印发《河北省“十四五”职业技能培训规划》明确主要目标：到2025年，河北省终身职业技能培训制度更加完善，职业技能培训供给更加高效，职业技能培训支持服务更加优化，创新型、应用型、技能型人才队伍不断发展壮大。

京津冀地区持续实施职业技能提升行动，不仅能够推动经济发展的质量和效率提升，而且能够促进社会公平和人力资源的优化配置，为区域经济发展和社会进步提供坚实的基础和支撑。

1. 制定全面的职业技能发展规划，推动职业技能行业发展

2021年，中共中央办公厅、国务院办公厅印发的《关于推动现代职业教育高质量发展的意见》强调，要坚持立德树人、德技并修，推动思想政治教育与技术技能培养融合统一；坚持面向实践、强化能力，让更多青年凭借一技之长实现人生价值；到2025年，职业教育类型特色更加鲜明，现代职业教育体系基本建成，技能型社会建设全面推进。

职业技能提升行动的持续进行可以培养高素质的技能劳动力，能够提高企业的生产效率和质量水平，增强企业的市场竞争力。

第一，建立全面的京津冀职业技能发展规划，明确长期目标、中期策略和具体行动计划。这些计划应涵盖从技术培训到职业资格认证的全链条。结合京津冀地区产业结构和发展需求，制定并持续更新适应市场需求的职业技能培训项目。建立行业联盟或者技术专家组，参与职业技能课程设计和内容更新。不断提升京津冀职业教育推广能力，提升职业技能培训的吸引力。

> 京津冀职业技能发展联盟组织开展现代职业教育典型经验知识的宣传和推广，协助区域成立职业教育高质量（教材、课题等有关）研究中心或研究院，促进三教改革，提升职业教育人才培养高度，遴选优质成果进行编辑出版发行。

第二，完善政策和法律框架建设，形成统一的行业标准与认证体系。制定和完善相关政策和法律法规，支持职业技能的培训、认证和发展。确保政策的协调性和一致性，促进各级政府、企业和教育机构的参与和合作。

通过制定和实施与市场需求对接的职业技能标准和认证体系，确保职业技能培训的质量和可比性。支持行业协会和企业参与标准的制定和更新，保持与市场变化的同步。第三，加强对技能人才培养与引进，持续监测其技能成长过程。鼓励和支持技能型青年人才及高校毕业生进入京津冀地区不同行业工作，通过政策激励和培训奖励机制，提升人才供给质量。支持跨行业、跨地区的技能人才流动和转移，满足不同地区和行业的技能需求。通过以上措施促进社会公平和人力资源的优化配置，为区域经济发展和社会进步提供坚实的基础和支撑。

2.建立跨区域的职业教育协作机制，提升技能培训质量

发展新质生产力是抢抓新一轮科技革命和产业变革机遇的必然要求，是以科技创新推动产业升级、以产业升级构筑国际竞争新优势的必然选择，关乎中国式现代化进程。京津冀地区更要抓住发展新质生产力的机遇，不断促进职业技能开发，壮大我国技能人才队伍。

促进京津冀三地之间的职业教育协作，包括教师培训、课程资源共享、实习实训基地建设等。通过跨区域合优化资源配置，提升教育质量和实效性。第一，制定共同的战略规划和目标，建立联合工作组织和平台。京津冀各地区的教育和行业部门需共同制定跨区域合作的战略规划和发展目标，可以具体明确到培训覆盖范围、培训质量标准、人才输出等方面，从而提升协作效率。成立跨区域的职业教育合作组织或联盟，由政府、教育机构、行业协会和企业等多方参与，推动跨区域合作项目的实施和资源的共享。第二，共享教育资源和技术手段，推广最佳实践案例与经验。建立线上与线下共同运行的教育资源平台，可以涵盖课程设计、教材、教学方法等。利用现代技术手段如在线教育平台、虚拟实验室等，增强跨区域教学的互动性。定期举办教育经验交流会议、工作坊或研讨会，分享各地区成功的培训案例和最佳实践案例，促进各方学习借鉴，并提升培训质量。第

三，开展合作机制下的师资培训和交流，并提供资金与政策支持。组织师资培训和交流计划，使各地的教师和培训师能够互相学习，提升教学水平，统一教学标准和方法，提高教学效果。政府应提供包括跨区域培训项目在内的奖励和资助措施，建立资金协调机制，确保跨区域合作项目的稳定经费来源和合理分配。在提升技能培训效果和质量的同时为人才培养和经济发展提供持续的支持。

京津冀职业技能发展联盟打造了“互联网+职业教育”智慧校园建设。面向各类职业（技工）院校，聚焦教学环境、教学资源、校园管理、校园服务、平安校园等场景，利用先进技术在课程建设、资源引入、质量审核、运营管理等多方面深度合作。引导职业（技工）院校开展信息化全员培训，提升教师和管理人员的信息化能力以及学生利用网络信息技术和优质在线资源进行自主学习的能力，推动信息技术与教育教学深度融合。

3.建设现代化职业教育设施和平台，提升劳动者竞争力

拥有先进的职业技能教育设施和平台是培养高技能人才的物质资源保障，保证劳动者获得相应的终身性职业培训才能提升劳动者的技能水平并作用于技能型社会的建设。第一，支持和鼓励职业技能的认证和资质评定，包括建立和完善相关的技能评价标准和体系。鼓励技能人才参与国家级或地方级的职业技能大赛，提升技能水平和竞争力。第二，及时更新技术设施和设备，提供行业导向的课程。确保职业教育能够配备先进的技术设备和工具，如最新的实验室设备、模拟工作环境和虚拟现实技术。这些设施能够提供与实际工作环境接近的学习体验，帮助学生掌握实用技能。开发符合行业需求的课程和培训项目，包括与行业企业合作设计课程大纲、实习计划和项目驱动学习计划等，使教育内容与实际工作技能需求密切相关。

第三，提升师资队伍的专业水平，重视实践机会和工作经验。保证高质量的教师团队和技能型师傅团队的专业发展，助力他们了解最新的行业趋势和教学方法，从而提高教育质量。提供充足的实习工作机会，与企业建立紧密联系，让学生能够在真实工作环境中应用所学知识和技能，培养解决问题的能力和实际操作技能，帮助他们更好地适应和成功应对职业生涯中的挑战。

4. 推动多主体参与职业技能培训，形成多方合力

2022年，中共中央办公厅、国务院办公厅印发《关于深化现代职业教育体系建设改革的意见》强调，要深化职业教育供给侧结构性改革，坚持以人为本、能力为重、质量为要、守正创新，建立健全多形式衔接、多通道成长、可持续发展的梯度职业教育和培训体系。构建央地互动、区域联动，政府、行业、企业、学校协同的发展机制。

职业技能提升不仅是经济发展的支撑，而且是社会稳定和民生福祉的重要保障。因此，需要汇集多主体共同参与职业技能培训，从而提高劳动者的技能和就业能力。第一，建立多元化的合作伙伴关系。政府部门、行业协会、高等教育机构、企业和非营利组织等主体之间应建立合作伙伴关系，不同主体能够贡献不同的资源、专业知识和方法，共同推动职业技能培训的发展。可以通过建立共享的实验室、培训设备、技术平台等使技能人才共享资源，提高效率和可及性。第二，开展跨界培训项目。推动跨学科和跨行业的培训项目，促进不同领域的知识和技能交叉融合，培养具备多样化技能和全面素质的劳动力。在参与者之间达成共识，制定长期的发展目标和战略规划。第三，保证各主体间持续的沟通和协调。建立定期的沟通和协调机制对于及时解决问题、调整策略和保持共同目标的一致性至关重要，可以确保各参与者之间信息畅通和高效合作。协调京津冀地区多主体参与并形成多方合力，共同推动劳动力的技能提升和就业能力提高。

二 大力发展技工教育

习近平总书记强调，我国经济要靠实体经济作支撑，这就需要大量专业技术人才，需要大批大国工匠。不论是传统制造业还是新兴制造业，不论是工业经济还是数字经济，高技能人才始终是中国制造业的重要力量，他们身上蕴藏的工匠精神始终是创新创业的重要精神源泉。

2022年，人力资源和社会保障部印发《技工教育“十四五”规划》提出，要大力发展技工教育，扩大高技能人才培养规模，提高人才培养质量，这对加快构建技能型社会、促进更加充分更高质量就业、推动经济高质量发展具有重要作用。北京市人力资源和社会保障局印发《关于进一步规范我市技工院校教育教学工作的通知》强调，要进一步提升技工院校教育教学质量。天津市人力资源和社会保障局印发《天津市技工教育发展“十四五”规划》强调，技工教育是职业教育的重要组成部分，是技能人才培养的重要渠道，在培育技能人才中发挥着基础性作用；要坚持区位优势、行业优势、人才优势和产业办学优势，深化产教融合，形成具有天津特色的技工教育发展模式，为制造业立市提供高素质技能人才支撑。2023年，河北省教育厅、河北省人力资源和社会保障厅、河北省发展和改革委员会印发《关于进一步完善职业学校贯通培养模式工作的通知》强调，要打牢中等职业学校（含技工院校）育人基础，建立健全现代职业教育体系，为我省产业和企业培养更多高素质技术技能人才、能工巧匠、大国工匠。

1.加大对京津冀技工教育的政策支持，不断提升投资力度

党的二十大报告提出，加快建设国家战略人才力量，努力培养造就更多大师、战略科学家、一流科技领军人才和创新团队、青年科技人才、卓越工程师、大国工匠、高技能人才。促进京津冀地区高技能人才的培养，要适应新一轮科技革命和产业变革的需要，围绕战略性新兴产业、未来产

业、绿色产业发展和传统产业改造提升，加大技能人才培养力度。实施技能强企行动和制造业技能根基工程，在先进制造业、现代服务业、康养服务等领域，培育引领产业发展的高技能人才。

有效持续加大政策支持和投资，推动技工教育的全面发展，才能不断提升技工人才的培养质量和市场竞争力。第一，设立专项资金和补贴。政府可以设立专门的技工教育发展资金，用于建设和改善技工学校、购置设备、提升教师水平等。同时，对技工学校和培训中心给予资金补贴，帮助其提高教学质量和覆盖面。完善财政政策，包括税收优惠、贷款担保等措施，鼓励私营部门和社会资本投入技工教育，形成政府、企业和社会共同参与的投融资机制。第二，制定长期发展规划和政策文件，提升政策执行力度。制定技工教育的长期发展规划和政策文件，明确发展目标、政策措施和实施路径，保障技工教育发展的连续性和稳定性。加强对技工教育政策执行的监督和评估，确保政策落地和效果可见。建立健全的考核机制，激励地方和学校积极推进技工教育改革。第三，推动跨部门协作和合作，鼓励地方政府创新实践。政府不同部门之间需要加强协作，形成联动效应。教育部门、人力资源和社会保障部门、工业和信息化部门等应共同推动技工教育政策的制定和实施。鼓励地方政府根据本地区实际情况和发展需求，探索符合本地实际的技工教育发展路径和模式，如地方性的技工学校联盟、产教融合等。总之，持续加大对技工教育经费的投入力度，不仅对提高技工教育发展质量至关重要，而且是建设技能型社会的题中之义。

2.促进京津冀地区校企合作，强化就业服务保障

技工学校肩负着为企业培养产业工人的历史使命，以就业为导向的办学定位本质上就是要对接行业企业发展趋势，明确企业用人需求，服务技能人才就业。加强与行业的合作，根据市场需求调整技工培训项目，确保培训内容实用，具有就业保障。与企业建立稳固的合作关系，为学生提供

实习和就业机会。第一，建立联合实训基地，开展产学研结合项目。技工学校与企业可以共建联合实训基地，提供实际工作场所和设施使学生在实习和实训中能够直接接触实际工作环境和项目，增强实践能力。学校与企业联合开展技术研发、创新项目和技术转移，共同进行应用型技术研究，推动科技成果转化为生产力。第二，建立师资共享机制，形成双向信息沟通渠道。技工学校和企业可以建立师资共享平台，企业技术人员兼任学校教师或提供讲师服务，学校教师则参与企业实际项目的指导和培训。建立学校与企业之间的信息共享和沟通机制，可以及时了解市场需求和技术变化，调整教育培训内容和方向。第三，设立奖励机制和激励措施。通过设立奖励政策或优惠政策，如税收优惠、荣誉称号、专利权分享等，鼓励企业参与校企合作，激发企业的合作积极性。通过以上措施，学校与企业可以形成紧密的校企合作关系，充分发挥各自优势，共同推动技工教育的质量提升和市场适应能力提升，为学生提供更好的职业发展机会。

3.适应技工学校发展需求，提升教师队伍水平

教师是学校发展的基础，培训高素质的技工教育教师才能保证教学质量。以新修订的《职业教育法》中“国家建立健全职业教育教师培养培训体系”为契机，通过在职进修、在岗培训等方式，结合校企合作项目的开展，打造在职教师多元培训体系。第一，以能力素质为标准构成多元化教师队伍来源。鼓励来自行业的技术专家和工匠加入教育队伍，他们能够为学生提供最真实的行业经验和技能培训。第二，提供专业培训和持续教育机会，建立教师团队交流平台。提供针对技工教育的最新的技术和教学方法。这些培训可以由资深技工教师、行业专家或企业技术人员进行，确保教师始终掌握行业前沿的知识和技能。同时创建技工教育教师的交流平台，促进经验和资源的共享，包括在线论坛、研讨会、工作坊等形式，教师可以在此分享教学方法、课程设计和案例经验。第三，激励和奖励优秀教师，

关注教师的职业发展和福利。设立奖励机制，如优秀教师奖、行业荣誉称号等，激励教师在技工教育领域提供杰出表现和创新成果。提供良好的工作条件、职业发展机会和福利待遇，吸引和留住优秀的技工教育教师。构建多元化、多层次的师资队伍，从源头提升教师素质，满足技工学校发展需求。

4.加强技工教育与高等教育的衔接，畅通技能成长通道

通过加强技工教育与高等教育的衔接，建立技工与工程技术人员的转换通道，促进人才的流动和岗位的晋升。第一，制定共同课程标准，形成双向认可的学分体系。技工教育和高等教育可以共同制定课程标准和学习目标，确保技工教育学生在转入高等教育后能够顺利衔接并具备足够的学术和专业基础。设计技工教育和高等教育之间的学分转换机制，使技工教育的一部分课程可以被高等教育机构认可并转化为学分。为技工教育毕业生提供更多升学的机会，减少重复学习和浪费，不断构建终身学习性的技工教育体系。第二，建立导师制度和师资交流机制。高等教育机构可以与技工教育学校建立导师制度或师资交流机制，使得双方教师能够相互了解并协作，促进课程内容和教学方法的衔接和协调。第三，推广跨学科教育，建立行业合作伙伴关系。设计跨学科的课程或项目，结合技工教育的实际，开展技能培训和高等教育理论学习，促进学生综合能力的提升和知识的全面发展。

技工教育和高等教育机构可以积极与相关行业建立合作伙伴关系，共同开发课程、提供实习和就业机会，确保教育内容与行业需求紧密衔接。实现技工学校与高等教育院校协同发展，共同构建中国特色职业教育体系。

5.发展农村中等技工类职业教育，提升技能教育质量

我国农村职业教育的供求调节应采取政府调节为主、市场调节为辅的

方式。根据市场调节的情况，确定政府的职能和调节范围。第一，政府更多地承担农民职业教育和培训的费用，加大公共财政对农村职业教育的投入。农民收入水平较低，难以负担职业教育相对较高的学费。因此应在加大公共财政投入的同时，注重提高财政投入的效率。第二，注重发挥市场效率，充分发挥企业和农民选择职业教育的主动性。当前的农民培训多是政府自上而下的安排，缺乏市场导向且对企业和农民的职业教育需求考虑较少。因此培训方式上，可以采取“企业培训、政府买单”的方式，使企业作为技能人才的需求方通过职业教育与农民直接联系，发挥企业培训农民的积极性和针对性。第三，建立和完善国家助学贷款制度，为贫困生提供职业教育奖学金。为来自农村地区的贫困生提供一定的经济资助，鼓励农民工子弟接受职业教育。

三 支持技能人才高质量就业

关于京津冀协同发展，习近平总书记强调，要坚定信心，保持定力，增强抓机遇、应挑战、化危机、育先机的能力，统筹发展和安全，以更加奋发有为的精神状态推进各项工作，推动京津冀协同发展不断迈上新台阶，努力使京津冀成为中国式现代化建设的先行区、示范区。

> 京津冀职业技能发展联盟应时而生，顺势而为，将成为推动京津冀协同发展、推动技能人才培养和促进技能就业不可或缺的重要的社会力量。社会力量参与国家经济技术建设和人才培养，将成为一种大趋势。

北京市就业工作领导小组印发《关于促进新就业形态健康发展的若干措施》提出,要提高参与职业技能培训的积极性，推动本市新就业形态持续健康有序发展。天津市人力资源和社会保障印发《关于进一步做好本市高技能人才与专业技术人才职业发展贯通工作的通知》，强调要从支持高技能人才参加职称评价、鼓励专业技术人才参加职业技能评价和加强评价制度与用人制度衔接方面促进高技能人才发展与就业。河北省委办公厅、政府办公厅印发《关于推动职业教育高质量发展加快建设技能型人才强省的实施意见》提出，要充分发挥职业教育培养多样化人才、传承技术技能、促进就业创业的重要作用，推动职业教育高质量发展，加快建设技能型人才强省。

1.完善法律法规体系，引导技能人才资源深度开发

目前，我国关于劳动就业和职业教育的法律体系基本健全，为促进高质量充分就业奠定了基础法律框架。例如，《就业促进法》将多年来行之有效的积极就业政策法制化，明确了政府责任、工作机制，内容包括政策支持、公平就业、就业服务和管理、职业教育和培训、就业援助、监督检查、法律责任等。该法明确规定，国家把扩大就业放在经济社会发展的突出位置，实施积极的就业政策，坚持劳动者自主择业、市场调节就业、政府促进就业的方针，多渠道扩大就业；国家鼓励开展职业培训，促进劳动者提高职业技能等，为青年人就业能力和创业能力提升提供了重要保障。随着数字经济、绿色经济等新经济业态的快速渗透，我国已进入以新业态引领和新质生产力形成为特征的经济转型发展期。第一，京津冀地区应进一步完善法律法规体系，推动解决就业结构性矛盾。在这一转型期应以法律为依据，通过加大对技能人力资源的开发，进行积极的就业政策引导，为青年人学习、择业、就业及职业生涯发展创造良好的成长环境。第二，建立互通共享的技能人才评价与认证体系。设立行业认可的技能人才评价和认证机构，为技能人才提供公正、权威的评价和认证服务，增强其市场竞争力。建立技能人才流动与转岗的法律保障机制，确立技能人才的流动与转岗权利，保障其在不同企业、不同行业间的平等就业和职业发展机会，减

少技能人才资源的浪费和断层，从而有效引导京津冀地区的技能人才资源深度开发，促进经济发展与社会进步的协同推进。

2.建立终身职业教育体系，提供持续的职业发展支持

技术工人队伍是支撑中国制造、中国创造、中国建造的重要基础，对推动经济高质量发展具有重要作用。

不断提供持续的职业发展支持和培训机会，帮助技能人才不断提升自己的专业技能和领导能力，才能帮助高技能人才适应快速变化的就业市场需求。第一，促进普职教育体系横向贯通、融合发展。加大京津冀区域普职教育统筹协调力度，促进普职一体化发展。在目前我国普通教育与职业教育分属不同职能部门管理的体制下，地方教育行政部门与人力资源和社会保障部门应加强沟通，立足于地方经济社会发展规划，统筹协调地方普通教育发展与职业教育发展，在基础设施建设、校园建设、师资建设、教育资源建设等方面实现统一规划、协同发展，促进区域教育资源共享、人才共育。与此同时，地方职业学校与普通学校要加强校际沟通与合作，联合开发实用性强、适应性广的课程、教材等，从中观和微观层面促进普职一体化建设。第二，提供持续的职业咨询和职业生涯服务。通过设立专业的职业咨询服务团队，为高技能人才提供职业生涯规划、面试技巧、职业定位等支持，从而使其拥有长久的就业发展能力。

京津冀职业技能发展联盟搭建了专属的人才服务中心，成立职业人才信息对接平台，实现岗位信息共享，协同做好技能人才就业前心理测评及职业生涯规划等工作，带动并助力职业技术人才就业。

3. 建设包容和谐的宜居宜业环境，营造人才发展生态体系

良好的人才发展环境不仅能够有效吸引和留住优秀人才，还能为他们提供更多的就业机会和发展空间，促进京津冀城市经济的繁荣和社会的持续进步。第一，优化城市规划和基础设施建设。确保城市规划合理，基础设施完善，包括交通、住房、医疗、教育等公共服务设施的建设，提升居民和企业的生活质量和工作效率。例如，通过改扩建一批现有房、转化一批保障房、租购一批商品房、新建一批公寓房，多渠道规划建设人才公寓。第二，加强社会服务和民生保障。完善针对高技能人才的社会保障体系，提供全面的社会服务，包括医疗保健、养老服务、子女上学和文化活动等，保障基本生活需求。第三，形成多元化的产业结构。宜业环境通常伴随着多元化的产业结构和丰富的就业机会。不同类型的企业和行业在这样的环境下可以共存和发展，为各类人才提供适合自己发展的职业选择。

四　推动技能人才创新创业

《中共天津市委、天津市人民政府关于深入实施人才引领战略加快天津高质量发展的意见》强调，要进一步做好新时代人才工作，最大限度激发人才创新创业创造活力，推动人才引领高质量发展。河北省先后出台的《关于加强新时代高技能人才队伍建设的二十条政策措施》《技能强省行动实施方案（2023—2027）》等重要文件亦强调技能人才是人才强国战略的重要支撑，形成河北省高技能人才培养体系必须推动技能人才创新创业。

1. 探索更加灵活高效的体制机制，精准扶持人才创新创业

保证技能人才创新创业良好发展，才能促进经济的可持续发展和社会的全面进步。第一，形成可以灵活调整的创新创业政策，支持定制化方案落地。京津冀三地政府和相关部门应根据市场和技术发展的变化，及时调

整和优化创新创业政策，包括简化审批流程、提高财政资金使用效率、优化税收政策等措施，以激励和支持技能人才的创新活动。根据不同行业技能人才的需求和特点，制定个性化的支持方案。通过调研和需求分析来确保扶持措施能够精准地满足技能人才的创新创业需求。第二，建立多层次支持平台。设立多层次、多渠道的创新创业支持平台，包括孵化器、加速器、科技园区等，为技能人才提供全方位的资源支持和服务。通过这些平台可以提供包括技术、市场、资金、管理等多方面在内的支持。第三，实现跨部门协作与整合资源。各行业、行会和部门之间需要加强协作，形成资源整合和优势互补的局面。通过不同行业的合作，能够更有效地支持技能人才的创新创业活动，避免资源浪费和信息孤岛现象。

2.强化重点群体就业技能培训，提升就业质量

高技能人才是各行各业工人队伍的核心骨干力量，是一个国家核心竞争力的体现，对重点技能人才实施有针对性的技能培训并保证其充分就业能够不断促进地区技能水平发展。第一，针对技能人才特点形成个性化培训方案。对不同技能人才的岗位需求和市场就业情况进行深入的需求分析，根据分析结果，制定个性化的培训方案，确保培训内容与市场需求紧密对接。第二，创新教育方式，提供职业规划与就业指导。结合现代教育技术手段，如虚拟现实技术、在线学习平台等创新培训方式，从而提高学员的学习兴趣和参与度，更有效地传递实用技能。第三，建立就业跟踪与反馈机制。建立健全技能人才就业跟踪与反馈机制，持续关注技能人才的就业情况和职业发展。通过收集和分析就业反馈，及时调整培训内容和方法，提升培训的实效性和适应性。通过对重点技能人才进行有效的就业培训与监测，带动整个京津冀地区技能人才的发展。

3. 提供资金支持和融资渠道，助力创新技术研发

提供多样化的资金支持和融资渠道，包括政府补贴、风险投资、银行贷款等，帮助技能人才实现他们的创新创业想法。第一，提供创业资金补贴和奖励，设立创业投资基金。政府可以设立专门的创业补贴和奖励计划，针对技能人才和创新项目提供资金支持。这些补贴和奖励可以用于技能人才在项目启动资金、市场开拓、技术研发等方面进行支出。同时，可以设立技能人才创业投资基金，用于直接投资技能人才的创新项目或创业企业。这些基金可以由政府或者私营部门管理，通过评审机制确保投资对象的质量和可持续性。第二，建立科技园区，鼓励社会资本参与创新研发。通过设立科技园区为技能人才提供场地、设施和服务支持。这些园区内还可以提供商业辅导、市场推广等支持服务，帮助创业者快速成长。鼓励社会资本参与技能人才创新创业，设立引导基金或支持社会资本投资技能人才创业的联合基金。通过引导社会资本参与，扩大资金来源，促进技能人才的创业活动。第三，提供技术转移和知识产权支持。支持技能人才进行技术转移和知识产权保护，提供法律咨询、专利申请费用补贴等支持措施，有助于保护创新成果，提升创新项目的市场竞争力。通过以上措施的综合运用，形成多层次、多渠道的资金支持和融资体系，为技能人才创新创业提供更为可持续的、全面的支持。同时，政府、金融机构、科技园区和社会资本等各方合力参与，可以形成创新创业生态圈，推动技能人才创新能力的释放和经济发展的提升。

五　推行中国特色企业新型学徒制

推行以“招工即招生、入企即入校、企校双师联合培养”为主要内容的中国特色企业新型学徒制。国际劳工组织提出，优质学徒制有助于年轻

人从学校到职场过渡、促进教育与劳动间的相互协调，提供经济适用的职业教育与培训，使中小企业受益。推行富有中国特色的企业新型学徒制能够更好地适应我国职业技能教育的发展，联合京津冀三地职业技能发展特色，促进职业技能人才培养质量和数量的提升。

1.建立明确的合作协议和目标共识，推动新型学徒制高效运行

中国特色新型学徒制人才培养模式的成功与否的关键之一在于校企双方能否建立一套明确而全面的合作协议，这一协议不仅要规定合作的具体目的和目标，而且需涵盖责任划分和利益分配等关键方面，确保双方在合作过程中的期望和利益得到明确保障与满足。要发挥企业主体作用，推行培养和评价“双结合”、企业实训基地和院校培训基地“双基地”、企业导师和院校导师“双导师”的联合培养模式。第一，建立双方的合作协议，具体到可以操作的细节。克服合作模式和机制的建立难点，从而形成稳定而互利的长期合作关系，这种关系能够适应技能人才市场和技术革新的快速变化，保障教育质量与劳动力市场需求的同步更新。合作协议的一大优势是为双方提供了一个框架，通过定期的沟通会议来确保目标一致性并及时调整合作内容，适应不断发展的职业教育和产业需求，这种动态调整机制是校企合作持续成功的关键。定期的会议不仅是审视合作进展和解决问题的平台，也是双方分享成功经验、讨论合作障碍并共同寻求解决方案的方式，通过推广企业文化与学术文化的交流活动，校企合作得以在文化层面加强，帮助双方建立基于相互理解和尊重的合作关系。第二，建立一套完善的监督和评估机制以及对改进措施的快速反应机制。只有这样，校企合作才能在不断变化的职业技能发展环境中稳健前行，实现双方的共同发展目标。通过这种全面而深入的合作，新型学徒制人才培养模式将在企业中得到有效实施，培养出符合行业需求的高质量人才，为企业乃至整个行业的创新和发展注入强大动力。第三，形成企业与技工院校、职业院校和

技能培训机构等院校场所的共同发展目标与计划。有了统一而具有合作性的目标，校企双方才能更好地实现双方教师、学徒、企业老师傅和设备等人力物力资源的共享合作，从而促进新型学徒制的高效运行。

2.政府发挥其引领导向作用，搭建校企供需对接桥梁

政府的引导作用有助于增强社会对教育体系的信任和认同。第一，政府要更大规模地推广企业新型学徒制。通过化解学徒制推广中的风险，提高企业推广学徒制带来的收益。随着参加学徒制培训的企业增加，企业技能人力资本的专用性提高、流动性和外部就业机会减少，学徒期满后的主动离职率下降，企业开展学徒制培训的成本将相对降低。在这种情况下，学徒制将成为技术工人职业技能提升和职业生涯发展的重要渠道。第二，加大财政对企业支付给培训学校培训费的补贴力度。适度提高补贴标准，扩大企业职工教育经费列支范围，企业在学徒培训上的开支均可纳入。依法抓好产教融合型企业认定，并进一步给予明确的金融、财政、土地和信用方面激励的政策，落实教育费附加、地方教育附加减免及其他优惠政策。通过征收学徒税激励企业参与程度，鼓励地方政府采用建立培训基金或政府购买等方式分担学徒培训中的风险。第三，出台支持开展企业新型学徒制的地方政策。根据经济社会发展的需要，深入基层广泛调研，围绕技能培训中的专业知识、操作技能、安全生产规范、职业素养等要素，结合京津冀地区实际，进一步完善企业新型学徒制的有关规定和政策措施，以适应中小企业职工较少、培训需求多样的实际情况。

3.企业优化学徒制资源，构筑人才培训高地

通过校企合作、工学交替等方式，组织企业技能岗位新招用和转岗人员参加学徒制培训，助推企业技能人才培养，发展壮大产业工人队伍。第一，构筑企业职工职业技能培训平台。进一步优化培训资源的结构和布局，

建立职业培训与产业发展需求的动态对接机制。多渠道、多层次、多形式地开展职业技能普及培训、岗位技能提升培训，满足不同人群、不同技能等级劳动者的技能提升需求。第二，建立学徒的定级和晋级制度。实行该制度可降低学徒离职率，缓解企业投入风险。学徒期满并通过考核的学徒可以按培养规格直接定级为中级工，或择优定级为高级工，以提升广大青年学习技能的积极性。2021年，人力资源和社会保障部办公厅印发了《技能人才薪酬分配指引》，为企业建立多层级的技能人才职业发展通道，在完善体现技能价值激励导向的工资分配制度等方面提出了参考框架。只要企业真正做到将技术工人的基本工资与技能等级挂钩，为技能人员建立合理的工资增长制度，并设立符合学徒制特点的技能等级晋升和收入增长机制，就能真正留住“学徒”。第三，推进学徒培训方案的标准化与动态化。对学徒培训方案的基本内容进行规范设计，建立学徒培训方案和职业技能标准的联动开发机制，及时将新知识、新技术、新工艺、新产品、新成果、新成就纳入学徒培训，加大有关职业道德、职业安全、绿色环保、职业健康、职场核心能力的内容要求，以达到快速适应企业和经济发展的技能需求。

4.各类院校落实新型学徒制，打造现代职业教育体系

新型学徒制可以更好地将理论知识与实际技能结合起来，使学生获得更为丰富和深入的专业知识和实践经验。第一，职业院校、技工院校加强宣传，营造职业技能培训良好氛围。采取多种措施，做好对培训单位、技能人才等先进典型的宣传工作。进一步丰富宣传方式方法，全力打造“劳动光荣、技能宝贵、创造伟大”的社会环境，促进学徒制大面积推广。第二，主动对接本地区就业管理部门，推出有针对性的培养方案。通过深入了解企业缺工情况和企业需求，提高培训师资水平，改革教育模式，建好校内实训基础，在教学组织上采取更加灵活的方式克服工学矛盾。第三，进一步做好优质学徒制培训工作，明确终身学习理念和职业技能培训相关

制度。把创新培训模式、探索中国特色学徒制项目纳入京津冀地区单位的工作计划中加以推进。通过问题导向、政策引导、建立机制、盘活资源和资金支持等措施积极组织培训，以“学院+企业”双基地、“教师+师傅”双导师、“理论+实训”双课堂、“线上+线下”双模式、“真实+仿真”双场景、“脱产+半脱产”、“培养+评价”、“通用+定制”双需求八大举措为核心，探索企业新型学徒制培训模式，实现人才培养端与企业用人端无缝对接。帮助企业提高劳动生产率，助力转型升级，引导企业更加关注职工技能素质培养和成长发展，促进员工提技能、企业增效益、政府稳就业，争取在促进京津冀技能发展中有所作为。新型学徒制度在现代职业教育体系中的重要性不仅体现在教育质量的提升和学生就业能力的增强上，更在于它为学生提供了更为全面和实用的教育经历，使其能够更好地适应并贡献于现代社会和经济的发展。

六 建立健全产教融合、校企合作机制

2021年，人力资源和社会保障部印发《“技能中国行动”实施方案》强调，要实施“技能强企”行动。职业教育产教融合是一个复杂的系统性工程，需要加强政府、职业院校、企业、行业、社会公众、家长等各个利益相关者的沟通与合作，共同推进职业教育产教融合的可持续发展，为区域经济高质量发展贡献力量。

1.加大政府引导和支持力度，强化系统谋划

政府是产教融合、校企合作的规划与引导者，地方政府在政策制定层面应依托国家战略，优化职业教育布局，从上到下加大支持职业院校产教融合建设力度。

第一，支持引导企业深度参与职业院校职业教育改革。协助有能力的

企业申报产教融合型企业，将产教融合发展纳入经济社会发展规划以及区域发展、产业发展、城市建设等专项规划和重大生产力布局。成立产学研合作的联合工作组织或平台，包括学校代表、企业代表和政府相关部门，促进信息交流、资源共享和合作项目的制定与实施。

> 京津冀职业技能发展联盟推动搭建产教融合、校企合作、打造技能人才培养项目。负责整合区位资源、技术优势、内容资源，打造服务于经济发展的人才培养项目。

第二，将教育优先、人才先行融入各项政策。统筹优化教育和产业结构，同步规划产教融合发展政策措施、支持方式、实现途径和重大项目。政府是产教融合、校企合作的统筹领导者，要加强对产教融合项目建设的监管和评估，确保职业院校产教融合的健康、有序发展。第三，设立专项支持资金。配置专项资金用于支持产教融合和校企合作项目，包括科研合作、实习基地建设、技术转移等。资金可以用于奖励优秀合作案例，支持重点项目和平台建设，鼓励企业和高校的深度合作，从而有效引导和支持产教融合、校企合作的深入发展，推动经济转型升级和人才培养质量的提升。

2.推动校企深度融合，实现区域经济社会高质量发展

京津冀地区企业与学校应在产业链、创新链、人才链上实现深度融合，鼓励京津冀地区内外高校之间、企业之间的资源共享和合作。通过跨地区合作，优化教育资源配置，提升教育教学质量和科研能力。第一，建立联合实验室和研究中心，推动校企共建共享实习基地。企业与职业院校合作建立联合实验室、工程研究中心等科研平台，共同开展前沿技术研究和创新项目，不断促进合作项目的落地和运作。同时，校企双方可以共建实习

基地，给学生提供实习机会和实践平台。实习基地可以结合企业需求，培养符合市场需求的专业人才，加强校企之间的人才流动和技术交流。第二，开展产学研合作项目，建立人才培养联盟计划。政府可以组织或支持企业与高校开展产学研合作项目，解决产业发展中的关键技术难题。通过科技创新、技术转移等方式促进科研成果转化和产业升级。促进企业与高校签订人才培养合作协议，共同设计和实施联合培养项目。企业提供实际工作机会和导师，高校提供理论知识和学术指导，通过校企双向培养，提高人才培养质量和就业竞争力。第三，加强企业、行业协会作用。各类行业协会可以组织行业企业和高校共同参与的交流会议、论坛等活动，促进信息交流和合作机会的对接。发挥协会在行业规划、技术标准等方面的引导作用，推动校企深度融合，从而促进区域经济的协同发展和人才结构的优化升级。

3. 建立校企资源集群，构建校企双赢合作格局

构建校企双赢合作格局是一个系统而复杂的过程，涉及多个方面的努力与协作。第一，制定合作目标与战略规划。校企双方需明确合作的具体领域，如技术研发、人才培养、产业升级等，确保合作具有针对性和实效性。确立双方都能受益的长远目标，如提升技术创新能力、培养高素质人才、推动产业升级等，形成长远的合作规划，助力双方实现长效合作。第二，开发共享性的资源服务平台，建立联合研究平台和实验室。校企双方就彼此需求共建共享性的资源和服务平台，包括人才库、技术设备共享、信息交流等。这些平台可以促进资源的高效利用和信息的快速传递，提升合作效率和成果转化率。鼓励企业和高校共同建立联合研究平台、实验室或技术创新中心。这些平台可以围绕行业需求和科研重点展开合作，促进前沿技术研发和成果转化。第三，实施具体合作项目，优化合作环境。通过校企双方共同承担科研项目，联合攻克关键技术难题，推动科技成果转

化和产业化。建立实习实训基地，开展订单式人才培养，实现学校教育与企业需求的无缝对接。利用双方优势资源，共同开展技术咨询、技术培训等社会服务活动，提升社会影响力。不断营造良好的合作氛围和工作环境，吸引更多优秀人才参与校企合作，并定期对合作项目进行评估和反馈，总结经验教训，不断完善合作机制。

4. 支持校企开展技能人才联合培养，拓展多元化人才培养渠道

第一，加强政策与制度支持。政府可以制定优惠政策，如税收减免、项目资助等，鼓励校企合作。同时，设立专项资金支持联合培养项目的开展，提供经费和资源保障，聚合三地优质产教资源要素，打造京津冀跨省域产教融合共同体。第二，成立改革示范园区，联合推进技术研究创新。协同发展人工智能助力产教融合、科教融汇、人才培养的先行先试改革示范园区，园区内可以举行战略合作签约、校际合作培养签约、校企合作签约、校地合作签约、跨省市“3+2”联合培养签约等系列活动，为校企联合培养技能人才提供具体的合作框架。支持企业与高校共建联合研究中心或实验室，开展前沿技术研究和产学研合作项目。第三，共建实习就业基地，拓展多元化人才培养渠道。企业与学校合作共建实习就业基地，例如，河北省提出将建立贯通培养通道、支持校企深度合作办学等进一步激发职业学校办学活力。支持优质中等职业学校与高等职业学校联合开展五年一贯制办学。探索京津冀中等职业学校与高等职业学校联合开展“3+2”跨省市联合培养。共建实习就业基地，为学生提供实践机会和就业渠道。促进跨省市、跨国际联合培养，积极探索与国际应用技术大学、龙头企业的合作，推进高层次中国特色学徒制，构建专—本—硕长链条人才培养格局，促进区域内教育和经济的协同发展。第四，充分利用网络信息资源，拓展学生学习途径。通过将不同行业技能知识进行汇总上传网络并搭建共享平台，帮助学生获取专业知识和技能训练。鼓励学生下载或在线阅读相关电子书、

学术文章，加入专业论坛和学习社区，与其他学习者和专家互动，解决疑问。

七　开展大规模岗位练兵技能比武活动

2024年4月28日，北京市人力资源和社会保障局召开全市人社系统窗口单位业务练兵比武活动动员部署会，以“练兵比武强技能，人社服务树新风”为主题，正式启动练兵比武活动。同时，京津冀协同练兵比武线上比赛首次开展。通过练兵比武，着力在全系统培树更多素质优良、业务精湛、作风过硬的“知识通”“一口清”型业务骨干，推动形成“以赛促学、以赛促训、以赛促评、以赛促建”的良好局面，更好满足人民群众对更优质人社服务的需要。河北省出台《关于建立健全职业学校技能大赛体系的实施方案（试行）》，强调要在全省建立健全以校赛为基础、市赛为选拔、省赛为主体、国赛为龙头，积极参与世界技能赛事的技能大赛体系。通过参与技能比武活动，学生可以感受到技能带来的成就感和荣誉感，激发他们对专业知识和技能学习的兴趣和热情，从而确定自己的职业发展方向和目标。

1.鼓励行业企业举办技能竞赛，培养优秀技能人才

京津冀职业技能发展联盟搭建了“互联网+职业技能”平台，基于VR、AR、元宇宙、物联网等新技术形成主体解决方案，针对职业技能培训特点，结合区域产业实际，面向政府、培训院校、企业、协会等提供服务，并协调相关部门开展全国性技能人才培养的宣传推广工作。

引导行业企业立足生产、经营、管理实际，以增强核心竞争力为导向，采取以工代训、技能竞赛等形式，大力开展岗位练兵技术比武活动，提升职工技能水平，发现优秀技能人才并传播优秀企业文化。第一，明确竞赛益处，制定吸引人的奖励机制。强调技能竞赛对企业和参与者的益处才能

更好地提升技能人才的参赛热情。例如，技能竞赛可以提升员工技能水平、激励团队合作、增强员工的归属感和自豪感，以及展示企业在行业中的技术领先地位等。设计公平、明确的竞赛规则和评分标准，确保能够全面评估参赛者的技能水平。同时设立奖励和奖金，吸引更多优秀人才参与。第二，鼓励京津冀大型企业带头开展岗位练兵和技能竞赛。在竞赛前期为参赛者提供必要的技能培训和指导，确保他们理解竞赛规则和能够达到预期的技能水平，同时可以邀请行业内的专家或技术大师进行指导。大型企业一般拥有技术更为娴熟的老师傅，通过对接老师与学生之间的技能沟通与训练，可以深度促进技能竞赛对人才技术与知识的提升。

2.强化技能大赛评价功能，促使技能竞赛常态化发展

不断提升技能大赛对学校专业技能教学的引领作用和技能人才培养质量的评价功能，在中职、高职升学和贯通培养项目转段等环节设置奖励政策，从而提升技能竞赛的质量、含金量以及举办规模。第一，实施竞赛获奖者免试录取等奖励政策，提升对竞赛重视程度。例如，在相关赛事赛项中获奖的职业学校在校生在其应届毕业当年，获奖的大赛项目与所报专业类别相关联，且符合当年本省高考报名条件，并通过当年高考报名，可以享受由高职单招院校免试录取等奖励政策。第二，各类学校建立校级大赛机制，常态化开展各项比赛，逐步实现校赛专业全覆盖。设置包括校赛、市赛和省赛等不同等级在内的技能大赛，积极鼓励和组织学生参加全国职业技能大赛、世界技能大赛及其他世界职业技能赛事，提升人们对技能大赛的认可与重视程度。第三，积极推动建立系统完善的技能大赛体系。制定清晰的评价标准和指标，确保评价过程公正、透明，能够客观地衡量参赛者的技能表现。在竞赛过程中提供实时的评估和反馈机制，通过实时评分系统或专业评审团队提供的即时反馈来帮助参赛者及时调整和改进表现。竞赛结束后进行长期跟踪和评估参赛者的发展情况，以及其在工作中应用

竞赛中学到的技能的情况，从而验证竞赛的长期价值和影响。

3.建立长期的技能发展计划，确保评估和改进持续进行

岗位练兵和技能比武活动只是培养优秀技能人才的起点，企业应建立长期的技能发展计划和路径，为员工提供持续的培训和晋升机会。技能竞赛作为评定和晋升的一个重要参考因素，需要长期地进行完善与发展。第一，强化竞赛成果的应用与分享。鼓励竞赛参与者将竞赛中学到的新技能和经验应用到日常工作中，并分享给其他人。可以通过内部讲座、经验交流会等形式，促进技能的传承和共享。第二，形成稳定的组织与资源支持，进行技术创新与行业合作。确保竞赛有稳定的组织、院校、部门和资源支持，包括经费、人力资源、技术支持等。同时，建立固定的组织团队负责竞赛的运营和管理。积极探索技术创新以及与行业合作的机会，使竞赛能够与最新的技术发展和行业趋势保持同步。与行业领先者建立合作关系从而引入专业评审和行业导师参与竞赛。第三，持续收集参与者和民众反馈，传播优秀企业文化。定期收集参赛者和观众的反馈意见从而了解其体验和建议。通过问卷调查、焦点小组讨论等方式进行反馈意见收集，用于优化竞赛和提升参与者满意度。建立竞赛社区平台，例如论坛、社交媒体群组等，促进参与者之间的互动和知识分享。持续进行竞赛的宣传推广工作，扩大竞赛的影响力和知名度，同时提升主办企业的影响力和知名度，为企业吸引更多优质技能人才。

八 推动德州市深度融入京津冀协同发展

1.加强职业技能培训资源的共享与合作

德州市应主动与北京市、天津市及河北省相关地市的人力资源和社会保障部门建立紧密联系，共同成立跨区域职业技能培训联盟。通过该联盟，

实现培训资源的共享与优化配置，包括技工院校、公共实训基地、数字培训资源等。鼓励联盟内成员单位开展联合培训项目，共同开发适应京津冀区域产业发展需求的培训课程和教材，提升培训内容的针对性和实效性。

德州市应积极引入京津冀地区的高技能人才培训资源，如邀请知名专家、学者来德州授课，或组织本地技能人才赴京津冀交流学习。建立高技能人才培训基地，为京津冀地区的企业培养更多高素质、高技能人才，促进三地人才流动与技能提升。

2.完善职业技能评价体系的对接与互认

德州市应与京津冀地区共同推动职业技能等级认定的互认工作，确保在京津冀区域内取得的技能等级证书具有同等效力。鼓励三地人社部门加强沟通与合作，共同制定职业技能等级认定标准和流程，提高认定工作的规范性和统一性。

联合京津冀地区举办职业技能竞赛活动，选拔和表彰优秀技能人才，激发劳动者学习技能、提升技能的热情。通过竞赛平台，促进三地技能人才之间的交流与合作，推动技能水平的整体提升。

3.深化产教融合与校企合作

德州市应加强与京津冀地区企业的合作，建立校企合作长效机制。通过共同建设实训基地、开展订单式培养等方式，实现人才培养与产业需求的无缝对接。鼓励企业参与职业学校的专业设置、课程开发等工作，确保职业教育与产业发展的紧密契合。

依托德州市的产业基础和资源优势，与京津冀地区的知名高校或企业共建产业学院或实训基地。通过引入先进的教学设备和技术资源，提升德州市职业教育的办学水平和教学质量。产业学院或实训基地的建设应紧密结合京津冀地区产业发展的趋势和需求，为区域经济发展提供有力的人才支撑。